政策論證

張世賢 編著

序

　　政策論證在公共政策的分析上非常重要，缺乏政策論證，難以說服民眾，政策就沒辦法落實。在古代，孟子就提出其重要性。告子問孟子，「何謂知言？」孟子回答說：「詖辭知其所蔽；淫辭知其所陷；邪辭知其所離；遁辭知其所窮。生於其心，害於其事；發於其事，害於其政；聖人復起，必從吾言矣。」本書在探討政策論證，也就是古代所說的「知言」。用心探討政策論證，對於公共事務會有幫助，對於政府施政極有益處。

　　政策論證要符合時代的大環境、社會群眾感情的情勢、言詞邏輯合理的推論，以及立論者的德性要求，也就是要符合亞里斯多德所探討的生態環境（ecos）、群眾感情社會情勢（pathos）、邏輯推理（logos），以及可信的德性（ethos）。

　　在多元的社會，民主開放，立論人人平等，眾說紛紜，為提升社會立論的品質，導向國家正確的發展方向，因此政策論證很需要普及，深入人心。

　　本書在撰述上，採用亞里斯多德語藝學、唐恩（William Dunn）政策論證等觀點，並以實例補充說明，並加上中國古代政策論證的觀點。本書撰寫的過程曾蒙柯文娟博士、陳瑞田碩士、楊韜鐏研究生等協助資料整理，特此致謝。

張世賢
2015/02/28

目錄

第一篇
緒　論

本篇從政策論證者開始，本書定位政策論證者為政策企業家，並由此說明政策論證的重要性。

第一章

政策論證者：政策企業家*

壹、前言

　　在現代多元的社會裡，各種政策論述非常多元化、複雜化、快速變遷、且受到全球化的影響，公共政策的制定，很容易讓人們覺得莫衷一是，因此必須要有政策企業家的崛起，將混沌不明的各種政策主張，加以批判，定亂止紛，以洞燭機先的方式，提出正確的政策主張，撥亂反正，提升社會的進步與繁榮。

　　事在人為，成事在人，對於政策論證，人非常重要。沒有人就沒有政策論證。政策論證牽涉到兩類人。一類是提出政策論證的人。另一類是接受政策論證的人。提出政策論證的人必須要面對聽觀眾，使得聽觀眾接受他們的論證。因此，政策論證者非常重要。政策論證者必須要有企業家的精神，使得政策論證在問題流、政策流、政治流，三流之中，努力奮發，使得三流匯一，開啟政策窗，產生政策變遷或政策改革，提升社會發展力與競爭力。

　　本書，當然包括本章的研究方法採用概念分析法，從Kingdon（2011）所提出政策企業家在政策變遷中所扮演的角色加以分析。政策企業家必須要提出強而有力的政策論證，抓住機會窗（window of opportunity），開啟政策窗（window of policy），這個機會窗能夠將政策實現，就是政策實現的機會窗。機會窗的來臨，必須是問題流、政策流、政治流等三流匯合為一。

---

*　本章修改自：張世賢（2014），至於政策企業家的特質與能力，已有魯炳炎教授（2008、2009a、2009b、2010）探討，不在本章探討之內。

　　政策企業家必須用盡心力把這三流匯集（coupling）於一。而在問題流的過程中，政策企業家必須洞燭機先，建構有前瞻性的政策問題、政策論證，爭取社會各界的認同與支持。而這同時，又必須提出政策方案及其論證，軟化（softening-up）各界的反對聲浪，訴求並爭取各界的支持。在此政策情勢裡，政策企業家又要組合並動員社會關係網絡，形成在政治勢力動態運轉過程中，為主流優勢，以便支持政策方案。如圖1-1所示。

　　本文的分析架，1.從政策企業家的涵義，即右上角的長方形；2.必須在問題流（左邊，由下而上第一條線），建構政策問題；3.在政策流（左邊，由下而上第二條線），提出政策方案；4.在政治流（左邊，由下而上第三條線），動員政治優勢的力量；5.然後將這三條流匯集在一起，創造機會窗，並加以開啟，成為政策窗（右邊窗形圖），讓政策能夠進入政府的政策議程，並實現政策主張。

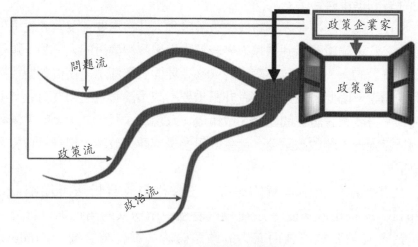

圖1-1　本章分析架構圖

資料來源：參考Roberts, 2014。

貳、政策企業家的涵義

一、政策企業家一詞的由來

「政策企業家」（policy entrepreneur）一詞，是由John W. Kingdon於1984年在其出版的《議程、備選方案與政策》（Agendas, Alternatives, and Policies）一書提出，1995年第二版，2011年又有第三版。他認為「政策企業家」具有創新、開創精神，主導「政策問題本質界定」，營造「問題流」、「政策流」、「政治流」匯合，開啟「政策窗」，促進「政策創新與變革」。

本論文認定「政策企業家」一詞是最早由Kingdon（1984）所提出，是由Mintrom和Norman（2009）所肯定。以前所提出的相關名詞只是「政治企業家」（political entrepreneur）、「公共企業家」（public entrepreneur）（Bernier and Hafsi, 2007）、「社會企業家」（social entrepreneur）（魯炳炎，2008、2009a、2009b）。

Mintrom於1994年在紐約州立大學石溪分校獲得博士學位，其博士論文是《政策企業精神的理論與實務：做為一項政策理念之學校選擇興起之比較州研究》，1995年他與兩位指導教授Mark Schneider和Paul Teske合著《公共企業家》（Public Entrepreneurs）。1997年Mintrom又提出〈政策企業家與創新擴散〉，Mintrom長期研究「政策企業家」，其證詞應可信。

Mintrom在研究政策企業家的過程中，也參考了比較早的著作。有關「政策企業家」早期著作是指同樣研究政策企業家，Paula King的博士論文。King在1988年在明尼蘇達大學獲得博士學位，其博士論文為《政策企業家：政策創新過程的催化劑》，1991年King與其指導教授Nancy C. Roberts發表〈政策企業家：在政策過程的活動結構與功能〉。1996年Roberts和King又出版《公共政策的轉換：政策企業家精神與創新的動態情形》。由以上的論述可以充分證明：最早提出政策企業家一詞的應是John W. Kingdon。

二、政策企業家的定義

Kingdon（1984: 188; 2011: 179）透過美國聯邦政府政策議程設定過程的實證研究，界定政策企業家為：

願意投入包括時間、精力、聲譽，以及金錢在內的資源，以推動在可預見未來形諸於物質、意圖，以及團結的倡導者。（譯文參考魯炳炎，2009：134）

更為簡潔的定義為：「願意投資其資源以獲取其所喜歡的未來政策」（Kingdon, 1984: 214; 2011: 204）。

本章分析政策企業家的定義，包括下列幾個內涵：

（一）積極實現政策目標

所要在未來實現的政策目標是有利的，政策企業家所要實現的創新政策，不論是物質上的（material）、意圖的（purposive），以及團結的（solidary）（Kingdon, 1984: 188；2011: 179），均是有利的。物質是指土地、人口、財富等等有形利益。意圖是指精神、心理、氣勢等等無形的利益。團結是指人際之間的聯接與團結、或與團體之間的聯接與團結，或與歷史文化傳承的聯結。舉例說，諸葛亮是一位政策企業家，他所要實現的政策目標，要能夠協助劉備攻城掠地，鼎足三分，這是屬於物質的。他協助劉備「欲伸大義於天下」，是屬於意圖的。他意圖協助劉備恢復漢室，將劉備與漢朝的脈絡傳承聯結起來。

（二）以政策論證為導向

政策企業家必須要以政策論證為導向，以達成其所喜歡的未來政策。論證就是強而有力的動力，帶動群眾導向未來的政策目標。政策企業家在達成其所創新的政策，促成政策變遷與企業家有異曲同工之妙，均在創新；只是創新的目的不同，企業家在企業創新，政策企業家在政策創新。

（三）做為政策倡導者

政策企業家在倡導新的「創新政策」，力求一呼百應，匯集問題流、政策流、政治流，建立政策議程（Baumgartner and Jones, 2009），以開啟「政策窗」，達到政策創新之目的。政策倡導必須要有說服力，其說服力來自於政策論證。政策導向必須看清楚情勢發展、民眾需求、邏輯論證結構，以及自我的德望，才能倡導政策。

（四）邁力投入政策資源

為了達成開始政策窗，政策企業家必須敢於投入各種政策資源、邁力付出，盡其在我，毫不吝惜，以達成創新政策，促進政策變遷之目的。投入的資源包含時間、精力、聲譽以及金錢等。政策企業家所投入的資源，盡其在我，無所不包。例如，孫中山先生致力於推翻滿清政府，奔走呼號，傾家蕩產，只要有利於政策目標之達成，則積極投入。

三、政策企業家應具備的能力

對於「政策企業家」的核心能力，有很多論著探討之，魯炳炎（2010）曾加以整理分析，見仁見智。本章採用Mintrom & Norman（2009）的觀點。他認為：

（一）對於社會需求，要有敏銳的觀察力

政策企業家對於社會需求，要有敏銳的觀察力（displaying social acuity）。例如，目前台灣社會最需要的是：提供「工作機會」，而不是「停止核四」。政策企業家必須趕緊建構「工作機會」議題，取代「停止核四」議題。錯誤的議題只會讓社會倒退。錯誤的議題只會在社會，如同「放一下煙火」而已，政策企業家必須阻止錯誤的議題擴散，避免虛耗社會資源。

（二）要有界定人人關心的政策問題本質的能力

如何界定「政策問題本質」？例如「集會遊行法」的修正，分析之(1)先有社會時空發展，時空背景已不同；(2)必須重新界定「集會遊行法」是否符合現在時空背景需要；(3)大法官有「權」界定「政策問題本質」。大法官釋字第445號、釋字第718號；(4)立法院依據大法官所界定之「政策問題本質」，修改「集會遊行法」；(5)行政機關依據新修正之「集會遊行法」，執行之；(6)「政策問題本質」已轉移，已有新界定，全國必須有此認識與遵行。

（三）要有充實的社會關係網絡能力，組建開創的團隊

政策企業家必須營造政治勢力。沒有政治勢力不能推動自己的政治主張。政策企業家在資訊時代，要運用網際網絡，動員志同道合的人，形成綿密的社會關係網絡。

（四）要有具體行動的實例

政策企業家要有身先士卒，表現具體行動實例（leading by examples）的能力，以消除人們的疑慮。也就是政策企業家必須有動員力，才會產生具體行動實例。政策企業家就是「變革推動者」（change agent）（Roberts & King, 1996: 155-160）。以中國文化中的儒家孔孟學說為例。論語〈泰伯篇〉：「士不可以不弘毅，任重而道遠。仁以為己任，不亦重乎！死而後已，不亦遠乎！」士就是變革推動者，把「不仁」的現象，改變到「仁」的現象、「世界大同」的境界。

參、問題流

一、問題是感受的

問題（problem）是隨著感覺的，相當主觀，不是客觀的。不同的

人，不同時間，不同空間，不同心情，與不同的人聚在一起，對問題的觀點會不一樣。政策企業家對同一件事的感受，與一般人是不同的。從知覺的觀點分析，將人分成三類：先知先覺、後知後覺、不知不覺。政策企業家是屬於先知先覺者。從人口結構言，政策企業家是少數的，甚至是極少數。再從問題本身分析，問題也隨時間推移、環境變化而變動或發展。

由此，可以說明問題流的「流」，人們對問題的感受是流動的。有人對同一事件的問題感受是不在乎、無所謂，不必理會。有人卻大驚小怪，認為是可大不了，是驚天動地的事，非常嚴重的事，必須趕緊處理，否則天翻地覆。不一而足，個人對事件的問題感受不是固定的，會流動的。當多數人慢慢地、逐漸地，開始對問題感受從不重要到非常重要地流動，就稱為問題流。

在問題流的過程中，政策企業家扮演甚麼角色？他必須運用政策論證，到處呼籲，喚起人們的警覺、認識與重視，也就是去改變人們對於事件的問題感受，認為是嚴重的，必須加以重視，不可輕忽。

二、問題是界定的

問題既然是感受的，政策企業家就必須界定問題到令人感受到痛處，才會引起人們重視。對問題的界定是競爭的。在眾多所界定的問題中，哪一種界定會獲得多數人的青睞？一定是能夠抓住問題的癥結，且具有政策論證說服力者，方能脫穎而出。政策企業家在這方面必須優於其他人。

政策企業家具有敏銳的觀察力，瞭解時代的趨勢、社會的需要、環境的變化；並且有很好的表達能力及說服力。依照亞里斯多德的觀點，說服要說之以「理」、動之以「情」、服之以「德」。其中比較有爭議的是「理」。在公共政策的觀點中，理只有一個，不能各說各的理，成為「公說公有理，婆說婆有理」。Dunn（2012）非常重視政策論證，有一定的規則與程序，相當嚴謹。孟子對於一些歪理，加以駁斥。「詖辭知其所蔽；淫辭知其所陷；邪辭知其所離；遁辭知其所窮。」（孟子‧公孫丑章上）。

在界定問題過程中，爭論在所不免，政策企業家要以「柔性說理」，軟化（softening up）（Kingdon, 2011: 117）歪理。以堂堂正正說理，借「理」使「理」，有如借力使力，「順」其理而破其理，有如「以子之矛，攻子之盾」。然後，對問題之界定，真相大白，為大家所接受。

三、問題是發展的

問題是發展的，是指問題在人們的心目中，逐漸認識清楚、明白、具體、明瞭，逐漸獲得人們注意與重視。這段過程有賴政策企業家主動積極促進之。政策企業家首要提出事實真相。事實真相的表達可以用「政策指標」（policy indicators）清楚明確呈現出來（Kingdon, 2011: 90-94）。然後，指出其因果關係、利弊得失。

問題在發展的過程中，外在環境的變化、新生的事件，也會推波助瀾，使得問題更為複雜（Kingdon, 2011: 94-99）。此時，政策企業家必須盯著問題的發展，介入並掌控，以利於提出解決之方案。

四、問題是要受重視的

問題流的發展，要讓更多的人重視問題的存在，在議論紛紛當中，提出政策論證，主張問題是急迫的，非解決不可，更加要急迫討論這個問題，便建立了「系統議程」（systems agenda），也就是開啟了「問題窗」（problem window）。政策企業家在此關鍵時刻，要使問題的討論固定、確定，不可被轉移議題，為另一問題所取代，導致前功盡棄（Kingdon, 2011: 103-105）。例如，馬英九總統所要建立的「司法關說」問題流，最後被「非法監聽」問題流所取代，令人深省。

肆、政策流

一、政策方案存在政策社群裡

問題與問題解決的方案是相連的，而不是各自獨立的。Dunn（2012）認為政策問題的建構非常重要，與政策方案相關聯。而都存在政策社群（policy community）裡（Kingdon, 2011: 117-140）。政策社群是由政策利害關係人所組成。政策方案要回應政策利害關係人所關切的事項、議題與訴求。政策企業家要經營政策社群，也就是亞里斯多德所講的與群眾的感情（pathos）關係，與群眾接觸、互動、對話、討論、思辨，才能瞭解他們的想法、觀念、利益，也才能認識他們所關切的事項、議題與訴求，才能形成共識。

政策企業家在政策社群的態度，要積極主動，融入政策社群裡，與政策利害關係人綿密互動，應用社會關係技巧，與他們互動，認識、瞭解他們，形成政策社群共同體，榮辱一起，休戚與共，才能提出大家所要的政策方案。

政策方案的提出，一定來自政策社群裡圈內的人，圈外人所提出的政策方案一定是隔靴搔癢，抓不到問題核心。政策企業家融入政策社群裡，對問題解決所提出的政策方案，才會獲得共鳴。例如，參與太陽花學運的學生並未投入兩岸服貿企業，不瞭解兩岸服務貿易業，只是冒然盲目反對，無法取信於人。而政府也努力不夠，未能積極提出充分的政策論證，取信於民，亦該反省。

二、政策方案必須是創新的

為解決嚴重的問題，必須要用新的方案。這新方案必須是創新的方案（參考Walker, 1969），是獨特新穎，以前所無，且必須融入於政策社群。政策企業家必須同時兩面作戰：1.如何提出創新方案；2.如何將此創新方案融入政策社群。創新方案必須包括：新觀念、新關係、新作為。

　　新觀念（Majone, 1988）可以表現在政策新環境、或新目標、或新關係、或新手段、或新程序。例如，春秋戰國時代，齊國管仲要建立尊王攘夷的新環境、秦國商鞅要建立富強的新目標、秦國范睢要建立遠交近攻的新國際關係。至於新手段，例如諸葛亮以草船借箭，取代自己造箭。而新程序，在目前例子更多，如政府革新中的程序再造（reengineering）。

　　新關係當然是來自觀念的改變，而相關的關係也隨著調整。例如，時間關係、空間關係、人際關係、權力關係、政府關係、事務關係、政策之間的關係等等。其價值、地位、分量、重要性隨著改變。

　　新觀念、新關係所具體表現，可以觀察得到的是創新作為。政策企業家的創新方案充滿許多創新作為。創新方案必須融入政策社群，獲得認同與支持。

三、政策方案要具有政策論證說服力

　　政策企業家在問題流過程中，界定問題要有政策論證說服力；同樣，在政策流過程中，提出政策方案也要有政策論證說服力。兩者相關，但人們感受不同。人們較容易知道問題在哪裡，但較急於找尋政策方案，較為焦慮，卻對各種政策方案不放心。政策企業家便要格外耐心、細心，以及堅強意志力。

　　政策企業家在政策流過程中，對其所提出之創新方案要有堅強的說服力。第一，要有充分嚴謹的資訊，可以經得起嚴厲的質疑與挑戰。第二，要有自信，並且爭取政策社群的信任。商鞅變法便是從立信開始。第三，嚴謹的邏輯推理過程，將政策問題與政策目標之間的差距，以政策創新方案聯結起來。第四，動之以情。很多人非常頑固，拒絕以「理」溝通，堅持其歪理，不「講理」。政策企業家必須以「創新的理」說服之，亦即「順」其理，而不「駁」其理，借其所謂的理，使出我之理。不可激怒對方，不可讓對方有委屈、羞辱的感覺，要多讚美對方、鼓勵對方，以感情套牢對方（參考Aristotle, Rhetorica, Translated by W. Rhys Roberts, 1946）。第五，要隨時反思、前瞻、盤整、整合。說服有如作戰，不能只往前進，

要瞻前顧後，隨時整合（Mintrom, 2003）。

四、政策方案要有支持力

公共政策講究「識」與「勢」的結合。Wildavsky（1979）研究公共政策，強調對「權力」（power）講「真理」（truth），作者認為真理是指正確的問題界定與創新方案；而權力是指政治的支持力量。政策方案要獲得足夠的政治支持力，才能從政策流匯入（coupling）政治流（Kingdon, 2011: 194），才有機會獲得「政策窗」的開啟。

伍、政治流

一、政治流暗潮洶湧

政治流的範圍比政策社群寬廣很多，包括政治氣氛、政黨勢力消長、政府改組、政治勢力團體活動、選舉成敗、政治事件等等，是動態的，也是流動的（Kingdon, 2011: 146）。其內部難以捉摸，廣大無邊，深不可測，且暗潮洶湧。一般人只能在政治流裡載沉載浮，隨波逐流，靠政治運氣做事。而政策企業家稍微有某種程度的自主性，不至於滅頂，還可以營造自己的政治勢力，或利用現有政治勢力，以配合自己所界定之政策問題與所提出之創新方案（Mintrom, 2003; Mintrom and Wanna, 2006）。

二、營造政治勢力

政策企業家在政治流裡，一方面要編織創新方案的願景，吸引人們的注意力與嚮往，另一方面也要同時編織鋼鐵的人際關係網絡，形成政治勢力，主導政治流的走向。政策企業家要利用數位資訊系統建立政策網絡關係（policy network），以營造其在政治流裡的優勢（Heclo, 1978; Kirst et.al., 1984; Mintrom and Vergari, 1988）。

　　從網絡關係，可以分析政策企業家營造政治勢力情形：1.網絡關係是實質的，不是形式的；雙向的、多向的，不是單向的；2.網絡關係網的範圍寬窄及多樣化程度；3.網絡關係網聯結密度與使用頻率多寡程度；4.網絡關係網內大小結點分布情形；5.網絡關係動員快慢情形（Cars, et.al., 2002: 56）。政策企業家所營造之政治勢力越大且越綿密，其所能主導與掌控政治流越有力。

三、發展政治勢力

　　政策企業家要經常與各種勢力團體和個人聯繫互動，經由聯絡、寫信、發E-mail、留簡訊、聚會、對話、討論，將觸鬚伸展到各角落，蒐集資訊，並傳遞訊息，以瞭解政治氛圍，能見機行事，鞏固並拓展自己的影響力（Kingdon, 2011: 162）。其中需要特別強調的是政策企業家與其他勢力團體與個人之間，夥伴關係（partnership）、協力關係（collaborationship）的建立（Mintrom and Vergari, 1996; Sabatier, 1988）。彼此之間，建立共同願景，互信互賴互惠，資源分享，溝通協調配合，團結力量大，結成策略聯盟，發展為更大政治勢力。

四、政治共識的建立

　　在政治流裡，政策企業家要主導並掌握優勢，必須與其他政治勢力團體與個人妥協、協調、談判、交易，建立政治共識。政策企業家在政策流與政治流表現的明顯差異是：在政策流強調政策論證的「說服」（persuasion），而在政治流強調「交易」（bargain）（Kingdon, 2011: 159）。在多元化、多樣性社會裡，各種價值觀念、政治利益林立，建立政治共識相當困難，只得靠交易，建立政治共識。

陸、政策窗

一、三流匯合

政策變遷或政策改革，一定要有適當時機。有些時機可以營造，有些時機只能等待。當時機來臨時，必須已準備好，立即抓住機會。否則，稍縱即逝。當問題流、政策流、政治流，三流匯一時，即啟開政策窗。

三流匯合的情形是：問題流最先發展，再次是政策流，最後是政治流。經常是，問題流、政策流已發展相當具體成熟，只欠政治流尚未時機成熟，只差這臨門一腳。三流匯合，將政策問題帶給了政治勢力，政治勢力支持政策方案，政策方案帶進了政策問題，解決了政策問題（Kingdon, 2011: 204）。

在三流匯合之前，政策企業家又緊張、又期待，生怕機會稍縱即逝，前功盡棄。因此，政策企業家必須很謹慎，又很謙虛，爭取各方最後支持。

二、開啟機會窗

政策企業家必須同時營造1.政策問題的界定；2.政策方案的提出；3.政策勢力的發展，要有耐心與毅力（Kingdon, 2011: 181），表達政策問題的訴求與政策方案的提出，這二件工作不是任何人可以做到的。Kingdon（2001: 179-180）認為只限於三種人，一種是這方面的專家、第二種是這方面的利益團體的代表、第三種是政府機關主管業務的官員。因為，只有這三種人才能夠取信於一般大眾，不是這三種人，所受的政策問題的界定、政策方案的提出，都令人懷疑，都不會被接受。

從這個觀點對照台灣的各種政論節目的名嘴，他們幾乎任何議題都可以侃侃而談，也可以提出他們的政策方案，可以說是極大的諷刺。他們這些作為根本不可能開啟問題解決的機會窗，因為他們不可能把問題與政策方案說得清楚。

　　政策窗與機會窗的關係，必先開啟機會窗，然後政策趁此機會，才有可能被採納與實施，也就是從政策的觀點來看，這個機會是給政策採納時使用的。

三、開啟政策窗

　　對於政策窗的開啟必須要有政策企業家在政治流中連結各種的政策勢力，並且要有強而有力的連結之政治手腕與技巧。由於政治流裡龍蛇混雜，各種勢力要角各霸一方，政策企業家要把各種勢力要角拉在一起形成政策共識，是相當艱鉅的事，政策企業家必須堅忍耐勞，具有相當大的堅持力，鍥而不捨，才可能開啟政策窗（Kingdon, 2011: 181）。

　　政策窗的開啟，有賴於政治力的支持，一般的智囊團、專家學者，只能夠用腦筋提出正確的問題界定與創新的方案，因缺乏政治力的支持，便不可能開啟機會窗與政策窗。開啟政策窗，政策企業家必須要動員強大的政治勢力之支持（參考Cars, et.al., 2002: 57）。在古代例如春秋時代的管仲「尊王攘夷」，必須要有齊桓公的全力支持；秦國的商鞅變法，必須要有秦穆公的完全配合。至於北宋的王安石變法，獲得宋神宗的鼎力支持，等到宋神宗的去世，宋哲宗繼位，王安石的新法便不再實施，見表1-1。當機會窗開啟，政策方案不趁此機會投入機會窗，將機會窗進一步成為政策窗，機會窗一旦關閉，政策方案不可能再有機會，將機會窗成為政策窗。機會稍縱即逝，要等下次機會，不知何年何月。

表1-1　中國古代政策企業家實例

	問題流	政策流	政治流	政策窗
管仲（春秋時代、齊國）	諸侯並立，外夷（山戎、狄、楚），中原需要安定的公共秩序。	利用周天子名義，尊王攘夷，九合諸侯，一匡天下。	齊桓公智囊鮑叔牙推薦管仲給齊桓公。	齊桓公有稱霸天下的雄心壯志與管仲「尊王攘夷」一拍即合。

	問題流	政策流	政治流	政策窗
商鞅 （春秋時代、 秦國）	秦國地處偏遠地方，文化落後。	秦穆公急需振作秦國，商鞅提出富國強兵政策。	秦穆公完全配合。	秦穆公的需求與商鞅的政策相互配合。
范雎 （戰國時代、 秦國）	秦國雖常打勝仗，所獲土地不久即被鄰近國家併吞。	范雎提出遠交近攻政策。	秦國國王全力支持。	遠交近攻政策為秦國統一天下得力的策略。
王安石 （北宋）	宋朝積弱不振。	政策大變革。「富國強兵」政策	宋神宗鼎力支持。	宋朝急需增強國力。

柒、結語

一、樹立政策企業家典範

　　作者提出公共政策學會的每一會員作為「政策企業家」，結合學術研究與實務經驗。因為目前政策研究已轉型，由系統分析、政策分析，轉到政策行動分析。分析人員也已經從系統分析人員、政策分析人員（Dror, 1967），進到政策企業家（Mintrom and Norman, 2009）。政策企業家的典範在忠（loyalty）於社會，在政論節目，要幫助人民、協助政府，提升社會；而不是負面的、誤導人民、打擊政府、撕裂社會（Hirschman, 1970; Schneider, Teske, and Mintrom, 1995; Mintrom, 2000; Mintrom, 2012）。協助政府指政府做對的政策，要充實其政策論證；政府做不好的政策，要以政策論證予以規勸。

二、主動積極行動

政策企業家的主動積極行動來自於忠於社會，由此積極「挺身而入」（entry）、發聲（voice）、行動（action）、而有貢獻（contribution）（參考Hirschman, 1970）。政策企業家忠於社會，愛護社會，提升社會，關心社會，進入社會各階層，融入之、互動之、瞭解之、發聲之，講出他們的心聲，形成「問題流」。同時，提出政策主張、解決的辦法，形成「政策流」。並且積極付之具體行動，與其他社會組織，策略聯盟，共襄盛舉，營造政治勢力，形成「政治流」，三者會流，開啟「政策窗」，以達經世濟民，匡時濟世，展現具體貢獻。

三、以理順人

政策企業家在營造「問題流」、「政策流」、「政治流」三者會流，開啟「政策窗」。其間，政策溝通、協調，行銷之政策論證，應以理「順」人，消除任何暴力行為。在多元社會，政策企業家一定要與社會各界堅強的對話（robust dialogue）（Roberts, 2002），講清楚，說明白。例如服貿議題：

1. 要有針對性。不能讓對方逃遁。例如提到服貿，服貿就是「服貿」，不能閃到「傾中」。
2. 就事論事。不能模糊焦點。
3. 不能亂扣帽子，借題發揮。
4. 必須要有充分佐證資料，有根有據。
5. 推論嚴謹，不能隨便引申。
6. 要把餅做大，也要把餅分得公平正義。

其過程，有如孟子「論知言」，公孫丑問怎麼樣剖析言詞呢？孟子回答：「詖辭知其所蔽；淫辭知其所陷；邪辭知其所離；遁辭知其所窮。生於其心，害於其事；發於其事，害於其政…」（孟子·公孫丑章上）。作者認為可以利用孟子的知言，順其理，服其心。

四、團隊精神

　　政策企業家要推動政策變遷（policy change），一定要來自眾多的同志，即政策變革推動者（change agents），要有團隊精神。其內涵為：1.團隊要有願景，並且給人願景，要像孔子一樣，給人願景，「人人可以為堯舜」，邁向「大同世界」；2.要有熱忱，關懷公共事務，像孔子「至於是邦也，必聞其政」〈論語‧學而篇〉；3.要有知識能力，如論語〈學而篇〉：「學而時習之，不亦說乎？」，並有社會關係的能力，「近者悅，遠者來」〈論語‧子路篇〉，「君子周而不比」〈論語‧為政篇〉；4.要能正己，作為表率，論語〈子路篇〉：「其身正，不令而行；其身不正，雖令不從」；5.要能敬事，「敬事而信，節用而愛人，使民以時」〈論語‧學而篇〉；6.講求互信，「人而無信，不知其可也，大車無輗，小車無軏，其何以行之哉！」〈論語‧為政篇〉；7.互惠，「其養民亦惠」〈論語‧公治長篇〉。國家有若干政策企業家，國家一定可以長治久安、永續富強發展（張世賢，2010）。

參考文獻

中文部分

張世賢，2010，〈地方治理能力提昇〉，載於張世賢編《地方治理能力提升：慶祝台灣實施地方自治六十周年「地方治理能力提升」學術研討會論文集》，臺北：中國文化大學華岡出版部：Ⅶ-Ⅷ。

張世賢，2014，〈政策企業家之探討〉，《中國行政評論》，20（特刊）：1-18。

魯炳炎，2008，〈環保團體與地方行政首長的政策企業家角色分析：以蘇花高興建決策為例〉，發表於2008年台灣政治學會年會暨「全球競爭，民主鞏固，與治理再造——2008台灣新課題」學術研討會，國立暨南國際大學公共行政與政策學系主辦，南投。

魯炳炎，2009a，〈政策企業家於政策行銷過程的角色扮演〉，《文官制度季刊》，1（3）：125-158。

魯炳炎，2009b，〈政策企業家在政策中的重要性：蘇花高速公路興建個案探討〉，載於王漢國主編《地方治理與發展》，臺北：韋伯，頁161-192。

魯炳炎，2010，〈政策企業家化解政策衝突之研究〉，《文官制度季刊》，2（3）：151-181。

英 文部分

Aristotle, *Rhetorica*. Translated by W. Rhys Roberts. 1946. Oxford, UK: The Clarendon Press.

Baumgartner, Frank R. and Bryan D. Jones. 2009. *Agendas and Instability in American Politics*.2nd ed. Chicago: Chicago University Press.

Bernier, L., & T. Hafsi 2007. "The Changing Nature of Public Entrepreneurship". *Public Administrative Review*, 67(3): 488-503.

Cars, Goran, Patsy Healey, Ali Madanipour and Claudio De Magalhaes, 2002. *Urban Governance, Istitutional Capacity and Social Milieux*. Aldershot, UK: Ashgate. Publications .

Dunn, William. 2012. *Public Policy Analysis*. 5th Ed. Upper Sadle River, NJ: Pearson.

Heclo, Hugh. 1978. "Issue Networks and the Executive Establishment." In *The New American Political System*, Anthony King. ed. Washington, DC: American Enterprise Institute.

Hirschman, Albert. 1970. *Exit, Voice, and Loyalty*. Cambridge, Mass: Harvard University Press.

King, Paula J. 1988. "Policy Entrepreneurs: Catalysts in the Policy Innovation Process." Ph.D. diss. University of Minnesota.

Kingdon, John W. 1984. *Agendas, Alternatives, and Public Policies*. Boston:

Little, Brown and Company.

Kingdon, John W. 2011. *Agendas, Alternatives, and Public Policies*. Updated Second Edition. Boston: Longman.

Kirst, Michael W., Gailmeister, and Stephen R. Rowley. 1984. "Policy Issue Networks: Their Influence on State Policymaking." *Policy Studies Journal* 13: 247-263.

Kirzner, Israel. 1985. *Discovery and the Capitalist Process*. Chicago, Ill.: University of Chicago Press.

Majone, Giandomenico. 1988. "Policy Analysis and Public Deliberation." In *the Power of Public Ideas,* Chap. 7, ed. Robert B. Reich. Cambridge, MA: Harvard University Press.

Mintrom, M. 1997. "Policy Entrepreneurs and the Diffusion of Innovation." *American Journal of Political Science*, 41(3): 738-770.

Mintrom, M., & S. Vergari 1996. "Advocacy Coalitions, Policy Entrepreneurs, and Policy Change." *Policy Studies Journal*, 24(3): 420-434.

Mintrom, M., & S. Vergari 1998. "Policy Networks and Innovation Diffusion: The Case of State Education Reforms." *Journal of Politics*, 60: 126-148.

Mintrom, Michael, and John Wanna. 2006. "Innovation State Strategies in the Antipodes Enhancing the Ability of Governments to Govern in the Global Context."*Australian Journal of Political Science*, 41: 161-176.

Mintrom, Michael, and Phillipa Norman. 2009. "Policy Entrepreneurship and Policy Change." *Policy Studies Journal*, 37(4): 649-667.

Mintrom, Michael. 1994. "Policy Entrepreneurship in Theory and Practice: A Comparative State Analysis of the Rise of School Choice as a Policy Idea." Ph.D. diss. State University of New York, Stony Brook.

Mintrom, Michael. 2000. *Policy Entrepreneurs and School Choice*, Washington, DC: Georgetown University Press.

Mintrom, Michael. 2001. "Policy Design for Local Innovation: The Effects of Competition in Public Schooling." *State Politics and Policy Quarterly*, 1:

343-363.

Mintrom, Michael. 2003. *People Skills for Policy Analysts*. Washington, DC: Georgetown University Press.

Mintrom, Michael. 2012. *Contemporary Policy Analysis*. Oxford, Oxford University Press.

Polsby, Nelson W. 1984. *Political Innovation in America: The Politics of Policy Initiation*. New Haven: Yale University Press.

Roberts, Mary Skelton 2014. Policy Change, Policy Window, Stephanie Pollack, Transportation,http://www.barrfoundation.org/news/lessons-in-policy-change#sthash.9rPbPgsC.dpuf, 瀏覽日期：2014年6月9日。

Roberts, N. C. 2002. "Calls for Dialogue." In N.C. Roberts（Ed.）, *The Transformative Power of Dialogue*, Boston, MA: JAI: 3-24.

Roberts, N. C., & P. J. King 1991. "Policy Entrepreneurs: Their Activity Structure and Function in the Policy Process." *Journal of Public Administration Research and Theory*, 1(2): 147-175.

Roberts, N. C., & P. J. King 1996. *Transforming Public Policy: Dynamics of Policy Entrepreneurship and Innovation*. San Francisco, CA: Jossey-Bass.

Sabatier, Paul A. 1988. "An Advocacy Coalition Framework of Policy Change and the Role of Policy-Oriented Learning Therein." *Policy Sciences* 21: 129-168.

Schneider, Mark, Paul Teske, and Michael Mintrom. 1995. *Public Entrepreneurs: Agents for Change in American Government*. Princeton：Princeton University Press.

Smith, James A. 1991. *The Idea Brokers*. New York: The Free Press.

Walker, Jack L. 1969. "The Diffusion of Innovations Among the American States." *American Political Science Review* 63: 880-899.

Wildavsky, Aaron. 1979. *Speaking Truth to Power: The Art and Craft of Policy Analysis*. Boston: Little, Brown and Company.

第二章

政策論證的重要性[*]

政策企業家在政策過程中，不論是問題流，或是政策流，或是政治流，在三流匯合為一的過程中都要有政策論證。換個角度說，不論在政策目標、政策議程的建立、政策方面的規劃、政策合法化、政策執行、政策評估、政策修正或終結，都要有政策論證；可以簡化成為都要政策溝通與行銷，在溝通與行銷的過程中，同時進行政策論證的過程與說服的過程，這三者（溝通協調、論證、說服）是同時進行的。從政策溝通與行銷過程的效益中，顯見出政策論證的重要性。

壹、政策論證在政策溝通的重要性

一、前言

政策論證在政策溝通的重要性，越來越受到重視。以警察政策為例，美國研究警政管理的學者Micheal A. Caldero和John P. Crank（2011: 10）指出，面對多元社會、多元種族、多元文化、多元價值觀念、社會內部多元衝突的21世紀，警政工作已不是以嚴刑峻法，而是必須藉由溝通、協調、談判來建立社會秩序（Order is not to be asserted, but negotiated），政策論證越顯在溝通過程中的重要性。警察在建立社會秩序的過程中，必須要注入政策論證與溝通之中。

---

[*] 本章修改自：張世賢，2012，〈政策溝通與行銷〉，章光明（編），《警察政策與管理概論》，桃園：中央警察大學推廣教育訓練中心，頁21-56。

　　本節在探討政策論證在政策溝通過程中的重要性。政策溝通的目的就是在將政府的政策爭取民眾的瞭解與支持，並且為了要獲取民眾的支持，也要瞭解民眾的需求與感受，以便回應民眾的需求與感受，制定成為民眾可以接受的政策，然後再將這些政策利用溝通的方式，爭取民眾的瞭解與支持，形成循環的過程，如圖2-1。

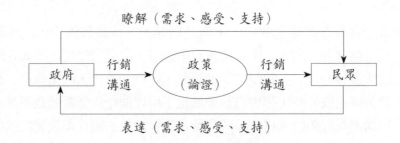

圖2-1　政策溝通圖

　　政策溝通的目的主要在使標的人口改變態度接受政府的決策，因此欲改變標的人口的態度則必須瞭解標的人口與政府所欲執行政策目標之間的關係。因為標的人口與政策目標之間的關連程度不同，其反應便有所不同，尤其政策目標越損害標的人口其切身利益，則標的人口越容易拒絕政府所提供的資訊，越難達成有效的溝通。因此對於議題涉入深淺不同的民眾，政府在進行溝通時應採取不同的溝通策略。

　　本節探討政策溝通，採用Micheal M. Harmon的「行動理論」（1981），從現象學、詮釋論、批判論等的觀點，加以立論。現象學指現象的狀況由觀察者的內心所認定。每一個人的心不同，其所看到的現象的狀況也不同，即俗語所說的「相隨心轉」。詮釋論指當事人所呈現的意義及內涵，要站在當事人的情境，加以解讀，而不是由他人加以說三道四。批判論是指對於社會上的所謂公是公非，要由大眾平等地、自由地、開放地，對話、討論、批判，形成共識，不受現有主流意識與價值觀念的扭曲與掌控。

　　政策溝通是一串連續的行動。依照Harmon的觀點（1981: 19），任何

行動都是有「意向的」（intent）。由人們「面對面的境遇」（face to face encounter）中表現出來（Harmon, 1981: 4），這種表現是在社會的系絡中，主動地呈現出來（Harmon, 1981: 4）。用Harmon的術語是「自主－社會」（active-social）的性質（Harmon, 1981: 4），也就是任何溝通都是自主的，不是被動的；是社會的，不是孤獨個人的，具有人與人之間、人與社會之間的「互依性質」（mutuality）。溝通是存在人的社會之中，不能夠單獨存在；溝通是存在人際之間，要有溝通當事人自己去解讀，別人如想要解讀，就必須站在溝通當事人的情境去解讀，也就是詮釋的。對於集體的溝通與行銷，必須要由整體內部的成員以批判論的觀點，開放地、自由地、毫無牽掛地、不受拘束地，相互對話與討論，而形成公是公非的政策內容。

　　依據William N. Dunn（2012）的觀點，政策溝通可視為四階段的過程，包含政策分析、資料發展、互動溝通及知識應用，本章修正Dunn的觀點，以政策論證者取代政策分析人員為圖2-2的中心。政策論證者對政策分析、資料發展、互動溝通為實線，對知識應用為粗實線，因為知識應用為政策論證者最能夠表現功力的場所。圖2-2中間是圓形，表示政策論證者在中間。四周的橢圓形有政策分析、資料發展、互動溝通、知識運用。四周的方形有政策知識、政策文件、政策報告、利害關係人。本節由圖2-2說明政策論證在政策溝通的重要性。

　　政策溝通的過程是順時針走向，由橢圓形的行動產生方形的具體內容。政策溝通的過程，一開始由「政策分析」進行，「政策分析」產生「政策知識」。「政策知識」包括：政策問題、政策未來、政策行動、政策結果及政策績效等相關的知識。為溝通這些政策知識，政策論證者（也是政策分析人員）「發展」出各式「政策文件」——政策備忘錄、政策議題報告、執行摘要、附錄及新聞稿。接著，這些文件則成為會話、研討會、會議、簡報、聽證會及其他口頭報告等互動溝通的多元策略基礎。發展各種政策相關文件及進行口頭報告的目的，在於提高「知識運用」及決策過程各層次相關人士進行開放政策論證的品質。

　　圖2-2的粗實線表示政策論證者在知識運用過程中處於「決戰時

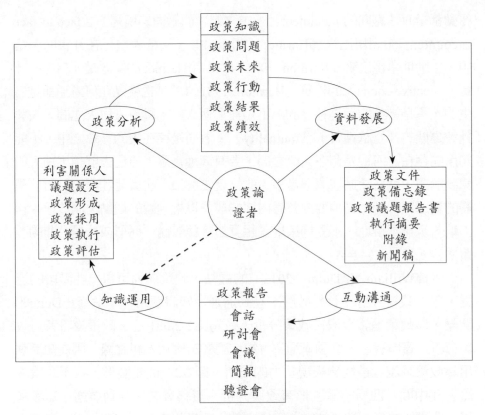

圖2-2　政策溝通過程

資料來源：修改自Dunn, 2012: 383。

刻」，關鍵且激烈；實線則表示政策論證者（也是政策分析人員）直接影
響政策分析結論與建議的可信度，以及政策相關文件及口頭報告的形式、
內容及適當性。

二、政策知識

　　由圖2-2，政策分析產生政策知識。政策溝通需要五種形式的政策知
識（政策問題、政策未來、政策行動、政策結果及政策績效）以回答「什
麼是（事實）」、「什麼是正確的（價值）」及「該做什麼（行動）」等

問題，這些都是政策論證的資訊來源，沒有正確、充實的政策知識，難以進行政策論證；但是空有政策知識，未能運用到政策論證，也是虛有知識的內涵，無濟於事。

（一）政策問題

政策問題是一種尚未實現的需要、或價值、或機會，等待改善或提升（Dunn, 2012: 67）；若一旦獲致認可，便能透過公共行動實現。政策問題的知識，以偷竊為例，要瞭解偷竊問題為什麼會產生（如貧窮是偷竊的原因之一）？偷竊可以滿足其物質匱乏（即需要問題），偷別人的東西是不對的（即價值問題），以及在什麼情況之下才可以順利偷竊（即機會問題）。政策問題的相關資訊對政策溝通過程中的政策論證來說是最重要的。問題的定義將決定是否能找出適當解決之道。

（二）政策未來

政策必定是在未來，才能落實。因此政策的形成或規劃，都要在未來才能實現。為了使得我們所形成的或規劃的方案，不會在未來的環境格格不入。政策論證者必須要透過預測，獲得政策未來的資訊。然而，這類政策未來的資訊通常不足，因為歷史不會重演。政策論證者提供關於政策未來的資訊，不可限定於現有情境。這項任務便需要政策論證者的創意、洞見、「直覺」、「判斷」或「默會知識」（tacit knowledge）的能力，易於在溝通過程中，同時進行說服。

（三）政策行動

政策行動是解決問題的內容，涉及方案所處的層次與所在範圍。不同的層次、不同的著力所在，政策方案的位階、內容、範圍亦有不同，政策方案要有可行性、效益性、實用性。其中必須妥慎檢查政策問題建構的正確性、選用的政策工具，以及政策行動與問題解決的邏輯（論證）關係。

（四）政策結果

政策結果是政策行動的可觀察的成果。政策行動的成果無法在行動前獲得完整陳述或瞭解；也不是所有可觀察成果都是行動方案所預期的。因此，必須透過政策監測，獲得政策結果的知識。政策結果可以做為政策論證支持的立論基礎。因為有好的政策結果，其政策論證才會有力量，才會受到支持。反之，不好的政策結果，難以成為政策論證的基礎，不具有說服力，也不會受到支持。

（五）政策績效

政策績效係指某項政策成果實現政策目標的程度。現實中，政策問題很少被「解決」；多半都是重解決、重建構、甚至有些根本「懸而未決」。然而要知道這些問題究竟是解決了、重新解決還是懸而未決，不只需要政策結果的資訊，還需要進一步釐清這些結果是否達成政策目標。政策結果能否達成政策目標，表現出政策績效。有良好的政策績效才能夠做為政策論證強而有力的基礎。不過，空有政策績效，不會應用到政策論證，也不會受到民眾認識、體會與支持。

三、政策文件

將上述的政策知識，由資料發展，產生政策文件，見圖2-2。即成為可以溝通並可以有用的政策知識文件，需要綜合、組織、轉譯、簡化、視覺呈現及摘要資訊的知識及技巧（Dunn, 2012: 382-386）。這些知識與技巧就是呈現政策論證所需要表達的知識及技巧。

（一）綜合

政策論證者通常須處理數以百頁的資訊——包含先前出版的報告、報紙及期刊文章、重要文件的摘錄、統計報表。這些資訊必須利用政策論證的知識與技巧，統合成各種形式的文件，例如，只有3頁的政策備忘錄、10至20頁的政策議題報告，才具有說服力。在準備政策議題報告的摘要或

供媒體使用的新聞稿時，這些資訊還需要進一步綜合（Dunn, 2012: 383；張淑珠，2006：35；馬群傑譯，2011：435）。

（二）組織

政策分析人員必須能以連貫性、邏輯一致且經濟的方式來組織資訊，組織就是表現政策論證的藝術與技巧。文件要求扎實，雖仍可在風格、內容及長度上有異，但通常亦有共通要素：總覽或摘要、歷史文獻回顧、研究範圍、問題的重要性、問題的根源、找出並評估解決問題的替代方案、及解決問題的行動建議等等，要能夠一目了然，具有說服力（Dunn, 2012: 383；張淑珠，2006：35；馬群傑譯，2011：436）。

（三）轉譯

政策論證者的專有術語必須針對不同的政策利害關係人，轉換成他們的語言與風格，才容易被瞭解與具有說服力。這項工作在政策溝通上非常重要，政策溝通要針對政策利害關係人的想法、需求、態度、內心感受、表達方式、口氣口吻等加以結合與轉譯。這項轉譯的過程充滿了政策論證的智慧。因為這項工作經常涉及將抽象理論思考及複雜的分析、統計程序轉換成非專家學者使用的一般語言、表達方式、及論證模式。由於溝通的對象也可能包括熟悉問題的專家（例如，其他分析人員及專門人員），政策文件可以包括正式文件後的附錄、理論、公式，以及統計計算程式（Dunn, 2012: 384；張淑珠，2006：36；馬群傑譯，2011：436）。

（四）簡化

一個問題通常有許多潛在解決方式，相互關聯且十分複雜。政策方案、評估標準和可能結果的合併及互換往往輕易超過上百種。因此，簡化政策方案可運用縮小政策方案範疇，集中主要或具策略意義的政策方案，並以矩陣方式陳列。如此，透過簡化的過程才能夠使得政策論證與遊說的過程，表現出聚焦的作用，有共同的論證的焦點，不會模糊論證的議題。複雜的量化關係亦可透過舉例來簡化——運用一般語言及展現量化特質

的個案說明，以便說清楚講明白，更具有說服力（Dunn, 2012: 384；張淑珠，2006：36；馬群傑譯，2011：436）。

（五）視覺呈現

政策論證要講求效果，也就是要有具體的、視覺的臨場感，才會印象深刻。先進的電腦圖像大大提升視覺溝通的效果。量化資訊的視覺呈現——長條圖、柱狀圖、圓餅圖、曲線圖、及社會人口統計圖——是政策溝通的重要工具。對分析師而言，許多種視覺呈現方式均可獲致良好的效果，藉以有效地將複雜的概念轉化為簡明易懂的圖表。無論對簡單或複雜的政策變項而言，這些圖表均能促成有效地溝通、論證與說服（Dunn, 2012: 384；張淑珠，2006：37；馬群傑譯，2011：436）。

（六）摘要

政策論證者提供政策論證資訊給政策制定者。政策制定者通常行程滿檔並與時間賽跑，每天只能撥出幾分鐘時間閱讀，因此比起完整的政策議題報告，他們比較可能瀏覽簡短摘要或濃縮的政策備忘錄。準備摘要的技巧是進行有效政策溝通的要素。論證摘要是對政策議題的各要素進行綜合的結果，具有下列要素：1.議題報告或研究的宗旨；2.問題或質問的背景；3.主要發現或結論；4.分析途徑或研究方法；5.推介。

政策分析人員準備的文件中，最完整而詳細的是政策議題報告。一份政策議題報告通常會討論下列問題（Dunn, 2012: 422-428；張淑珠，2006：37-38；馬群傑譯，2011：437）：

1. 政策問題如何形塑？
2. 問題的嚴重性及範圍？
3. 該問題需要公共行動的程度？
4. 若不採取行動，該問題在未來數月或數年間可能產生何種改變？
5. 政府其他部門是否已針對該問題採取行動？
6. 若有，結果如何？
7. 解決這項問題時應追求哪些目的及目標？

8. 達成這些目的及目標的主要政策替代方案為何？

9. 應採取何種標準來評量這些替代方案的表現？

10.應採用並執行何種替代方案？

11.哪個部門應負責政策執行？

12.政策應如何監督與評量？

政策論證要簡明扼要。事實上，政策議題報告書比起只有一到數頁的政策備忘錄或政策簡報，較不獲得青睞。政策備忘錄與政策簡報通常取用並綜合各政策議題報告、研究報告及其他文件來源的主題、結論及建議。相對地，新聞稿則摘要主要政策議題報告的結論與建議（張淑珠，2006：37-38）。這些都表現出政策論證的功力。

四、政策報告

圖2-2的右下角，「互動溝通」需要在「政策報告」的場合進行。一種常見的溝通媒介是郵寄文件，以非親自傳遞的方式，將政策相關文件轉送給政策利害關係人。這種方式最大缺點是，收件人可能將之束諸高閣。

因此，當政策文件主旨透過政策報告的方式溝通後，獲得運用的可能性將隨之提高。政策報告——會話、研討會、會議、簡報及聽證會——構成互動溝通模式，與政策相關知識的運用有正面關聯，政策論證的對話過程在此表現出論證的智慧、藝術以及技巧。

在進行有效的政策溝通上，口語簡報的要素包括下列數項：

1. 歡迎與會者的開場白；

2. 簡報的背景；

3. 議題報告或研究的主要發現；

4. 途徑與方法；

5. 作為分析基礎的資料；

6. 推介；

7. 詢問與會者；

8. 結語。

　　進行口語簡報時，為了彰顯政策論證的重要性，必須對個別聽眾成員進行瞭解。並且，口語簡報可以各種不同圖表作為說明基礎，並利用投影片。在科學發達的今日，許多影視技術均可提供視覺傳播之用（Dunn, 2012: 385-386；張淑珠，2006：39；馬群傑譯，2011：348）。

　　在複雜環境中，政策論證在溝通的過程中，將面對各種不同情況，必須事先充分準備，包括：

1. 溝通對象規模；
2. 議題領域中的專家人數；
3. 溝通對象對分析所使用之方法的熟悉程度；
4. 政策論證者在溝通對象中的可信度；
5. 報告受到重視的程度。

　　在某些政策報告的場合，多元溝通策略十分重要：因為沒有任何決策者運用一模一樣的評估標準（「現實測試」）來衡量政策分析的可信度、相關性及可用性。有效的政策溝通取決於針對不同聽眾的特性，訂定不同溝通策略、論證模式、論證技巧，亦即所謂之情境溝通（contingent communication）。

　　政策溝通有時是對內行人進行，比較容易獲得有效的溝通；可是，一般的情況都是對於外行人進行溝通，政策論證便需要很認真地講究，才能產生功效。在此情況下，何種溝通與論證策略，比較能有效地達成目的？

1. 確保報告係針對決策者需要進行，同時兼顧聽眾多元性。
2. 避免給予太多背景資訊。
3. 專注結論。運用簡單圖表來呈現資料，除非有支持結論的必要性，否則不須討論方法。
4. 找出自己可能缺乏信度的原因，並且選擇適當策略以克服問題。例如，安排具有公信力的人士介紹出場，或以中立者姿態出場。
5. 注意時間限制，以及感受到聽講者可能趕著另有其他行程。
6. 安排支持者坐在可能反對者旁邊。
7. 依據聽眾所喜好的論點之優先順序，排出政策論證的優先順序。

在政策溝通過程中，必須簡單、清楚、扼要、明白、以及論證具體。

政府與民眾在進行政策溝通時，政府應盡量可能的給予一個明確且符合大多數民眾需求的承諾，使民眾瞭解政府的政策意圖為何。唯有如此，可減少雙方在進行溝通時，產生排斥或抗拒政府所提供的政策訊息。

五、知識運用

知識運用在針對政策利害關係人所在的場合，包括議程建立、政策形成、政策採用、政策執行、政策評估，妥善發揮（Dunn, 2012: 383），見圖2-2，政策論證者的知識運用不容易，用「虛箭線」表示。政策分析的目的在透過「創造、批判地評估及溝通」政策知識，以改善政策。然而，政策改善還有賴於決策者運用政策知識。政策知識是政策論證的基礎；政策論證是政策知識的發揮。知識運用由運用者、運用效果、運用範疇等三者交互作用所形成（Dunn, 2012: 393-394；張淑珠，2006：40-41；馬群傑譯，2011：447）。政策論證的成敗，也是政治溝通的成敗在知識運用的「決戰時刻」，既關鍵且激烈，表現政策論證在政治溝通非常重要。

（一）運用者

政策知識的運用者，相當廣泛，包括需要政策知識的政治人物、黨派、社會團體、政府官員等等，可以做為個人決策（個人使用），以及公共決策（共同使用）的來源（Dunn, 2012: 393；張淑珠，2006：41；馬群傑譯，2011：447）。運用者運用政策知識，千差萬別，運用之妙，存乎其心。運用的場合是在議程建立、政策形成、政策採用、政策執行、以及政策評估等場合中，針對各對手，也是利害關係人進行。每位政策知識的運用者都是此政治競技場的猛將，在此激烈的唇槍舌劍，進行政策的論證。

（二）運用效果

政策知識的運用有各種不同的效果。1.概念性運用效果：從政策知識的概念，用來思考和解答問題；2.象徵性運用效果：從政策知識中的象徵意義，例如引用專家、宗教的權威來合法化對問題的解決；3.工具性運用

效果：將政策知識的運用當成一種手段或工具，用以實現可觀察的決策活動。知識運用的效果，因運用者個人以及群體而異（Dunn, 2012: 385-386；馬群傑譯，2011：348）。會不會運用政策知識及其效果，與其政策論證的功力息息相關，非常重要。

（三）運用範疇

　　政策知識的運用範疇甚廣，由特定到一般。例如，採用「破窗理論」，是屬於一般的運用範疇，而將此理論應用在政策建議方面，則屬於是特定的運用範疇。不同範疇的概念、象徵與工具資訊被不同的個人和團體所運用，其亦將衍生出不同的影響。決策中政策知識的運用，受到1.知識特質的差異；2.知識產生的方式；3.政策問題的結構；4.政治和官僚結構，以及5.政策論證者（也是政策分析人員）、決策人員與其他利害人間互動的情形等的影響（Dunn, 2012: 394-396；馬群傑譯，2011：448-450）。

　　政策知識的運用表現於政策主張、政策論證、政策論述、政策對話等等，威瑪與范寧（Weimer & Vining, 1999: 293）特別強調，政策主張要簡潔有力，言簡意賅。他們並提出以下幾點政策論證所應注意的事項（Weimer & Vining, 1999: 293；張淑珠，2006：41-43）：

　　(1)政策論證者務必要把論證對象牢記在心；政策論證者不可忘記：「政策論證因對象而異」。俗話說：「見人說人話，見鬼說鬼話」，最為貼切。

　　(2)政策論證，務必條理分明、組織嚴謹；例如：主要的資料要擺在「正文」，次要的資料則擺在「附錄」。

　　(3)政策論證，務必段落分明、條理周延。

　　(4)政策論證，標題要標示清楚，標題要有創意，別出心裁。

　　(5)政策論證，內容要妥善安排，避免出現頭重腳輕、顧此失彼的現象。例如：「政策分析」，一般而言，應包含「問題分析」與「對策分析」兩大部分；在提出「問題分析」與「對策分析」時，兩者之間應力求均衡。

(6)政策論證，要引經據典，加強其說服力。

(7)政策論證，用字遣辭要力求簡潔，盡量減少艱澀難懂的專門術語，而用平鋪直述的方式，來分析問題，擬定對策。

(8)政策論證，說實話，不可「報喜不報憂」。有多少功力說多少話。因為政策環境以變為常態，實難以預測準確，對於不確定的部分，不必避諱，而應面對，並應明確釐清不確定的範圍。

(9)政策論證，切忌長篇大論，更不可天馬行空、不著邊際、不知所云。

(10) 政策論證，要開門見山，切忌故弄玄虛，故做神祕狀（參考：張淑珠，2006：41-43）。

貳、政策論證在政策行銷的重要性

一、前言

（一）政策論證、媒體、政策行銷的關係

政策行銷必須要利用媒體才能進行，政策行銷必須要有行銷的理由，政策論證、媒體、政策行銷的關係，如圖2-3。政策論證必須要利用載體（媒體，包括舊媒體與新媒體），在政策行銷過程中，彰顯其論證的功力，促進行銷，以表現其重要性。

政策論證的載體是媒體，有舊媒體與新媒體。新媒體具有三個要素組成：電腦資訊科技、傳播網路、數位媒介（Roberts, 2014: 11）。新媒體係由Web2.0資通科技（Information and Communication Technology, ICT）的進步產生，促成了媒體的變革，改變了公民社會的政治參與方式，可以更直接進行民主參與。因此，現代社會已經由人民直接利用新傳媒表達他們的心聲。媒體已不是「大眾傳播」（mass communication），而是「大眾自我傳播」（mass self-communication）（Roberts, 2014: 93）。任何人，

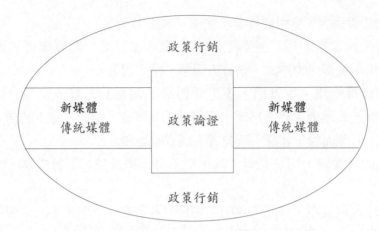

圖2-3　政策論證、媒體、政策行銷關係圖

資料來源：作者自繪。

當然包括政策論證者，可以進行蒐集資料、整理資料、傳播資料，掃除以往少數媒體掌控者的霸權。整個社會在資訊公平的情況下，人人越來越平等。政策論證者要能夠以政策論證，說服相關的利害關係人，便越來越迫切，也越來越重要。

（二）政策行銷的定義

　　政策行銷的定義，本書指：「政策行銷是行銷者（包括政策論證者），利用『行銷』的觀念與活動，促使公共政策獲得公眾的接受與支持。」（參考：張世賢，2006：136）「行銷」的觀念具有：

　　1. 供給與需求：政策論證者提供政策論證，民眾（或公眾、或公民）需求正確的政策；

　　2. 交換：政策論證者與民眾在行銷過程中，各獲得其所要的價值：政策論證者獲得民眾的支持，民眾獲得有利的政策。

　　3. 堅強意志力：政策論證者主動積極貫徹行銷目的（Bauurma, 2001: 287-289）。

　　4. 行銷活動：在使得公共政策的目標與內容相符合民眾的需求與價值（參考：Kotler, 2003: 183）。

5. 行銷的目的：使政策論證獲得民眾的接受與支持。

6. 政策行銷進行的過程，包括了問題界定、政策方案推介、政策合法化、政策採納、政策執行、政策評估、政策修正、政策終結等等的過程，過程相當廣泛，涵蓋所有的政策過程。

（三）行銷過程

行銷過程包括：1.瞭解對象屬性；2.製作論證內涵；3.引起對象注意；4.促其興趣；5.自發搜尋；6.接受論證；7.分享論證，分述如下：

1. 瞭解對象屬性

政策行銷一定是市場區隔，要針對不同的對象，有不同的行銷內涵與模式。

2. 製作論證內涵

確定行銷對象之後，行銷必須投其所好，針對其所好包裝政策內涵與模式，以便引起其注意與興趣。

3. 引起對象注意

在現今網路時代，資訊更新速度極快，如何讓對象引起注意，是一件不易的課題，必須配合對象的特性與興趣，引起其注意，對象才有後續的興趣、搜尋和行動。

4. 促其興趣

行銷對象經由接收訊息引起注意後，透過現有經驗的瞭解或欲望的啟發，而感受到相當的興趣。

5. 自發搜尋

有些對象感受到興趣之後，直接接受論證。有些對象則半信半疑，會去查證，早期是向親朋好友詢問意見，現在則利用網際網路，查詢社群媒體內網友的意見。利用新媒體搜尋資訊已成為大眾瞭解政策過程中重要的一部分。

6. 接受論證

　　行銷的對象搜尋資料時所得的資訊，如果是正面的，則接受論證。反之，是負面的，則不接受論證。

7. 分享論證

　　行銷對象不論接受論證與否，將個人所擁有經驗、資訊與感受，利用新媒體，傳播給其他人知曉。

二、政策論證由政策行銷展現其重要性

　　政策，必須要有扎實的政策論證，才能夠行銷給廣泛大眾。政策論證必須要隨著不同的行銷對象，包裝其政策內涵、政策論證模式與政策論證結構：由此顯見政策論證在政策行銷的重要性。政策、政策論證、政策行銷的關係圖，如圖2-4。

　　政策經由政策論證，行銷給民眾（對象），民眾如果對於政策行銷不滿意，則會回饋給政策論證，政策論證調整其方式，再行銷給民眾（對象）；或者，民眾如果對於政策不滿意，政策調整其內涵，再經由政策論證，行銷給民眾（對象）。由此可見，政策論證居於政策與民眾（對象）之間，透過政策論證，搭起政策與民眾（對象）之間的橋樑，可見其重要性。

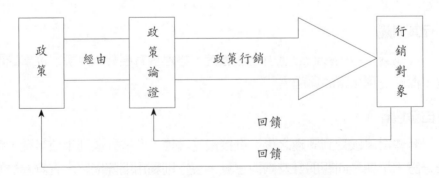

圖2-4　政策、政策論證、行銷對象關係圖

資料來源：作者自繪。

　　其情況，可以比喻為：政策為新郎，民眾為新娘，政策論證為媒人。媒人要有三寸不爛之舌，說服新娘接受新郎。政策論證也要有政策論證的內涵、模式、結構等等的表達，將政策行銷給民眾（對象），可見政策論證在政策行銷很重要。

三、政策論證隨政策行銷新媒體而益顯重要

　　新媒體時代比之前的舊媒體時代，是更為多元、平等、複雜、變動、競爭激烈的時代（Roberts, 2014: 97-103），見表2-1。政策論證在新媒體時代，對於政策行銷越來越重要。新媒體時代是屬於自主傳播、快速傳播、多樣傳播、平等傳播，政策論證越加重要，理由如下。

表2-1　傳統媒體與新媒體的比較

項目 ＼ 媒體	傳統媒體	新媒體
媒體	報紙、廣播、電視、雜誌	網際網路、Web 2.0
溝通模式	面對面模式；單向，一對一、一對多、由上而下	媒體模式（電信手機、網路通訊、社群媒體）
資訊主要來源	政府、企業	多元（政府企業、記者、專家學者、一般民眾）
利用者	閱聽眾（audience）	寫眾（writer）
行銷性能	資訊壟斷	資訊客製化，民主對話（去中心化、個人特質、社會傳播、互動、即時、回饋、全面性）
話語權	政府、電視台、報社、廣播電台	政策論證者（運用臉書、部落格、推特、影音平台等）
傳播性質	寡頭壟斷、不平等、較單純、較固定、競爭不激烈	更為多元、平等、複雜、變動、競爭激烈

資料來源：作者自製。

（一）自主傳播

　　新媒體時代，人人可以利用新媒體蒐集、整理、製作、傳播資訊，本身就是一個傳播主體，可以進行自主傳播，不必依賴傳統傳播的電視、報紙、雜誌等，人人可以自行傳播，各種的政策主張更為多樣化、多元化，人人各有一把號，各吹不同的調。在這種情況之下，政策論證者所提出的政策論證要與眾多的論述者，相互比較、相互競爭，其辛苦情形，十百倍於傳統的媒體時代，要產生其效果，必須要格外的認真，也顯現出格外必須要倚賴政策論證的功力，才有絲毫的效果，更彰顯其重要性。

（二）快速傳播

　　新媒體時代，傳播的速度相當快，可以立即傳播，將所發生的情景，以照相、錄影、錄音、附帶說明傳送給社會大眾，極為快速，比廣播電台的現場報導、電視台的即時轉播，不相上下。在這種情況之下，政策論證者必須充分把握時機，抓住先機，捷足先登，爭取民眾的信賴；避免他人，先馳得點，進行扭曲的、錯誤的報導，以訛傳訛。事實真相，已被造謠、抹黑、栽贓，要再澄清，實屬不易，因此政策論證就格外的重要。一句深入人心的論證美學，在眾多競爭的報導中，可以鶴立雞群，發省人心；也可以在別人錯誤報導之後，醍醐灌頂，令人翻然醒悟，改變觀點，振奮人心。

（三）多樣傳播

　　新媒體有各樣的傳播方式與管道，見表2-2，各種新媒體載具，各有各的傳播方式、管道、功能。各傳播主體，包括敵對的政策論證者，彼此相互競爭，各顯神通，各懷鬼胎。在這種多樣傳播的複雜情況下，政策論證者要脫穎而出，要有相當功力，否則極容易被邊緣化、被排擠、甚至被淘汰，由此可見，政策論證者所提出的政策論證相當的重要。

表2-2　新傳媒載具主要傳播功能

名稱	主要傳播功能
Facebook	貼文、轉載、分享訊息。 外加地標打卡、粉絲團功能。 目前為個人與政府機關、公眾人物常用新媒體。 政策論證者隨時利用facebook傳播資訊。
YouTube	自製影片轉載、分享。 YouTube免費提供影片上傳分享、儲存以及網路轉播，成為政策論證者上傳影片的重要平台。 目前也具有【實況轉播】的功能。
痞客邦	文章討論，提供部落格、網路相簿及留言板等網路社群服務。痞客邦超越無名小站，成為台灣最大的部落格網站。政策論證者在此平台，討論與分享訊息、文章。
Tumblr	文章討論、分享。 介面設計類似APP的圖像化、比Facebook有更多功能項目，而且操作更為簡易。
Flickr	照片整理、分享。 具備照片儲存、整理、分享、編輯的強大分享功能極受重視，政策論證者可大量運用。
PTT	討論專區。 台灣特有的非營利社群媒體，標榜網路言論自由、平等，採BBS通訊，由台灣大學師生義務經營管理。是學生評論政治、社會意見的重要與常用新媒體。許多公民運動都在此一新媒體發聲。電視、報紙新聞記者或者警察也是經常的訪客。
Google Plus	新媒體整合多功能。 Google Plus整合旗下多種服務到同一個平台上。例如Google的個人資料、Picasa相簿、Google Buzz、Google +1等，形成一個近似臉書（Facebook）的大規模社群媒體。
Google Hangout	視訊會議。 在對話中傳送相片和表情符號，能進行群組視訊通話，可結合YouTube Live。

表2-2 新傳媒載具主要傳播功能（續）

名稱	主要傳播功能
Google Map	嵌入地圖。 標示抗爭地理位置圖、立法院周遭地標。例如學運直播點、物資點、廁所、拒馬、路障、便利商店、醫院、充電站等。
Wikipedia	維基百科。 全球規模最大的網路百科全書，內容也經常更新。
Yahoo! Kimo	綜合功能。 提供的網路技術服務包括入門網站、搜索引擎、Yahoo!網站分類、Yahoo!郵箱、新聞以及登錄等。包括社群通訊、資訊、知識+、氣象、字典、娛樂遊戲、網路新聞等。Yahoo!曾經是台灣網路上被訪問最多的網站。

資料來源：參考汪子錫，2014：96-97。

（四）平等傳播

在新媒體時代，已經逐漸沒有傳播霸權。在傳統媒體時代，政府、企業主、傳播界巨霸，具有傳播霸權（Roberts, 2014: 17）；由於新媒體興起，眾多小眾傳播主體，如螞蟻雄兵，以量取勝，令原來的傳播界巨霸，頓然失色（Roberts, 2014: 97-103）。傳播的現象，已經由集中化、階層化、少數化，改變成為分散化、平等化、多數化，每個傳播主體在此新的傳播現象，要能具有影響力，相當困難，必須要以其政策論證爭取民眾的向心力，肯定而支持。由此可見，在此平等傳播的政策行銷，政策論證更為重要。

根據汪子錫（2014）的觀察，「太陽花學運」過程中，學生運用了多種新媒體平台，即所謂的Web 2.0社群媒體，能夠快速動員幾萬人，攻占立法院以及附近廣場，達成其訴求。

新媒體傳播平台具有即時性、流動性、多樣性、豐富性的功能，遠遠勝於傳統媒體的傳播速度與效果，運用新媒體傳播平台的具體做法如貼文、照片、影片、打卡、查詢資訊、溝通、視頻互動、「日光燈」（探照

功能）等等。其中，載具是取得傳播內容原始素材的工具，軟體則是傳播
或編輯運用的程式。政策論證者運用新媒體載具與各種網路協作平台，製
作影音與圖文事件紀錄，然後進行傳播，如表2-3。

表2-3　新媒體功能類型與表現

功能類型	表現與應用	政策論證的表現
提供信息	【多元信息產製】 可隨選隨播 現場直播 現場動態公告 重要通知 UGC（User Generated Content）使用者原創內容	可以直接、立即、現場，與其他政策論證者、專家、學者聯繫溝通，並發送討論議題的通知。
建立關聯性	【學運指揮即時運作消息】 個人社群媒體連結 連結傳統媒體 PTT/FB/Blog討論	1.可以直接與任何公民溝通、聯繫、傳遞資訊、討論，形成共識。 2.成本低廉、聯繫快速。
維持的功能	【維持參與者並擴大參與】 維持參與者情感成分 以情感成分加入參與 不在場參與 隨時參與或退出	1.新傳媒的科技促使政治參與非常容易、非常方便、隨時維持參與者的參與熱忱。 2.新傳媒的科技能夠使得參與者保持進退自由。可以隨時參加，也可以隨時退出討論，具有機動性、彈性、適時性。
動員	【全國與跨國動員】 校園動員 重複連續動員 人與物的募集動員 24小時動員 跨國動員	新傳媒的動員系統優於傳統媒體的動員系統，不受人數、時間、場地的限制。可以充分容納十數萬人的直接參與。

資料來源：參考汪子錫，2014：99。

四、政策論證在新媒體政策行銷策略的重要性

政策論證在新傳媒政策行銷策略的重要性，可以從行銷策略4p、4c、4r等分別分析如下：

（一）4p策略

政策論證在政策行銷4p策略的重要性，可從產品（product）、價格（price）、通路（place）、促銷（promote）四方面探討（戴正道，2006：329-334）。

1. 政策論證在產品策略的重要性

政策行銷的政策（產品）策略，必須是政策本身有相當的論證，利用新媒體，足以說服民眾，說明該項政策（產品）符合民眾的需求。如果沒有充分的論證，縱使再好的政策，民眾也不會接受。例如，騎機車戴安全帽的政策，對於交通安全及機車族有很大的幫助；可是，安全帽很重，戴起來不舒服，很多機車族圖一時的方便，不願意戴安全帽。政策論證在政策行銷上，就要充分說明騎機車戴安全帽是符合機車族的利益，以及交通安全的需要。不戴安全帽，圖一時的方便事小，不戴安全帽發生交通事故，終生遺憾，事情較嚴重；因此，為了防範萬一，必須要戴安全帽。

2. 政策論證在價格策略的重要性

在政策行銷中，政策本身的「價格」低廉，便容易行銷；反之，則否。「價格」是民眾獲取政策產品及服務所必須相應支付的代價；在政策行銷中，這種代價或許是以行政規費、稅捐的形式出現，或是以一定的社會行為之改變、勞務來表示（戴正道，2006：330）。政策論證必須利用新媒體，說明為什麼政策要有如此的成本以及公民要付出如此配合的代價。

政策的價格包括兩方面，一方面是政府提供此政策的成本，另一方面是民眾要享有此政策所付出的成本。基於受益者付費的原則，大部分的政策都要由受益的民眾自付費用。例如，民眾要付出多少價格，以配合政府

執行政策所需要的成本，政策論證必須講清楚、說明白，讓民眾覺得有道理，願意付出費用；相反的，民眾若不配合政策，政府也不能夠放任民眾不配合政策，因此要規定罰則。至於訂多少罰則，也要在政策論證中講清楚、說明白，讓民眾認為不配合政策而受到處罰是合理的。民眾也會比較支持政策與不支持政策之間的「價格策略」是有道理的，願意選擇支持政府的政策，所付出的「價格」。

3. 政策論證在通路策略的重要性

政策行銷要考慮到民眾獲取政策的可及性、方便性、效率性，以及回應性之最大化通路策略。各種的新傳媒如表2-2、表2-3便可提供各種行銷通路。而通路策略的最大化，必須由政策論證充分發揮，以利民眾利用行銷通路。在現代的行政學已強調政府機關所追求之「回應普遍原則」。政策行銷必須站在民眾的立場，回應民眾的需求，而不是站在承辦人的立場，方便辦理公務（Denhardt, 2011: 144）。由回應性，便容易產生政策的可及性、方便性、以及效率性。

例如，政府提供民眾路邊停車的政策，必須要有充分的政策論證與新傳媒工具利用，民眾就可以從智慧型手機獲得路邊停車的位置、收費標準、繳費期限、繳費方法、繳費地點等等。其中，繳費方法，可以利用手機知道繳費的便利商店位置，降低民眾因繳費不便利而致逾期未繳款的現象。

4. 政策論證在促銷策略的重要性

在現代、多元、民主的社會裡，政策促銷必須利用新媒體，積極、主動、因應民眾個別差異、不同場合、與時俱進。其進行方式必須要有充分的配套理由，才能夠讓民眾接受，政策論證的重要性為：

(1) 政策論證是因應不同的「公眾」差異作為規劃的基礎，進行政策促銷。公眾需求在多元社會非常分歧，因此政策論證益顯重要，必須要符合各種不同需求。

(2) 政策論證必須要配合「動態的多向溝通」，著重民眾接受訊息或採取行動的可能障礙及干擾，提出多元、系統的行銷組合計畫。並強調執

行過程的管理、評估及回饋，因而在促銷政策便非常重要。

(3) 政策論證著重政策行銷的「市場供需分析」，經由此一活動來先行測度、訂定政策規劃執行可能的風險及效能，才有利於政策促銷，可見其重要性。

(4) 政策論證在政策促銷上是具有整體一貫、系統性、動態性、草根性、凝聚力，提出充分的理由，彙整各個「微電影」、「平面廣告系列」、「演唱會園遊會活動」、「徵選標語」等等，因而產生重要性。

(5) 政策論證表現政策行銷係針對政策目標、當時情勢、民眾感受等有計畫的、有強烈意圖的、有專業設計的實施，而非草率進行政策促銷（參考：經濟日報，1994.8.20，版26；戴正道，2006：329-334）。

從4p策略可以引申出好幾個p的策略，例如：規劃（plan）、人員（people）、生產者（producers）、購買者（purchasers）、檢測（probing）策略等等（魯炳炎，2007：50-51）。這幾個p也都要有政策論證，才會顯現出該策略的重要性。

（二）4c策略

政策論證的重要性，可從行銷4c策略表現出來。4c策略是從接受者的觀點產生出來，不同於4p策略是從提供者的觀點進行行銷，4c策略是指顧客價值（customer value）的策略取代了產品策略，成本的策略（cost to the customer）取代了價格策略，便利（convenience）的策略取代了通路策略，溝通（communication）的策略取代了促銷策略。

1. 政策論證在公民價值策略的重要性

政策行銷裡的政策論證，要利用新媒體，站在公民的立場、價值、需求、感受，進行行銷，也就是要進行「回應性」的政策行銷，讓公民有所感動。政策要有所「感」，非靠政策論證不可。政策論證要符合當時的生態環境（ecos）、聽觀眾的感情（pathos）、政策內容的理由（logos），以及政府機關的德性（ethos），才能讓公民有所感動，因此政策論證便非常重要。

2. 政策論證在公民成本策略的重要性

　　政策行銷裡的政策論證，要利用新媒體，考慮到公民接受到政府的政策，要付出多少成本，也就是政策行銷要考慮到公民配合或支持政府的政策所付出的成本。例如，政府便民措施，要讓公民花很少的時間，花很少的金錢，就把事情辦妥。政策論證要表現出公民接受政策是經濟有效的。否則，民眾不會接受政策。

3. 政策論證在公民便利策略的重要性

　　政策行銷裡的政策論證，要利用新傳媒，讓公民很方便、很容易、很快速，配合或支持政府的政策。例如，大眾運輸政策，政府必須利用新傳媒，讓民眾很容易且快速獲得即時的交通資訊。

4. 政策論證在公民溝通策略的重要性

　　政策行銷裡的政策論證，要利用新傳媒，進行一對多、多對一、雙向的，政府跟公民相互對話、討論，是互動的，互相依賴的溝通。溝通內容是豐富的、多元的、即時的，因此其間的政策論證便很重要。

（三）4r策略

　　政策論證可以從政策4r策略產生出來。Elliot Ettenberg（2002）提出4r取代4p：關係（relationship）策略、減少不便（retrenchment）策略、建立專業形象（relevancy）策略以及附帶獎賞（reward）策略。政策論證在4r行銷策略的重要性為：

1. 政策論證在政策利害關係人策略的重要性

　　政策論證因人而異，政策利害關係人的行銷策略也就是因人而異，政策行銷要利用新媒體，針對不同政策利害關係人的需求、特性，直接進行不同的行銷策略（參考：Kolter, 2003: 153），要有充足的政策論證，改善其對政策的感受、經驗與服務的內容。

2. 政策論證在減少不便策略的重要性

政策行銷要儘量減少民瘼，減少民眾的不便，而要有「便民措施」，利用科技簡化工作，提供方便，讓政策跟著通暢無阻。由此，政策行銷要有充分的政策論證，利用新媒體，說明其減少不便的理由、效益、方法等等。

3. 政策論證在建立專業形象策略的重要性

政策行銷必須仰賴政策論證，以建立政策專業的形象，不可讓政策利害關係人質疑政策的正確性、合理性，要讓他們對政策有信心，「信心絕不可動搖」。政策設計人員亦要儘量利用專業的能力，將政策商品化，設計出不同的政策服務內容、不同的價值，利用新媒體，讓民眾自己選用，產生因人制宜、因地制宜、因「荷包」制宜（戴正道，2006：334）。

4. 政策論證在附帶獎賞策略的重要性

政策行銷必須強調：配合政策者有獎賞，不配合者則受處罰。這是中國老祖宗最拿手的政策行銷策略：「為政，賞罰二柄而已」。只不過，現在時代進步了，獎賞策略要有格調，不要淪為「政策買票」、「收買人心」；亦要適時掌握時機，不要事過境遷，大家興趣缺缺（戴正道，2006：334）。其理由何在，政策論證必須要利用新媒體，講清楚、說明白。

五、政策論證在新媒體政策行銷步驟的重要性

Adcock, D.（2000）探討「競爭優勢的行銷策略」，提出行銷的7個p的行銷步驟，本章加以應用於政策行銷。政府機關將政策行銷依7P行銷步驟進行：(1)民眾需求調查（probe）；(2)民眾需求偏好區隔（partition）；(3)確定行銷民眾之次序（priority）；(4)依據行銷對象釐訂行銷定位（position）；(5)承諾（promise）政策績效；(6)說服（persuade）民眾接受政策內容；(7)著力（power）促成行銷，著力方式依政策問題而定（Adcock, 2000: 152）。到了目前，新媒體應用普遍且日新又新，政策行

銷均利用新媒體（new media）進行，如表2-2、表2-3。政策論證在新媒體的運用下，在政策行銷步驟中，表現其重要性如下（參考：張世賢，2006，151-153）：

（一）民眾需求調查

政策論證必須要有針對性，針對民眾的需求而建構政策論證。現代政府應主動調查民眾對某項政策有何需求，並且設立該政策網站，讓民眾可以自由輸入意見。然後，政府再加以分析、建構政策論證，以進行政策行銷。

（二）民眾需求偏好的區隔

政策論證必須隨著民眾需求偏好而異。現代政府應主動調查不同性質的民眾，有不同的政策需求，加以區隔。對不同需求的民眾，應有不同的政策行銷策略、及其政策論證。

（三）政策行銷優先次序的排定

政策論證必須依照事情急迫性程度而異，因為事有輕重緩急，先後次序之分，因此現代政府進行新媒體政策行銷時，應排列優先次序，基礎性的、關鍵性的、嚴重性的政策方案應先行建構政策論證，以利政策行銷。

（四）行銷的定位

政策行銷應有其定位，並且要有充分的政策論證，將各政策行銷的關係，其上下位、核心、周邊關係加以定位，使其秩序井然，有方向、有重點，才能「整體作戰」，「後續作為」，全盤規劃，循序漸進，而有效能，有競爭力。

（五）承諾政策績效

政策行銷是一種交易（exchange）行為，而交易必須是令人心悅誠服的交易，也就是具有充實的政策論證。現代政府提供政策內容，交換民眾

之支持與配合。因此，現代政府要承諾政策績效，以獲取民眾之信任。而承諾必須以資訊傳播科技（ICT）充分呈現出來，且充分具有說服力，讓民眾易於接受。

（六）說服民眾接受政策內容

現代政府說服民眾要提供充分的資訊，以及各種政策方案的「如－即」（if...then）的解說，利用微電影，文圖並茂，說服民眾。此時民眾即進行「電子化學習」（e-learning），學習效果又快，又充分。現代政府的電子化行銷，是真正「以理服人」的政策論證，摒除情緒、意氣之爭。

（七）著力促成行銷

現代政府進行電子化政策行銷要著力，著力必須要有充分的政策論證，以動員各種不同資訊傳播科技，說服技巧，充分準備圖表統計資料，在和顏悅色的解說中，是非曲直，民眾一看即完全明瞭，接受、或支持、或配合政策的行銷。如有爭論，行銷人員必須立即回饋，反覆修正，以達成最有利，最有效果的政策行銷。

參考文獻

中 文部分

張世賢，2014，〈新傳媒與直接民主參與：「太陽花學運」個案研究〉，發表於2014年中國政治學會年會〈國際政經劇變與民主治理挑戰學術研討會〉，11月8日，國立政治大學。

中華民國立法院，2013，〈立法院第8屆第3會期第1次臨時會第2次會議紀錄〉，《立法院公報》，第102卷第46期，6月21日，頁403-404。

中華民國立法院，2014，〈立法院第8屆第5會期內政、外交及國防、經濟、財政、教育及文化、交通、司法及法制、社會福利及衛生環境八委

員會第1次聯席會議紀錄〉，《立法院公報》，103（19），3月17日，頁131-132。

汪子錫，2014，〈E化民主的政策行銷挑戰分析：以反服貿學生運動新媒體運用為例〉，《中國行政評論》，20（2）：73-106。

汪子錫，2014，《警察人際溝通與對話》，台北：台灣警察專科學校。

詹靜芬，2014，〈以街頭公民會議形塑公共政策的特性及可能性：從反服貿及反核四行動談起〉，發表於「張世賢教授七十華誕學術研討會」研討會（台北：臺北大學多媒體會議室，2014年6月14日）。

張淑珠，2006，〈政策溝通的過程〉，載於張世賢（編），《公共政策分析》，台北：五南，頁32-43。

黃仁德、姜樹幹，2001，〈網路與現代政府〉，國家發展學術研討會：知識經濟社會與國家發展，台北：經濟日報1994.8.20，版26。

魯炳炎，2007，《公共政策行銷理論之研究：應然面與實然面的對話》，台北：韋伯文化。

潘競恆，2012，〈政府運用Web2.0社群媒體行銷的新思維與策略〉，台北：行政院研究發展考核委員會。

賴祐誠，2006，〈政策行銷的涵義〉，載於張世賢（編），《公共政策分析》，台北：五南，頁309-322。

戴正道，2006，〈政策行銷的途徑〉，載於張世賢（編），《公共政策分析》，台北：五南，頁322-341。

英 文部分

Adcock, D. 2000. *Marketing Strategies for Competitive Advantage*. New York: John Wiley & Sons.

Bauurma, H. 2001. "Public Policy Marketing: Marketing Exchange in the Public Sector," *European Journal of Marketing*, 35(11-12): 1287-1300.

Caldero, M. A., and J. P. Crank. 2011. *Police Ethics: the Corruption of Noble Cause*. Boston: Elsevier.

Coffman, L.L.1986. *Public Sector Marketing: A Guide for Practitioners*. New York: John Wiley & Sons.

Collin, S. 2000. *E-Marketing*. New York: John Wiley & Sons.

Denhardt, Robert B. 2011. *Theories of Public Organisation* (6th Ed). Boston: Wadsworth.

Denhardt, R. B., & J. V. Denhardt. 2007. *The New Public Service: Serving Rather Than Steering*. expanded edition. New York: M.E. Sharpe.

Dunn, William, N. 2012. *Public Policy Analysis* (5th Ed.). Upper Saddle River, NJ: Pearson.

Ettenberg, E. 2002. *The Next Economy*. New York: The Free Press.

Harmon, Micheal, M. 1981. *Action Theory for Public Administration*, New York: Longman.

Hooley, G. 1993. "Market Led Quality Management," *Journal of Marketing Management,* 9: 315-335.

Jaeger, P.T; Bertot, J.C and Katie Shilton. 2012. *Information Policy and Social Media: Framing Government--Citizen Web 2.0 Interactions*. New York, Springer Science and Business Media: 11-25.

Siljanovska, Liljana and Vlera Ejupi. 2012. "The Effects of Media on Politics: Persuasion And Political Propaganda in The Media Reality." *Journal of International Scientific Publications*. Bulgaria, Info Invest: 148-157.

Kotler, P. 2003. *Marketing Insights from A to Z*. Hoboken, NJ: Wiley & Sons.

Pieters, R. G. M. 1991. "Changing Garbage Disposal Patterns of Consumers: Motivation, Ability, and Performance," *Journal of Public Policy and Markeging,* 10(2): 59-76.

Roberts, J.M 2014. *New Media and Public Activism: Neoliberalism the and Radical Protest in the Public Sphere*. Bristol, UK: Policy Press.

Skocpol, T. 1979. *State and Social Revolution: A Comparative Analysis of France, Russia and China*. Cambridge: Cambridge University Press.

Selznick, P. 2002. *The Communitarian Persuasion*. Washington, D.C.: Woodrow

Wlison Center.

Trauner, G. 2002. *E-Government: Information and Communication Technology in Public Administration*. Brussels: IIAS.

Weimer, D. L. and A. R. Vining. 1999. *Policy Analysis: Concepts and Practice.* Upper Saddle River, NJ: Prentice-Hall.

Zeithaml, V. A. Parasuraman, A. and L. L. Berry, 1990. *Delivering Quality Service: Balancing Customer Perceptions and Expectations*. New York: The Free Press.

Wildavsky, Aaron. 1979. *Speaking Truth to Power: the Art and Craft of Policy Analysis*. Boston: Little, Brown and Company.

網 路資料

太陽花學運，2014，維基百科，網址：http://zh.wikipedia.org/zh-tw/%E5%A4%AA%E9%99%BD%E8%8A%B1%E5%AD%B8%E9%81%8B. 檢索日期：2014年10月8日。

第二篇
政策論證的觀點

本篇探討政策論證的觀點，從西方的觀點，包括亞里斯多德「語藝學」的觀點、William Dunn的觀點，到中國古代的觀點，再加上對話模式的觀點。

第三章
亞里斯多德「語藝學」的觀點

壹、前言

　　古希臘在演講中，表現出「語藝學」（Rhetorica）的觀點，作為政策論證，說服聽講者支持演講者的政策主張。其中最有價值的是亞里斯多德的「語藝學」（Rhetorica）。亞里斯多德就將語藝定義為：「在各種問題上，尋求可用說服方法的藝術」（Aristotle, 1946: 1355b）。政策論證是說服方法最主要的基礎。說服演講者可以運用的三項說服的武器或訴求，分別是：「說之以理」、「動之以情」與「服之以德」（游梓翔，2000：441）。其間的結構如圖3-1。

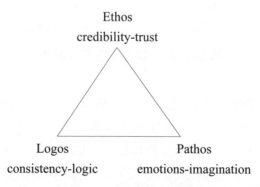

圖3-1　一般語藝結構圖

　　理、情、德之間的結構關係是正三角形。剛開始，說之以理，在三角型的左下角；然後，再動之以情，於三角型的右下角；最後，再服之以德，在三角型的正上方。他們之間的比重相同，以正三角形呈現。理、

情、德，在論證的過程中，表現其次序的先後。論證的過程，打先鋒的是
「說之以理」，對方沒辦法接受，只能進一步，「動之以情」；對方對於
理與情，無法體認與感受，則只能靠「服之以德」。當然，也很有可能，
對方深深的已經「服之以德」，則不必再說「理」與動「情」。不過，亞
里斯多德的論證模式，「德」放在正三角形之左下角，亞里斯多德說：
「演講證明『可能性』的方式有三：一是透過演講者的品德；二是使聽眾
處於某種心理狀態；三則是由演講者有所證明或似乎有所證明而達成」
（Aristotle, 1946: 1356a；游梓翔，2000：442），如圖3-2。

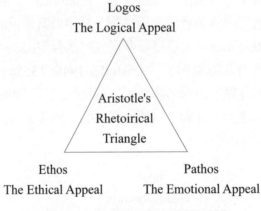

圖3-2　亞里斯多德語藝學結構

　　在原文中，亞里斯多德將品德訴求稱為「德」（ethos）、將情感訴
求稱為「情」（pathos）、將理性訴求稱為「理」（logos）。他認為這三
者（「德」、「情」、「理」）都可能給予聽講者接受論證的可能性。可
是，在目前的多元社會與以前不同了，政策論證要先提出情，與群眾建
立好的感情關係，再提出理，最後提出德，如圖3-3。以下就分情、理、
德，分析之。

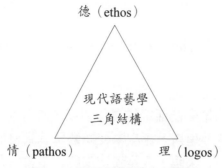

圖3-3　現代語藝學三角結構

貳、動之以情

　　亞里斯多德將動之以情的「情」界定為「所有可以影響人們判斷的感受」（游梓翔，2000：457；Aristotle, 1946: 1378a）。亦即，運用情緒訴求將自己的主張跟情緒聯繫起來，利用聽眾趨近愉悅與迴避苦惱的心理來達成說服。人類並不是完全理性的動物，經常會受到情緒與情感的影響。聽觀眾接受立論者的主張，也不是完全基於理性，經常混雜著情緒。情緒有時候會感人，理性與情緒在政策主張上也不是全然分割。從邏輯而言，政策主張從情理的面向劃分，可分為四種情形：(1)有情有理；(2)有情無理；(3)無情有理；(4)無情無理。最有效的說服是有情有理，最不具效用的是無情無理。中間，則為有情無理、無情有理，成敗居半。情理在說服的關係上，應該是以理性為基礎，以情緒或情感來配合或加強理性，而非取代或凌駕理性。情緒或情感只能夠強化理性的效用。在政策論證之過程中，情緒的訴求有其類型與手法。

一、情緒訴求的類型

　　情緒訴求的類型有正面情緒（positive emotions）與負面情緒（negative emotions）。

（一）正面情緒

亞里斯多德提出了**自信**（confidence）與**善心**（kindliness）兩種情緒的訴求。

1. **自信**：自信是設法激發聽觀眾面對困難時的勇氣與信心，降低其恐懼心理，如果能夠帶動聽觀眾的自信情緒，將有助於使他們接受具有挑戰性的政策主張。亞里斯多德認為使聽觀眾感到自信的途徑有二：(1)使聽觀眾相信禍害不會來臨，或是縱使來臨也不會有嚴重後果；(2)讓聽觀眾相信自己具有克服禍害的能力（游梓翔，2000：465；Aristotle, 1946: 1383a）。

2. **善心**：善心是指設法激勵聽觀眾幫助他人之利他情緒，亞里斯多德認為有兩種方式可以激發善心：(1)聽觀眾接受政策主張是一件很榮譽、很高貴、很愉快的事；(2)聽觀眾接受政策主張可使得他人受惠（游梓翔，2000：465；Aristotle, 1946: 1385a）。

（二）負面情緒

負面情緒方面，亞里斯多德提出：

1. **恐懼**（fear）：恐懼是對可能導致毀滅或痛苦的急迫性禍害所感受的苦惱，其訴求是設法在使聽觀眾相信，如果不接受政策主張，某種令人畏懼的惡果即將降臨（游梓翔，2000：462；Aristotle, 1946: 1382a）。亞里斯多德認為：「恐懼訴求所發揮的效果必須滿足兩項條件。首先，聽觀眾必須相信自己深受威脅（threat）。」他說：「認為自己不會受害的人，對於看來似乎不存在的禍害、不會加害的自己的人，或是看來不會發生禍害的時間是不會感到畏懼的。」特別是在面對自認與禍害距離遙遠，因此蠻不在乎的人（如年輕、健康、富裕者）時，論述者更要列舉確切數據，告訴他們禍害仍可能隨時降臨在他們身上。其次，聽觀眾必須相信自己接受政策主張，威脅就能解除，這包括他們真能做到建議，以及做到之後禍害就將去除（游梓翔，2000：462；Aristotle, 1946: 1382a）。

2. **憤怒**（anger）：亞里斯多德將憤怒定義為：「因為自己或他人遭到不應受的輕慢而產生的抱負與苦惱心理。」他建議演講者要舉出證據

證明對方必須對壞事負責，是聽觀眾應該憤怒的對象（游梓翔，2000：462；Aristotle, 1946: 1378a）。

3. **羞愧**（shame）：根據亞里斯多德認為羞愧是聽觀眾對自己或關心的人「正從事或將從事的有損名譽之事而產生苦惱」，特別是當有損名譽之事來自過錯與故意，而非偶然與無奈時，這種羞愧的苦惱還會增加。為了解除苦惱，聽觀眾將可能接受說服建議，不做有損名譽的壞事，而做有利名譽的好事（游梓翔，2000：463；Aristotle, 1946: 1383b）。

4. **憐憫**（pity）與**義憤**（indignation）：憐憫是因為他人遭受不應得的禍害而感受到苦惱。亞里斯多德相信：「凡是我們害怕會降臨自身的禍害，如果由他人遭受，就會引發我們的憐憫之心。」（游梓翔，2000：462；Aristotle, 1946: 1385b）義憤是因他人的不當而所苦。他們的理性基礎是讓人覺得不公平（游梓翔，2000：462；Aristotle, 1946: 1387b）。

5. **羨慕**（admiration）與**忌妒**（envy）：根據亞里斯多德的觀點，當聽觀眾看見與自己條件相似的人獲得了某種美好事物──如美德、權力、財富、智慧、勇氣與美貌時，將因他人有而自己沒有而產生苦惱。此種苦惱可能將以兩種型式出現，一是困擾於「我為何沒有」，稱為羨慕；二是困擾於「他為何有」，稱為忌妒（游梓翔，2000：464；Aristotle, 1946: 1387b）。

二、情緒訴求的手法

情緒訴求的手法，（一）要先確定聽觀眾對於政策主張者的態度是什麼，如果政策主張者不能夠預先判斷聽觀眾的態度，就很難以進行情緒訴求；（二）要使得聽觀眾處於政策主張者所喜歡的態度，然後進行情緒訴求，達成聽觀眾表現出政策主張者所喜歡的態度。

（一）確定聽觀眾對於政策主張者的態度

政策論證要投其所好。針對聽觀眾的態度，投其所好（Aristotle, 1946: 1381b）。如果沒有針對聽觀眾的態度，順著他們的態度投其所好，

其結果必定是非常尷尬、或是對立、或是不友善、或是不歡而散，政策主
張者沒有機會，或是沒有辦法進行政策論證。舉《戰國策·觸龍說趙太
后》來說明：

西元前265年，趙惠文王卒，子孝成王新立，由太后掌實權。秦乘機
攻趙，連拔三城，趙形勢告急。此時只有聯齊抗秦，才是上策。可是，齊
國出兵的條件是要將趙太后最喜歡的小兒子長安君送到齊國當人質。趙太
后不肯讓她的小兒子到齊國當人質。趙太后一聽到有人要勸說她送長安君
到齊國便非常生氣。

本篇寫老臣觸龍在太后盛怒、堅決拒諫的情況下，去見趙太后。觸龍
判斷趙太后應知觸龍的來意，很不友善。觸龍訴諸於情緒的方法，就是避
開談到送長安君當人質的事情。觸龍開始講話，言明他是為他的小兒子在
宮廷找一份工作，請趙太后幫忙。於是，趙太后便鬆一口氣，原來觸龍並
不是又要勸她同意將長安君送到齊國，而只是私人的一椿小事，為他的小
兒子找工作。由此，觸龍就可以委婉地指出太后對幼子的愛，其實並不是
真正的愛。

再舉一個非常失敗的例子。明成祖朱棣要登基，請當代大儒方孝孺起
草登基詔書。方孝孺明知朱棣的態度非常強硬，依然以硬碰硬的態度，造
成誅殺十族的悲慘結局，連他的學生也都被牽連，算第十族，一律誅殺。
其過程，朱棣命人將筆墨送到方孝孺面前，聲稱：「詔天下，非先生草不
可。」強迫他寫詔書。方孝孺接過筆，寫上「燕賊篡位」幾個字後，即擲
筆於地，罵道：「死即死耳，詔不可草。」朱棣見方孝孺寧死不屈，即
威脅道：「汝不顧九族矣！」方孝孺義無反顧地斥責說：「便十族奈我
何！」朱棣怒不可遏，朱棣真的誅殺方孝孺九族，連他的學生也算一族，
成為第十族（維基百科資料）。方孝孺死即死耳，何必牽連到親戚及學
生。

（二）要使得聽觀眾處於政策主張者所喜歡的態度

政策主張者要使得聽觀眾處於政策主張者所喜歡的態度，這方面的情
緒訴求要具有相對的「藝術」（art）與「技巧」（craft）。政策分析的藝

術與技巧，是Wildavsky（1979）畢生著力經典的創見。是否具有語言的
藝術，決定人在聽觀眾；而是否有語言的技巧，決定人在說話者。說話者
要有技巧，贏得聽觀眾的共鳴。因此政策主張者要使得聽觀眾處於政策主
張者所喜歡的態度。亞里斯多德認為分析情感的訴求有三方面，(1)情感的
表現情況，例如喜歡或厭惡的情況與程度；(2)誰對誰表現出情感；(3)為
什麼會表現出這種情感（Aristotle, 1946: 1378a）。表現出情感的方法有下
列幾種：

1. 情感的認同感

　　亞里斯多德認為情感喜好相同的人，就會相互認同（Aristotle, 1946:
1381b）。在《觸龍說趙太后》中，觸龍愛護小兒子與趙太后喜歡長安
君，具有共同的情感認同。因此，趙太后聽懂、接受了觸龍的觀點。其重
要的觀點在於：由於觸龍說理透徹，使趙太后改變了原來的固執態度。觸
龍對「王孫」「公子」們「位尊而無功，奉厚而無勞」，必將導致「近者
禍及身，遠者及其子孫」的警辟之見，至今仍有鑒戒作用。

2. 情感的比較感

　　在本書第十八章，提到布魯圖斯對群眾的演講，群眾要瞭解布魯圖斯
為什麼要刺殺凱撒。布魯圖斯知道群眾喜歡凱撒。他用了情感的比較感
（Aristotle, 1946: 1381b），來說服群眾。他說：**「要是那位朋友問我為什
麼布魯圖斯要起來反對凱撒，這就是我的回答：並不是我不愛凱撒，可是
我更愛羅馬。」**布魯圖斯的說法，群眾在情感上可以接受，因為布魯圖斯
也是同樣愛凱撒，可是進一步布魯圖斯更愛羅馬。群眾想要知道布魯圖斯
怎麼樣更愛羅馬。

3. 情感的趨吉感

　　亞里斯多德說：「當人們抱友好態度或憎恨態度的時候，抱氣憤態度
或溫和態度的時候，他們對事情的看法不同，不是完全不同，就是有程度
之差。」（Aristotle, 1946: 1377[b]），「人們會因他們的情感而影響他們的
判斷，伴之而來的是痛苦或快樂」（**The Emotions are all those feelings that**

so change men as to affect their judgements, and that are also attended by pain or pleasure.）（Aristotle, 1946: 1378[a]）趨向於快樂的，就是趨吉，屬於正面的（Aristotle, 1946: 1381[a]）。趨之於避免痛苦的，就是避凶，屬於負面的。趨吉的例子如下：

古文名著《與陳伯之書》，南北朝時代，梁朝天監四年（505年），臨川王蕭宏率軍北伐，蕭宏命諮議參軍、記室丘遲寫信招降陳伯之，信中有趨吉感情訴求：

…夫迷塗知反，往哲是與；不遠而複，先典攸高。主上屈法申恩，吞舟是漏；將軍松柏不翦，親戚安居，高臺未傾，愛妾尚在，悠悠爾心，亦何可言！今功臣名將，雁行有序。佩紫懷黃，贊帷幄之謀；乘軺建節，奉疆場之任。並馬作誓，傳之子孫。將軍獨靦 借命，驅馳氈裘之長，寧不哀哉！…

…暮春三月，江南草長，雜花生樹，群鶯亂飛。見故國之旗鼓，感平生於疇日，撫弦登陴，豈不愴恨。所以廉公之思趙將，吳子之泣西河，人之情也；將軍獨無情哉！想早勵良規，自求多福。…

4. 感情的避凶感

感情的避凶感，再舉《與陳伯之書》中的感情訴求，有正面的與反面的。正面是指感情的趨吉感。負面的是指感情的避凶感。在政策主張的過程中，要兩面俱呈才有效果。在《與陳伯之書》中，除了提到感情的趨吉感，也提到了感情的避凶感；也就是如果不接受我的政策主張必有極大的害處，不得不接受。信中有避凶感情訴求：

夫以慕容超之強，身送東市；姚泓之盛，面縛西都。故知霜露所均，不育異類；姬漢舊邦，無取雜種。北虜僭盜中原，多歷年所，惡積禍盈，天理至爛。況偽孽昏狡，自相夷戮；部落攜離，方當系頸蠻邸，懸首槁

街，而將軍魚遊于沸鼎之中，燕巢於飛幕之上，不亦惑乎！

後來，陳伯之率八千人在壽陽（今安徽壽縣）歸降。《與陳伯之書》在感情的訴求上達到目的。

參、說之以理

在政策論證的過程中，聽眾在認知上期待著演講者是講理。理是在說服中，不可撼動的神聖語辭。如果演講者被指控為「不講理」，不僅其論證無法被接受，而且是被貼標籤，構成為極大的侮辱（游梓翔，2000：443）。說之以理的基本假定是：人是理性的，因此只要我講的有道理，大家就要相信我；如果我講錯了，就不必相信我；相信我，因為我所說的是對的。聽眾具有聆聽理性論證之動機，聽眾認為自己也是理性的，有足夠的知識背景與邏輯能力，可以深思並判斷演講者所說的是否正確。說之以理的基本假定是兩方面的，一方面是講者，一方面是聽眾，缺一不可。兩者要相互配合，理性的訴求才能夠成立。如果有一方不講理，或認為理不重要，理在政策論證之過程中便失去其價值。這就是對「講理的承諾」（commitment to rationality）（游梓翔，2000：443）。講理要能夠周全、嚴謹、扼要、明確，有其組成的結構。結構很扎實，自然容易被接受。結構不扎實，鬆鬆垮垮，便不會被接受，這就是所要探討的「論證結構」。而且聽眾對於講理的接受度，有不同的嗜好與口味，從學術術語來說是「論證模式」。亦即，不同的聽眾有其各自能夠接受的論證模式。就好像是魚各有其嗜好的魚餌，不是其所喜歡的魚餌是不會被接受的，縱使該魚餌營養衛生，也不一定會被接受。因魚的不同嗜好而決定其魚餌，論證也因論證的不同範疇（field），而異其論證模式，稱之為「依賴範疇」（field-dependence）的論證（Toulmin, 2003: 96）。以下就詳細探討「論證結構」與「論證模式」。

一、論證結構

對論證的結構，亞里斯多德只是三段論證（syllogismus），由三個命題所組成，三命題之前兩命題，作為推論的根據或理由，稱為前提（premissesn）。第三命題稱為結論（conclusion）。結論與前提有歸結性的連貫關係，換言之，結論是由前提推論出來的。如：凡人皆會死（大前提），孔子是人（小前提），所以，孔子會死（結論）。

本文加以引申採用Stephen Toulmin（1958）的六項要素：主張（claim）、根據（ground）、立論理由（warrant）、支持理由（backing）、駁斥理由（rebuttal），以及可信度（qualifier）。

1. 「主張」是演講者希望聽眾接受或相信的觀點。主張有三種類型：(1)事實主張（factual claims）是在說服聽眾接受或相信某事的真偽；(2)價值主張（value claims）是在說服聽眾接受或相信某事的好壞優劣；(3)政策主張（policy claims）是說服聽眾接受或相信應該採取的特定行動（游梓翔，2000：444）。

2. 「根據」是支持主張的資料，這些資料分為不同的等級：(1)演講者與聽眾都相信的資料；(2)演講者與聽眾只有一方相信的資料，另一方不相信；相信的一方必須要令不相信的一方能夠相信；(3)演講者與聽眾都不相信，需要有來自第三者的可靠資料（證據），並且同時讓演講者與聽眾都同時相信。

3. 「立論理由」是「根據」與「主張」的連結，以「由於」（since）連結。立論理由在論證過程中，往往被隱藏起來，不明白敘述出來，亞里斯多德稱這種隱藏推論的論證，為「省略論證」（enthymeme）。

4. 「支持理由」是支持「立論理由」的理由。當立論理由不足以說服聽眾時，就必須要補充支持理由，以「因為」（because）連結，其支持的對象不是「主張」，而是「立論理由」。

5. 「駁斥理由」是指論證者自行指出其論證，不能夠成立的狀況，也就是該狀況排除在外，以「除非」（unless）連結。如果「駁斥理由」

很薄弱，或不存在，便可間接強化其「主張」成立的「可信度」。

6. 「可信度」是指論證者給予的「主張」，能夠接受公評，通過民眾的檢驗，言之成理的程度，以「因此」（therefore）連結。修辭學所處理的論證不是主張是否「確定性」（certainty）的問題，亦即「是」或「非」決然劃分的問題，而是「可能性」（probability）的問題（Aristotle, 1946: 1357a）。可能性是指有多少可能會被民眾相信或可以接受的程度。其程度可以分為非常可能、或許可能、有可能等等。

　　Toulmin（1958）的六項要素，後來Dunn（2012）改為七項要素，增加了反對理由，把駁斥理由改成為反對理由。而新的駁斥理由用來駁斥反對理由。詳細情形見本書相關章節。

二、論證模式

　　論證模式有許多種模式，每一位學者所提出都各不相同，比較詳細具體的模式是由Dunn（2012）所提出，見表3-1，其詳細內容說明分別在本書第四章，以及第三篇各章呈現。

表3-1　Dunn（2012）政策論證模式

模式	基礎	立論重點
權威	權威	焦點在於行動者的成就、身分或所具有的地位（專家或圈內人）。
方法	分析	分析方法或一般法則的效度（數學、經濟學、系統分析的普遍選取原則）。
通則	樣本	即統計模式，論證基礎在於樣本與母體。根據焦點在於由具代表性樣本，如何推論至未被觀察的廣大母體。
類別	同類性質	論證基礎在於明確組織屬於同一類別的性質。根據焦點具相同特質者被推論成相同群體。
因果	因果	即解釋模式，探討原因與其結果之間的關係。
徵兆	見微知著	論證基礎在於徵狀或某些指標。根據焦點在於事理或現象與事實狀況間的密切關聯性。

表3-1　Dunn（2012）政策論證模式（續）

模式	基礎	立論重點
直觀	洞見	論證基礎在於洞見。根據焦點在於行動者內在心智狀態（如睿智、判斷以及默會知識）。
動機	動機	立論焦點在於政策利害關係人的意向、目標、價值或欲望。
類比	類比	立論焦點在於個案之間的相似性（類比性政策）。
類推	類推	立論焦點在於兩個或兩個以上政策相互關係間的相似性（類推性政策）。
倫理	倫理	立論焦點在於價值批判，政策的對錯、好壞及其產生的結果（道德法規，如平等）。

資料來源：Dunn, 2012: 344.

肆、服之以德

一、德的內涵

　　亞里斯多德將「服之以德」的「德」界定為「美德通常的看法是一種能取得並能保持【善】的內涵（faculty）；或在任何情形下授予許多【大益】的內涵。」（Virtue is according to the usual view, a faculty of providing and preserving good things; or a faculty of conferring many great benefits of all kinds on all occasions.）（Aristotle, 1946: 1366a）。亦即，運用德行的訴求將自己的主張跟德行聯繫起來，利用聽眾趨近高尚、與迴避可恥的心理來達成說服。

　　德（virtue）是高尚的事（the noble），是值得稱讚（praise）的對象；與惡（vice）可恥的事（the base），是受到譴責（blame）的對象。德必須要有具體的內容（Aristotle, 1946: 1366a），例如正直、勇敢、節制、大方、豪爽、慷慨、和諧、見識、智慧，給予人們幸福。亞里斯多德逐一說明德的內容，本文只具體說明其中一二，其餘可以類推。正直與勇

敢在希臘時期，亞里斯多德在當時希臘戰爭頻繁，需要軍人與軍事行動，因此當時軍人的正直與勇敢便帶給人們幸福，受人尊重（Aristotle, 1946: 1366b）。社會建立於信任感之上，有德的軍人會讓人們產生信任感，而放心快樂的生活。反觀二戰時期，日本侵華時，社會人們對日軍毫無信任感，而無法放心快樂的生活。

亞里斯多德認為：德是為大眾的而不是自私自利的，德的因和果必然是高尚的。例如勇敢的保家衛國，必然是高尚的。但是大膽的去偷東西就不是高尚的，是惡的。為榮譽而不是為金錢而做的事，是高尚的。不顧自己的利益而效忠於國家，絕對是好的行動，是高尚的（Aristotle, 1946: 1367a）。

二、德的層次

「服之以德」，是與演講者的人品與特質有關係（Aristotle, 1946: 1356[a]；游梓翔，2000：468），與「說之以理」、「動之以情」不同。「說之以理」是與演講內容的邏輯有關。「動之以情」是與社會關係的情感有關（Aristotle, 1946: 1356[a]）。既然「服之以德」是跟演講者的人品與特質有關。聽觀眾與演講者的接觸，第一層是從演講者感受到演講者有良好的見識（good sense）（游梓翔，2000：469）。第二層是從良好的見識中進一步認為演講者是有好的品德（good moral character）。第三層再從好的品德認為演講者有善意志（good will）（Aristotle, 1946: 1378[a]；游梓翔，2000：469）。分述之如下：

（一）良好的見識

演講者給觀眾的感覺，從「德」的觀點來分析，第一層良好的見識。見識指對於某事很懂、很瞭解，可以有正確的判斷，觀點良好、正確，可用於各方面，包括懂得人情世故以及事情的專業。

在人情世故方面，演講者一開口就吐露關心、關懷、溫馨，就給人家好的感覺，認為演講者懂得人情世故，有良好的見識。如果演講者一開口

就吐露懷疑、責罵、侮辱、鄙視，就給人家壞的感覺，認為演講者不懂得人情世故，缺乏見識。演講者演講不能夠自我感覺良好，而是要讓觀眾感覺良好。為什麼講話會令人家有好的感覺，因為他平常的修養就是站在對方的觀點去思考問題，有同理心。而不是自我本位，驕傲感、自大感。

在事情的專業上，演講者對於事情很瞭解，很有專業的認識，聽觀眾會感覺到演講者有良好的見識（游梓翔，2000：469-470）。如果演講者對於所探討的問題很膚淺，聽觀眾一定會覺得這個人沒有見識，不值得繼續聽下去。如果演講者對於所探討的問題很有深度的研究，聽觀眾一定覺得這個人很有見識，可以從他的演講中得到正確的判斷，值得繼續聽下去。

（二）好的品德

聽觀眾認為演講者有良好的見識，不一定能夠升級到第二層，讓觀眾覺得演講者有好的品德。好的品德是比良好的見識更進一個層次。聽觀眾聽了演講者的內容，用字遣詞，慢慢覺得不只是有良好的見識，而且會覺得演講者有好的品德。內容中，充滿了愛心、誠懇、謙和、大公無私、奉獻等等，讓聽觀眾真正感受到演講者真的有好的品德，值得信任，不會偏頗（游梓翔，2000：470-471）。

有些演講者給聽觀眾的感受，很可能只有良好的見識，而卻沒有好的品德。例如：一些行銷人員一開始講話口若懸河，也很誠懇、很有禮貌、很能夠尊重聽觀眾，對某項專業給予聽觀眾良好的見識；可是聽久了以後，感覺到他是想要賺錢、或者只是在推銷他的產品，並沒有辦法感受到他大公無私，有良好的品德，或者沒有辦法證明他有良好的品德。從「服之以德」的觀點來看，演講者給聽觀眾的感受，只停留在良好的見識，未進入到讓聽觀眾覺得演講者有好的品德。表現良好的品德可以有三方面（游梓翔，2000：471）：1.在聲語方面：說話誠懇，語調較低、較少詞語，讓聽觀眾感覺可靠；2.在身語方面，眼神端正、炯炯有光、姿態正直，讓人家感覺到是正直的人；3.在語言方面：(1)實話實說。不會只講好聽的話，而是講真話，不會虛偽說謊；(2)開放心胸。對於不同意見有包容

度，也有興趣，不會拒絕或排斥；(3)大公無私。以大眾利益為考量；(4)始終如一。演講內容不會前後矛盾，一以貫之。

（三）善意志

善意志（good will）與品德是不同的。在亞里斯多德的原著中（英文版），有用「善意」（goodwill），也有用「善意志」（good will）（Aristotle, 1946: 1378a），游梓翔（2000：470）翻譯為善意，張世賢認為善意的意義比較淺短，應該為善意志，就正如盧梭所提到的總意志（will of all）與全意志（general will），著重在意志（will），如此解釋較能夠通暢，符合亞里斯多德一貫的觀點。亞里斯多德所指的善意志是比較有時間的長久性，始終如一，能夠獲得信賴，並且有長久的好的信譽。好的品德可能只是聽觀眾聽演講時對演講者當時一段時間的判斷而已。從這個差異就可以說明「服之以德」是與演講者的人品與特質有密切關係。而聽觀眾對演講者早已認識，認為演講者具有良好的善意志，很相信他的為人以及他演講的內容。因此，聽觀眾對於演講者能否「服之以德」，只有對於早有認識的演講者，才可能進入到第三層感受到演講者的善意志，有好的信譽。

由於演講者已被聽觀眾長時間的認識，就容易認為演講者是善意志的。聽觀眾如果缺乏對演講者長期的認識，只能夠只到第二層感受到演講者有好的品德而已。

善意志的來源：亞里斯多德認為來自於演講者是「做好事的人」，只要所做的好事是重要、真誠、及時，並且是「為了大家而做的」（for our own sake）（Aristotle, 1946: 1381a），便具有善意志。

三、實例

《國語》，〈晉語106叔向論憂德不憂貧〉記載，本文採用劉建育（1997）的義譯：

晉國正卿韓宣子（韓起）擔憂貧窮，大夫叔向向他恭喜。韓宣子說：

　　我空有正卿之名，卻沒有正卿的收入，窮得連和別的卿大夫交際往來的費用都沒有。我如此窘迫，以致常常為此憂慮，你不但不予同情，反而恭賀我，這是什麼道理？（劉建育，1997：32）

　　這樣的對話，表示叔向並沒有得到韓宣子覺得「良好的見識」，沒有站在他的處境安慰他、同情他，為他爭取應有的利益，反而好像是在消遣他。這個時候叔向未能夠進入「以德服人」的第一層「良好的見識」。於是，叔向就必須要解說，爭取有良好的見識。叔向說：

　　是可喜可賀啊！你不知從前晉國的欒書和郤至嗎？欒書曾是晉國的正卿，按規定應享受五百頃田的俸祿，可實際上他連一百頃田都沒有，窮得竟置不起宗廟的祭器。但他貧而有德，並不以此為懷，反而更加注意自己的品德修養。他以德行廣布全國，贏得了全國百姓的普遍尊敬和愛戴。（劉建育，1997：32）

　　叔向的說辭，是站在韓宣子的立場，為韓宣子好，他舉欒書的例子來說明貧窮而有德才能夠長久。並且他繼續舉相反的例子來對照。他繼續說：

　　郤至恰恰相反，他曾是晉國正卿，家中的財富達到了國家財富的半數。但他富而無道，驕奢淫逸，貪得無厭，一天到晚只恨自己的財富還不夠多，倚仗自己的地位胡作非為，魚肉百姓。結果不但他自己最後落得個死無葬身之地的下場，他的宗族也被滿門抄斬。（劉建育，1997：32）

　　叔向要爭取「服之以德」，將他所舉的兩個例子，加以歸納，應用到現實的韓宣子身上，他說：

　　現在，您像欒書那樣貧窮，我想您也一定能行欒書之德，所以恭賀您。如果您對自己的品德修養漠不關心，而總為自己的財富不多而憂慮，

那麼我哭您還猶恐不及，哪還有什麼心思恭賀您啊！（劉建育，1997：32）

　　聽了叔向的話，果然叔向是站在他的立場來勸他的，感覺到叔向非常的真誠。可以感覺良好，很有見識。再進一層，叔向的人品也相當好，能夠勸人為善，獲得人們的愛戴與尊敬，具有善意志。於是，韓起恍然大悟，深受啟發，明白了德行比財富更重要，自己不該為貧窮憂慮，而應該像欒書那樣在貧窮的時候，樹立美好的德行，避免步郤至的後塵，這才是長久之計。他趕快給叔向跪下，叩頭至地，感激地說：

　　我只考慮自己的財富多少，這是亡身滅族之道。您的一席話救了我，不單我自己感謝您，就是我的祖先和後代子孫也要感謝您啊！（劉建育，1997：32）

伍、結語

　　亞里斯多德語藝學對目前政策論證的貢獻甚大，告訴我們政策論證必須「服之以德」、「動之以情」、「說之以理」，其秩序為：德（ethos）、情（pathos）、理（logos），如圖3-2，從底下左邊德，進到右邊的情，再進到上邊的理。可是，現在的社會是多元的社會，道德觀念的多元化與分歧，很難能夠以德服人。政策主張應建立在社會關係網路上，先具有演講者與聽觀眾的情感之連接，然後再投之以理，最後再以德服眾。所以，其先後次序應該改為情、理、德。整體的政策論證其目的在建立社會的德性（the ethos of a society），並融入於人文生活（human life）之中（Ryan, 1984: 183-192），如圖3-3。

　　至於論證的模式與結構，Dunn（2012）有較為深入的補充，在本書的相關章節將詳細說明。

參考文獻

中 文部分

游梓翔，2000，《演講學原理：公眾傳播的理論與實際》，台北：五南。

劉建育，1997，《論辯技巧101 法則》，台北：漢昇書屋。

羅念生譯，1991，《修辭學》，亞里斯多德著，北京：三聯書店，譯自 Aristotle, 1947, *Rhetorica*, Cambridge: Harvard University Press.

維基百科，2015，〈方孝孺〉，網站資料，http://zh.wikipedia.org/wiki/%E 6%96%B9%E5%AD%9D%E5%AD%BA，下載日期：2015年2月28日。

與陳伯之書，網站資料，http://www.ck.tp.edu.tw/~cywang/216file/ch15.files/ chireports/33205.htm，下載日期：2015年2月28日。

英 文部分

Aristotle, 1946, *Rhetorica*. Translated by W. Rhys Roberts. In *The Works of Aristotle*, Translated into English under the Editorship of W. D. Ross, volume XI. Oxford: The Clarendon Press.

Dunn, William N, 2012. *Public Policy Analysis*. 5th ed. New York: Pearson.

Ryan, Eugene E. 1984. *Aristotle's Theory of Rhetorical of Argumentation*. Montreal, Canada: Les Editions Bellarmin.

Toulmin. Stephen, 2003, *The Uses of Argument*. 2nd ed. Cambridge: Cambridge University Press.

Wildavsky, Aaron, 1979. *Speaking Truth To Power: The Art and Craft of Policy Analysis*. Boston: Little, Brown and Co.

第四章

William Dunn的觀點

William N. Dunn教授為公共政策國際知名教授，著有公共政策分析（Public Policy Analysis），已歷五版（1981、1994、2004、2008、2012），其研究公共政策特色是在所有研究公共政策的學者之中，最重視政策論證。他將公共政策的分析分為三大部分：創造政策資訊、批判性評量政策、政策溝通。政策論證為政策溝通的台柱。

1969年他在Claremont Graduate University獲得博士學位，任教於美國匹茲堡大學。研究公共政策必須要獲得公民的信服，也就是獲得公民內心裡頭心悅誠服地相信與接受。因此，公共政策必須要有政策論證的支持。本章分析在公共政策過程中所提出的1.政策主張的類型；2.政策論證的模式；3.政策論證的結構；以及4.政策論證結構的改變。

壹、政策主張的類型

對於公共政策，政府機關一定要強而有力地告訴公民：政府的政策主張（policy claims）是甚麼？政策主張有四種類型（Dunn, 2012: 341）：

一、界定型主張（definitive claim）

政府或政治人物明確主張：是（is）什麼、不是（is not）什麼、由什麼構造（constituted by）而成、由什麼呈現（represented by）、類似於（similar to）什麼、以及不同於（different from）什麼。政府的政策溝通與行銷有如在立法院答覆質詢，不可含糊籠統，斬釘截鐵，明確地提出政

策主張。這樣的政策主張就是屬於明確的主張（Dunn, 2012: 341）。具體的例子，對於經濟不景氣，提出的政策主張是「擴大內需」，而不是「減少開支」，便是很明確地界定政策主張是什麼（Dunn, 2012: 341）（如表4-1）。

　　界定型的政策主張，來自哪裡？（一）是來自於政府或政治人物自我的自動表白，例如政府明白宣示「經濟政策，降低失業率，一年內從6%降到4%」；（二）或是來自政府或政治人物被迫必須澄清，例如陳水扁總統執政時期（2000-2008），在野立法委員質問是否主張台獨，陳總統回答「台灣不可能台獨」。界定型的政策主張所表現的資訊類型是斬釘截鐵，十分明確，不可以模稜兩可（Dunn, 2012: 341）（如表4-2）。

二、指示型的主張（designative claim）

　　政府或政治人物對於某一政治現象，指出其實際狀況：已成為（became）什麼、起源於（originated）什麼、連結了（linked）什麼、引起了（caused）什麼、影響了（effected）什麼、結果（consequence）是什麼、預測（prediction）等等（Dunn, 2012: 341）。指示型主張使人們相信：某些事物確實存在，或者，某些事物是一項或多項因素所導致的結果。例如，對大學教育，有學者已指出太多的大學造成許多大學要逐漸關門，便表明了指出某種明顯的趨勢，是屬於指示型的主張（如表4-1）。

　　指示型的政策主張是來自於可觀察的政治現象的情形，可以透過人們的感覺器官感覺到實際的情形，及其發展的趨勢和結果。這些資料的類型是屬於描述的，大家可以有共同的認定（如表4-1）。

三、評估型的主張（evaluative claim）

　　政府或政治人物對於某一政治現象或政治作為，以價值的觀點，提出其主張：好的（good）、壞的（bad）、正確的（right）、錯誤的（wrong）、有益的（beneficial）、昂貴的（costly）、有效率的（efficient）、回應的（responsive）、公平的（equitable）、正義的

（just）、公平的（fair）、安全的（secure）等等（Dunn, 2012: 341）。例如，對於政府用財經專業人才，單純以財經的思維，處理財經議題，必然失敗，要有政治的敏感度，才能成功，便屬於評估型的政策主張（如表4-1）。

評估型的主張來自於評估者的價值觀念。不同的價值觀念就有不同的評估，主張也就不一樣。例如，2011年5月1日美國擊斃蓋達組織（Al-Qaeda）首領賓拉登（Osama bin Laden），有人評論美國終於申張人權，從人權的觀點加以評論。有人卻主張美國製造文明衝突，冤冤相報何時了，即從不同文明的觀點加以評論。價值觀念不同，政策主張不同（如表4-1）。

四、倡導型的主張（advocative claim）

政府或政治人物對於未來要採取什麼行動或作為，提出主張：應該（should）做什麼、需要（need to）去做什麼、必須（must）去做什麼等等（Dunn, 2012: 341）。例如，西元前46年，匈奴郅支單于殺掉漢朝使節谷吉，逃到西域康居國避禍，而漢朝大將陳湯主張「明犯強漢者，雖遠必誅」，便是很明顯地倡導要採取行動，維護漢朝強勢的氣勢（如表4-1）。

倡導型的主張來自於規範的要求，認為應該採取什麼行動才好，採取另外一種行動就不好；提倡要採取什麼樣的行動去解決所面對的問題。這一類型的資訊是處方的（prescriptive），就像醫生看病，對於病人提出處方，對症下藥，處理病人的病痛。處方的內涵包括規範與行動。也就是病人要聽醫生的指示（規範），依規定服藥（行動）。倡導型的主張也包含規範與行動。這個主張是好的（規範），大家應該遵照這個主張（規範），採取行動，必然能夠解決問題（如表4-1）。

表4-1　政策主張的類型

類型	內容	主要問題	資訊的類型	獲得途徑
界定型	斬釘截鐵，明確地提出政策主張	問題的看法不明確。對於問題的爭議，加以明確地界定，掃除疑慮（澄清）	明確的	自動明白宣示或被迫表白
指示型	對政治現象指出某些事實的存在、或發展的狀況與結果	問題的狀況如何？該問題是否存在於現在與未來？（事實）	敘述的	經驗的資料
評估型	對政治現象或政治作為，提出具有價值觀點的評論	對問題，各有不同的價值觀念？應該提出何種評估的看法（價值）	價值的	價值的觀念
倡導型	對於未來，應如何行動或作為，提出主張，以解決該公共問題	對於問題，必須採取何種行動？（行動）	處方的（prescriptive）	規範的要求

資料來源：Dunn, 2012: 341.

貳、政策論證的模式

　　政府機關為了要實現其政策主張，必須要取信於民眾，對於公共政策的溝通與行銷必須要有針對性，針對所要溝通與行銷的民眾的可接受的論證模式，進行論證資訊的提供。如果提供錯誤，政策溝通協調必將失敗。這是政策論證的第一個關卡。

　　政策論證有兩個關卡，第一個關卡是要符合民眾所需要的論證模式，第二個關卡是論證模式是否扎實嚴謹（在本章第三節探討）。

　　在第一個關卡，政府所提供的政策論證模式符合民眾的需求，才能夠過關；否則為失敗，不能過關。例如，民眾如果喜歡權威的模式，政府機關的政策論證模式也要以權威的模式呈現，如果以其他的模式呈現，縱使

很嚴謹很好，也無濟於事，政策論證模式的提供必須要有正確的針對性。政策論證的模式依據Dunn（2012）一共有11種，如表4-2。

1. 權威模式，以權威為基礎，焦點在於行動者的成就、身分或所具有的地位（專家或圈內人），來立論其可以成立的程度。

2. 方法模式，以分析為基礎，其成立的程度以分析方法或一般法則的效度（數學、經濟學、系統分析的普遍選取原則）。

3. 通則模式，以樣本為基礎，即統計模式，論證基礎在於樣本與母體。根據焦點在於由具代表性樣本，如何推論至未被觀察的廣大母體。

4. 類別模式，以成員地位為基礎，論證基礎在於成員地位。根據焦點具相同特質者被推論成相同群體。

5. 因果模式，以因果為基礎，即解釋模式，探討原因與其結果之間的關係。

6. 徵兆模式，以見微知著為基礎，論證基礎在於徵狀或某些指標。根據焦點在於事理或現象與事實狀況間的密切關聯性。

7. 直觀模式，以洞見為基礎，論證基礎在於洞見。根據焦點在於行動者內在心智狀態（如睿智、判斷以及默會知識）。

8. 動機模式，以動機為基礎，立論焦點在於政策利害關係人的意向、目標、價值或欲望。

9. 類比模式，以類比為基礎，立論焦點在於個案之間的相似性（類比性政策）。

10.類推模式，以類推為基礎，立論焦點在於兩個或兩個以上政策相互關係間的相似性（類推性政策）。

11.倫理模式，以倫理為基礎，立論焦點在於價值批判，政策的對錯、好壞及其產生的結果（道德法規，如平等）（見表4-2）。

表4-2　政策論證模式

模式	基礎	立論重點
權威	權威	焦點在於行動者的成就、身分或所具有的地位（專家或圈內人）。
方法	分析	分析方法或一般法則的效度（數學、經濟學、系統分析的普遍選取原則）。
通則	樣本	即統計模式，論證基礎在於樣本與母體。根據焦點在於由具代表性樣本，如何推論至未被觀察的廣大母體。
類別	成員地位	論證基礎在於成員地位。根據焦點具相同特質者被推論成相同群體。
因果	因果	即解釋模式，探討原因與其結果之間的關係。
徵兆	見微知著	論證基礎在於徵狀或某些指標。根據焦點在於事理或現象與事實狀況間的密切關聯性。
直觀	洞見	論證基礎在於洞見。根據焦點在於行動者內在心智狀態（如睿智、判斷以及默會知識）。
動機	動機	立論焦點在於政策利害關係人的意向、目標、價值或欲望。
類比	類比	立論焦點在於個案之間的相似性（類比性政策）。
類推	類推	立論焦點在於兩個或兩個以上政策相互關係間的相似性（類推性政策）。
倫理	倫理	立論焦點在於價值批判，政策的對錯、好壞及其產生的結果（道德法規，如平等）。

資料來源：Dunn, 2012: 344-345.

參、政策論證的結構

　　政策論證模式的提供縱使很正確，在政策論證的過程中，只是通過第一個關卡，第一個關卡通過之後，要通過第二個關卡。第二個關卡就是政策論證結構的嚴謹程度，能夠讓民眾心悅誠服地接受與支持。政策論證結構不嚴謹，民眾也不會接受與支持政策。

　　政策溝通與行銷要有嚴謹的政策論證結構，Dunn（2012）認為：政

策論證是進行政策溝通（包括行銷）辯證的主要工具，包含下列七項要素，如圖4-1。

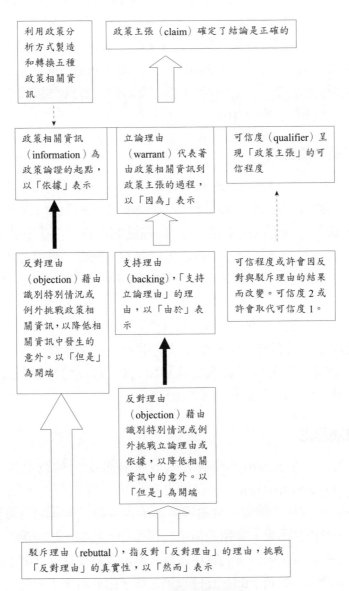

圖4-1　政策論證結構圖

資料來源：Dunn, 2012: 340.

（一）政策主張

　　政策主張（Policy Claim，即C）是政策論證的結論。例如，關於政府應該投資興建更多核能電廠的主張，通常是社群中各個團體論爭或衝突的焦點。當政策主張隨著政策資訊報告而來時，即意味著「結論」。例如，若核能的效能較高，跟隨而來的是，因此（therefore, thus, so）政府應投資興建更多核能電廠（C）。政策主張即政策相關資訊的邏輯成果（Dunn, 2012: 18；邱紀碩，2006：102）。

（二）政策相關資訊

　　政策相關資訊（Policy-relevant information，即I）是指政策知識，包括：政策問題、政策未來、政策行動、政策結果及政策績效等的資訊（見圖2-5最上面），回答政策主張（C）所需要的資訊，以「依據」（given that）為敘述的開端，可以透過不同形式展現。例如，政府能源政策的結果可能採用統計結論的方式呈現（「聯邦政府展示計畫中的結果顯示，核能發電場較傳統發電廠更具效能」）；或以專家結論方式呈現（「專家小組報告指出核能是當今可用能源中最經濟且有效的」）；或以價值或需求的方式展現（「我們需要建設更多核能電廠以確保持續經濟成長」）。不論如何呈現，政策相關資訊始終是所有政策論證動態過程的出發點（Dunn, 2012: 18；邱紀碩，2006：102）。

（三）立論理由

　　立論理由（Warrant，即W）為政策論證中的論證模式（modes of policy argumentation），提供支持政策主張的理由，以「因為」（because）為敘述的開端。立論理由可能包含數種不同的論證模式：權威、直覺、分析、因果、實用及價值批判等等。例如，政府應投資興建更多核能電廠的政策主張背後的實用根據，可能只是簡單的「我們需要更多能源」。立論理由的角色即在支持政策主張，由於政策主張可能有很多爭論，因此立論理由必須提供眾人信服政策主張的理由（Dunn, 2012: 18；邱紀碩，2006：102）。

（四）可信度

可信度（Qualifier，即Q）指立論理由及其支持理由壓過反對理由的程度。在政策分析中，可信度通常以「可能性」的語言來表現（「可能」、「非常可能」、1%的可能；當然、絕對、必要、可能、可能發生、想必、明顯是、無其他意外就是）。可信度回答政策主張的可信程度的強度。當反對理由是錯誤的，或是不存在的，政策主張的可信度便極高（Dunn, 2012: 20；邱紀碩，2006：102）。

（五）支持理由

支持理由（Backing，即B）是用來支持立論理由的，通常包含其他假定（assumption）或論述，用來回答為什麼立論理由支持了政策主張，以「因此」（since）做為支持理由敘述的開端。支持理由可採用不同形式，包含科學律則、訴求專家權威或倫理道德原則等等（邱紀碩，2006：102）。

（六）反對理由

政策分析人員利用反對理由（Objection，即O）自我批判，自我挑戰原本政策論證的假定（assumption）與論證（argument），包括針對政策相關資訊、立論理由、支持理由等，提出挑戰其應該有的特定條件、限制，以強化其論證的嚴謹度，充實其可能遺落或疏忽的假定、後果、未考慮到的駁斥理由等等（Dunn, 2012: 20）。因此，在政策論證結構圖，「反對理由」是以「但是」（but）開端來回答：立論理由的可信度是否仍有其他特殊情況的威脅。

（七）駁斥理由

駁斥理由（Rebuttal，即R）是駁斥「反對理由」（Objection，即O）的理由，是回答「反對理由」不可信的理由，其敘述是以「然而、不過」（However）為開端。駁斥理由為反對的反對、質疑反對理由（Objection，即O）所提出來的假定、論述、條件、限制。認為其為錯

誤、扭曲、不足。政策分析人員可以藉駁斥理由去駁斥「反對理由」
（Objection，即O）。駁斥的理由就很精彩，要瞭解反對的理由之情形，
然後才可以針對反對的理由加以駁斥。駁斥的理由如果不能駁斥反對的理
由，則原本的政策主張就不能成立（Dunn, 2012: 20-21）。

以上政策論證的七個要素組成圖4-1，構成政策論證的結構圖。左上
角為政策知識，有五種，即政策問題、政策未來、政策行動、政策結果、
政策績效。政策知識提供政策論證所需的政策相關資訊（I），放在圖4-1
的第二排最左邊，其右邊為立論的理由（W），其右邊為可信度（Q）。
第三排最左邊為反對理由（O），反對政策相關的資訊（I）。第二排中
間立論理由（W）的下面，即第三排的中間，為支持的理由（B），亦即
支持的理由（B）支持立論的理由（W）。支持的理由（B）下面是反對
理由（O）。反對理由（O）反對上面支持的理由（B），也反對立論的
理由（W）。第二行第三排中間，即反對理由（O）的下面是駁斥理由
（R），駁斥上面反對的理由（O）。圖4-1的第三排第三行的框框判定其
上面的可信度（Q）是否成立（Dunn, 2012: 20-21）。

表4-3　政策論證要素表

要素 ＼ 工具	開端	定義	作用
政策主張 （Policy Claim）	因此（therefore, thus, so）	政策論證的結論	政策相關資訊的邏輯成果
政策相關資訊 （Policy-relevant information）	依據 （given that）	政策知識，包括：政策問題、政策未來、政策行動、政策結果及政策績效等的資訊	回答政策主張所需要的資訊，政策論證動態過程的出發點
立論理由 （Warrant）	因為 （because）	支持政策主張的理由	提供眾人信服政策主張的理由

表4-3　政策論證要素表（續）

要素＼工具	開端	定義	作用
可信度 （Qualifier）	「可能」、「非常可能」、1％的可能；當然、絕對、必要、可能、可能發生、想必、明顯是、無其他意外就是 （possible）	立論理由及其支持理由壓過反對理由的程度	回答：政策主張的可信程度的強度
支持理由 （Backing）	因此 （since）	支持「立論理由」的理由	回答：爲什麼立論理由支持了政策主張
反對理由 （Objection）	但是 （but）	自我批判，自我挑戰原本政策論證的假定（assumption）與論述（argument）	回答：立論理由的可信度是否仍有其他特殊情況的威脅
駁斥理由 （Rebuttal）	然而、不過 （however）	駁斥「反對理由」的理由	駁斥「反對理由」，爲不可信

資料來源：Dunn, 2012: 18-21.

肆、Dunn政策論證結構的改變

William N. Dunn的「公共政策分析」非常重視「政策論證」。公共政策，在多元，快速變遷，且複雜的社會，便需要誠摯的論證。William N. Dunn的政策論證，大翻修兩次，1981年初版，2004年第三版大翻修，2012年第五版再大翻修。大翻修的原因：基本觀念的改變。

一、1981年初版的政策論證結構

Dunn（1981）認為：研擬政策方案，不能憑空杜撰，須有根據並推論，便是「政策論證」。政策論證，就是政策方案的立論基礎。有了論證，政策方案具有說服力和解釋力，不但易得到接納採行，而且易爭取支持和順服。Dunn的政策論證結構包括6個要素，1981年版的要素內涵與2012年版的內涵不同。不同之處如下：

（一）支持理由

「支持理由」（backing）在1981年版認為，「立論理由」（warrant）、「駁斥理由」（rebuttal），都可以各有其「支持理由」。而這個觀念，在2012年版已改變，只有「立論理由」才有「支持理由」，也就是在政策的論證過程中，「支持理由」是站在正方的，用以支持正方的「立論理由」。反方的理由，只能以「反對理由」呈現。

（二）駁斥理由

「駁斥理由」（rebuttal）在1981年版認為「駁斥理由」是用來駁斥正方的「立論理由」，在論證的過程中，要受到正方的「立論理由」壓制，政策主張才能實現；反之，「立論理由」如果不能夠壓制「駁斥理由」，則政策主張不可能實現。這種觀念，William Dunn在2012年的版本中已改變。「駁斥理由」不是反方的理由，完全改變成為正方用以駁斥反方的「反對理由」。

（三）論證過程單向

Dunn（1981）的論證過程是單向的，站在正方的立場進行推論，論證的箭頭指向壓制「駁斥理由」。而在2012年的版本論證過程是多向的，箭頭可以由反方的「反對理由」反對正方的「政策相關資訊」與「立論理由」，再由正方的「駁斥理由」駁斥反方的「反對理由」。

（四）反方用「駁斥理由」，不用「反對理由」

Dunn（1981）的論證要素沒有反對理由，只有駁斥理由，駁斥理由就是反對理由。駁斥理由兼具駁斥與反對的功能，是屬於反方的理由。而在2012年版，Dunn改變了這種觀點，對方只有反對理由。正方才有駁斥「反對理由」的「駁斥理由」。站在正方的觀點，「駁斥理由」應該屬於正方的，用以駁斥對方的「反對理由」。

（五）論證結構簡單

Dunn（1981）的論證結構較簡單，只有6個要素，而2012年版的論證結構就比較複雜，一共有7個要素，原先的「駁斥理由」劃歸為屬於正方，新增「反對理由」屬於反方，用以反對所提出的政策相關的資訊與立論理由。1981年版政策論證過程，比較偏向於靜態的，而2012年版的論證過程，就較有針鋒相對的動態過程。先由正方提出政策相關的資訊與立論理由、支持理由，然後再由反方提出「反對理由」，反對正方所提出的政策相關的資訊、立論理由、以及支持理由。再其次，正方再提出「駁斥理由」駁斥對方的反對理由。期間的過程如圖4-2。

二、2004年第三版的政策論證結構

Dunn的公共政策分析1981年版的政策論證，在1994年版並沒有修正，到了2004年第三版，便加以大翻修。2004年版對於1981年的政策論證結構，修改如下：

（一）政策相關資訊

2004年版的政策論證結構圖，在政策相關資訊上，增加了政策相關資訊的來源，必須要直接緊扣政策論證的議題，要與政策議題有關。有了這些政策相關的資訊，才能夠針對政策議題，進行動態的政策論證。政策相關資訊可以說是政策論證的發動機，沒有政策相關資訊便無從進行與政策議題有關的政策論證。

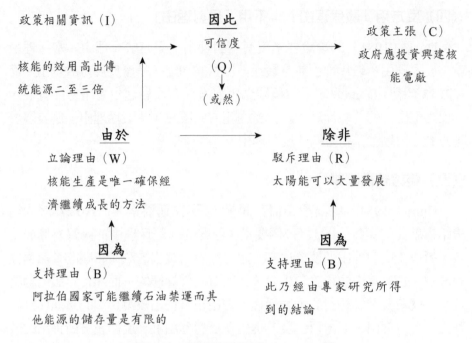

圖4-2 政策論證結構（1991）圖

資料來源：Dunn, 1991: 111.

（二）駁斥理由

　　2004年版的政策論證是從反方的「駁斥理由」進行動態的政策論證，也就是論證要從反方來思考，反方到底有哪些駁斥理由？而1981年版的論證結構是從正方的「立論理由」來壓制反方的駁斥理由，完全純粹以正方的思考來進行論證過程。而2004年版的駁斥理由，便較有攻擊性，攻擊正方的立論理由，同時火力全開，也攻擊「政策相關的資訊」以及「支持理由」。

（三）論證的箭頭

　　2004年版「政策立論」與反方的「駁斥理由」，論證的箭頭方向，是從反方的「駁斥理由」攻擊正方的「立論理由」，箭頭的方向，與1981年

箭頭方向相反。1981年箭頭方向，是由正方的「立論理由」去壓制反方的
「駁斥理由」。反方的「駁斥理由」，不再另加其「支持理由」。對照
1981年的版本，2004年的版本統統把1981年的「駁斥理由」及其「支持理
由」放在「駁斥理由」裡面。

（四）雙方面立論

　　2004年版「政策立論」與反方的「駁斥理由」，相互抗爭。一方面，
正方的立論理由，透過正方的可信度壓制反方的駁斥理由。另一方面，反
方的駁斥理由（R）要去切斷正方的政策相關的資訊，邁向政策主張的路
線。兩者是，正方的論證是由上而下，去壓制反方的論證；反方論證是由
下而上，要去衝破正方的立論可信度。而1991年版偏向在單方的政策論證
與主張（魯炳炎，2010）。

（五）可信度

　　「可信度」這一項在2004年的版本，大翻修。1981年的版本，可信度
只有一種即正方的可信度。在2004年的版本，可信度可以同時有兩個可信
度。第一個可信度（Q_1）是站在正方的立場，是否具有可信度。第二個可
信度（Q_2）是站在反方的立場，是否具有可信度。當正方的立論可以承
受起反方的駁斥，就可以直通政策主張，使得政策主張的可信度（第一個
可信度，Q_1）成立；反之，正方的立論理由不能夠承受起反方的駁斥，
被衝破並切斷由政策相關的資訊邁向政策主張的路線，使得正方的可信度
（Q_1）不成立，而使得反方的可信度（第二個可信度，Q_2）成立。既然反
方的可信度成立，正方的政策主張也就不能夠獲得可信度，如圖4-3。

（六）政策主張

　　「政策主張」這一項在2004年的版本，大翻修。1981年的版本，政策
主張就是結論，不再有下一波的政策論證。而在2004年的版本，政策主張
只是這一波的結論，還可以做為下一波政策論證的相關資訊（I），使得
政策論證的過程有頭有尾，並且這一波與下一波連結。也就是這一波的政
策主張，可以成為下一波政策論證的政策相關資訊的來源。

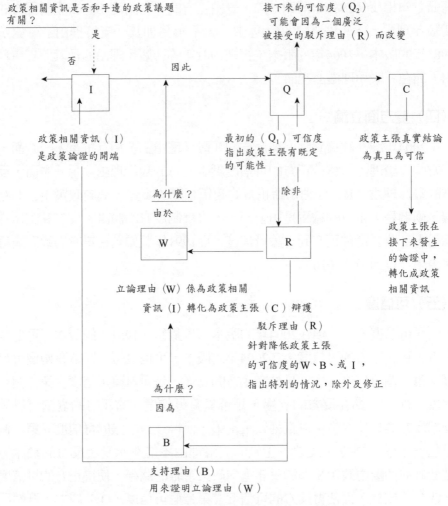

圖4-3　政策論證結構（2004）圖

資料來源：Dunn, 2004: 249.

三、2012年第五版對第三版政策論證結構的修正

　　Dunn的公共政策分析2008年版（第四版）的政策論證，對2004年版（第三版）並沒有修正，到了2012年第五版，便加以大翻修。2012年版

（第五版）對於2004年（第三版）的政策論證結構，修改如下：

（一）政策相關資訊的來源

2012年版對於2004年版政策相關資訊的來源，升格為政策論證過程的一個項目，而不是只在說明「政策論證相關資訊」，這個項目的名稱就是「政策論證相關資訊的來源」，並且也有虛線的箭頭，由上而下，到政策的相關資訊。在2004年版政策相關資訊的來源，只是對於政策相關資訊，有來源（yes），或沒有來源（no）。如果是yes，就可以進行政策論證；如果是no，就結束，不能進行政策論證。

（二）動態的論證過程

2012 年版的動態論證過程包括三種箭線。一是虛線的箭線（--->），用在論證的開始與結束，開始是從「政策相關資訊的來源」到「政策相關資訊」；結束是從「可信度是否可以被改變」到「可信度」。二是正方的立論論證過程，以較淡的箭頭（⇨）表示，包括從正方的「駁斥理由」、「支持理由」、「立論理由」，由下而上到「政策主張」。三是反方的論證過程，以較黑的箭線（➜）表示。而2004年版的動態論證過程，並沒有嚴格加以區分，都只用較黑的箭線（➜）表示支持（正方）、反對（反方），以及產生和結果（Dunn, 2012: 340）。

（三）支持政策主張

2012年版支持政策主張（claim）一共有三個格子，包括資訊（information）、立論理由（warrant）、可信度（qualifier），而立論理由又可以有其支持理由（backing）。其結構方式與2004年版不同，2004年版是由政策相關資訊，經過可信度，到達政策主張；而在政策相關資訊到可信度的過程中，要獲得立論理由及其支持理由的支持，有橫（由政策相關資訊，經過可信度，到達政策主張），有直（由「支持理由」，往上，支持「立論理由」，再往上，支持政策相關資訊邁向可信度）。

（四）反對理由

2012年版「反對理由」（objection）反對「資訊」、「支持理由」與「立論理由」。也就是反方的理由，都稱為反對理由。而2004年版「駁斥理由」是屬於「反方」駁斥「正方」的政策論證，火力可以全開，駁斥政策相關的資訊、立論理由、支持理由、以及最後衝破由政策相關資訊邁向政策主張的路徑。2012年版的「駁斥理由」是屬於「正方」駁斥「反方」的反對理由。

（五）可信度

2012年版可信度放在圖的右邊，正方的可信度在上方，「反方」的可信度在「正方」可信度的下面。2004年版的可信度放在政策相關資訊（I）與政策主張（C）的中間，正方的可信度的箭線往下，壓制反方的駁斥理由，靠左，為Q_1；反方的可信度的箭線，由反方的駁斥理由往上，意圖切斷政策相關的資訊（I）到政策主張的路徑，如果切斷，表是反方的可信度成立，正方的可信度不成立。

（六）政策論證的結果

2012年版政策論證的結果由正方可信度（Q_1）與反方可信度（Q_2）決定。2004年版政策論證的結果產生政策主張，包括正方的政策主張成立，或反方的政策主張成立，並繼續做為下一波政策論證相關政策資訊的來源。具有一波一波連續的政策論證過程。

由上歸納，2012版第二次修正：

(1) 圖由左向右---改成---由下向上

(2) 增加「反對理由」（objection），代替2004年版的「駁斥理由」。

(3) 「駁斥的理由」（rebuttal），修正為針對「反對理由」（objection）的駁斥。

(4) 資訊（I）、「立論理由」（warrant）、「可信度」（qualifier）置於同一列，以橫式排列。

(5) Qualifier可分：正方「可信度」（qualifier 1），反方「可信度」

（qualifier 2）（Dunn, 2012: 348）。

伍、結語

　　公共政策，在多元、快速變遷且複雜的社會，便需要誠摯的論證。William N. Dunn的政策論證，大翻修兩次：1981年初版；2004年三版大翻修；2012年五版再大翻修。大翻修的原因：基本觀念的改變。公共政策的思考，歷經：

　　1. 功能論（functionalism）：以實證的方式追求最大效益，用靜態的方式，目標與手段的關係，達成政策主張（目標）的最大受到信服（論證過程與手段），以1981年初版的公共政策分析為代表。

　　2. 釋義論（interpretive theory）、詮釋論（hermeneutics）：肯定利害關係人在多元社會裡頭有多元的思考與認識方式（Dunn, 2004: 22-23, 419-421），政策論證不能夠停留在以自然科學的實證方法，追求論證的單方面的、靜態的所謂真實性、客觀性的最大信服，而必須以理解的方式滿足多元當事人內心真意。因此，在2004年版（第三版）William Dunn便以動態的方式，改變可以由公共對話（public discourse）與辯論（debate）進行，可以有正方的可信度（Q_1）與反方的可信度（Q_2），逐一捉對，對話辯論。正方的可信度大於反方的可信度，則正方的主張成立；反之，則不成立（Dunn, 2004: 419-421）。政策論證的結論，不論原本的政策主張是否成立，又成為下一波的政策論證政策相關資訊的來源，延續不斷，成為政策論證一連串（chains）的過程（Dunn, 2004: 419-421）。

　　3. 批判論（critical synthesis）：William Dunn在2012年版，又加強以批判論的觀點，綜合實證與理解的方式，對於政策論證的過程，以批判的思維（critical thinking），組織、綜合、評估各種不同的推論與證據，追求兼顧各方真意，而圓融（比較Dunn, 2004: 22-23與Dunn, 2012: 17-18）。

　　論證要先依循詮釋論指引（hermeneutics guidelines），求其真義；再依循邏輯，正確推論（Dunn, 2012: 368-372）。也就是在社會網絡中，獲

得利害相關人所感受到的真義；再以邏輯推理，獲得持平合理，具有經過多方批判，所獲得的可信度。

參考文獻

中文部分

邱紀碩，2006，〈政策分析的涵義〉，載於張世賢（編），《公共政策分析》，台北：五南，頁97-108。

翁興利，2004，《政策規劃與行銷》，台北：華泰。

馬群傑（譯），2011，《公共政策分析》（William N. Dunn原著），台北：台灣培生教育股份有限公司。

高宣揚，1999，《後現代論》，台北：五南。

張世賢，2001，〈知識經濟時代政策制定型態的探討〉，社會與國家發展學術研討會，台北：國立空中大學。

張世賢，2006，〈電子化政府的政策行銷〉，載於張錦隆、孫以清（編），《政治與資訊的對話》，台北：揚智文化，頁135-159。

張世賢，2010，〈新公共服務與能力〉，載於章光明（編），《政策與管理》，桃園：中央警察大學，頁243-271。

張世賢，2012a，〈城市化與公共治理：台中市文化產業都市的建立〉，第八屆兩岸四地公共管理學術研討會，5月5日，成都：四川大學。

張世賢，2012b，〈治理體系能力之挑戰與提升，提升公共管制能力〉，2012年兩岸四地學術研討會，6月27日，澳門：澳門大學。

張世賢、陳恆鈞，2001，《公共政策：政府與市場的觀點》，第2版，台北：五南。

張淑珠，2006，〈政策溝通的過程〉，載於張世賢（編），《公共政策分析》，台北：五南，頁32-43。

陳志瑋，2003，〈行政課責與地方治理能力的提升〉，第二屆地方發展策

略研討會，宜蘭：佛光人文社會學院公共事務學系地方行政研究中心。

黃仁德、姜樹幹，2001，〈網路與現代政府〉，國家發展學術研討會：知識經濟社會與國家發展，台北：國立臺灣大學國家發展研究所。

黃曙曜譯，1997，Jong S. Jun原著，《公共行政：設計與問題解決》，台北：五南。

魯炳炎，2007，《公共政策行銷理論之研究：應然面與實然面的對話》，台北：韋伯文化。

魯炳炎、林玥秀、吳碩文（2010），〈從政策論證的技術理性到政策對話的溝通理性——民宿管理政策個案分析〉，中國行政，82：1-22。

黎建球，2008，〈哲學的行動理論，哲學與文化〉，35(1)：3-18。

戴正道，2006，〈政策行銷的途徑〉，載於張世賢（編），《公共政策分析》，台北：五南，頁322-341。

英 文部分

Denhardt, Robert B. 2011. *Theories of Public Organisation* (6th ed.), Boston: Wadsworth.

Denhardt, Robert, B., and Denhardt, Janet, V. 2008. *Public Administration: An Action Orientation*, 6th ed. Belmont, CA: Thomson.

Dror, Yehezke. 1994. *The Capacity to Govern: A Report to the Club of Rome*. London: Frank Cass.

Dror, Yehezkel. 1986. *Policymaking under Adversity*. Oxford: Transaction Books.

Dror, Yehezkel. 2002. *The Capacity to Govern*. London: Frank Cass.

Drucker, Peter F. 2001. *Management Challenges for the 21st Century*. New York: Harper Business.

Dunn, W. N. 1994. *Public Policy Analysis*. Englewood Cliffs, NJ: Prentice-Hall, Inc.

Dunn, W. N. 2008. *Public Policy Analysis: An Introduction*. 4th ed. Englewood

Cliffs, NJ: Prentice-Hall.

Dunn, William, N. 2012. *Public Policy Analysis*. 5th ed. Upper Saddle River, NJ: Pearson.

Farazmand, Ali. 2009. "Building Administrative Capacity for the Age of Rapid Change and Globalisation: A Modest Prescription for Survival in 21st Century." *Public Administration Review*, 69(6): 1007-1020.

Farmer, David John. 1995. *The Language of Public Administration: Bureaucracy, Modermity, and Postmodernity*. Tuscaloosa: University of Alabama Press.

Frederickson, H. George; Smith, Kevin, B.; Larimer, Christopher, W., and Licari, Michael, J. 2012, *The Public Administration Theory Primer*. 2nd ed. Boulder, CO: Westview Press.

Friedmann, John. 1967. "A Conceptual Model for the Analysis of Planning Behavior." *Administration Science Quarterly*, 12(2) (September): 345-370.

Friend, J. and A. Hickling. 1987. *Planning Under Pressure: The Strategic Choice Approach*, Oxford: Pergamon.

Harbermas, J. 1963. *Theory and Practice*. trans. by J. Vietel. Boston: Beacon Press.

Harmon, Michael, M. 1981. *Action Theory for Public Administration*, New York: Longman.

Harmon, Michael, M., and Mayer, Chard, T. 1994. *Organisation Theory for Public Administration*, Burke, VA: Chatelaine Press.

Husserl, E. 1960. *Cartesian Meditations: An Introduction to Phenomenology*, trans. by D. Cairns. The Hague: Martinus Nijhoff.

Jun, Jong S. 2006. *The Social Construction of Public Administration*, Albany, NY: State University of New York Press.

Jun, Jong, S. (ed.) 2002. *Rethinking Administrative Theory: The Challenge of the New Century*, London: Praeger.

Jun, Jong, S. 1994 *Philosophy of Administration*, Seoul: Daeyoung Moonhwa

International.

Jun, Jong, S. 2006. *The Social Construction of Public Administration*, Albany, NY: State University of New York.

Kaplan, Abraham. 1973. "On the Strategy of Social Planning." *Policy Sciences*, 4(1): 53-56.

Marini, Frank. 1971. *Toward a New Public Administration: The Minnowbrook Perspective,* Scranton, PA: Chandler.

Nonaka, Ikujiro, and Hirotaka, Takeuchi. 1995. *The Knowledge-Creating Company*, Oxford: Oxford University Press.

Pieters, R. G. M. 1991. "Changing Garbage Disposal Patterns of Consumers: Motivation, Ability, and Performance." *Journal of Public Policy and Markeging*, 10(2): 59-76.

Scholte, Jan, Aart. 2005. *Globalisation: A Critical Introduction*, 2nd ed. New York: Palgrave Macmillan.

Skocpol, T. 1979. *State and Social Revolution: A Comparative Analysis of France, Russia and China*. Cambridge: Cambridge University Press.

Starling, G. 1988. *Strategics for Policy Making*. Homewood, IL: The Dorsey Press.

Trauner, G. 2002. *E-Government: Information and Communication Technology in Public Administration*, Brussels: IIAS.

Wack, Pierre. 1985. *Scenarios: Uncharted Waters Ahead*, New York, John Wiley & Sons.

Weick, Karl E. and Kathleen M. Sutcliffe. 2001. *Managing the Unexpected*. San Francisco: Jossey-Bass.

Wildavsky, Aaron. 1979. *Speaking Truth to Power: the Art and Craft of Policy Analysis*. Boston: Little, Brown and Company.

Wolf, C. 1993. *Markets or Government: Choosing Between Imperfect Alternatives*, Cambridge, MA: The MIT Press.

Zeckhauser, Richard and Elmer Schaefer. 1968. "Public Policy and Normative

Economic Theory." in Raymond A. Bauer and Kenneth J. Gergen, *The Study of Policy Formation*, New York: The Free Press: 27-101.

Zeithaml, V. A., Parasuraman, A. and Berry, L. L. 1990. *Delivering Quality Service: Balancing Customer Perceptions and Expectations*. New York: The Free Press.

第五章

中國古代的觀點

壹、前言

一、中國古代論證的涵義

中國古代論證所表現的「文」，「文以載道」。道就是政策主張。因此所有載道的文都表現出政策論證，著重在說服的藝術與功能（Lu, 1998: 4）。「文」就包括了詩、散文詩、歌、信、提議、公文、備忘錄、哲學論文、評論、說服等等型式（Garrett, 1991: 295；林靜伶譯，1996：317）。其表現的方式，包括：言（language, speech）、辭（mode of speech, artistic expressions）、諫（advising, persuasion）、說（說服，persuasion）、說（解說，explanation）、名（naming）、辯（distinction, disputation, argumentation）（Lu, 1998: 3-4），作者再加上說（悅，delight, please），政策論證是令人喜悅的事，而不是爭論到不歡而散。

一般說來，中國古代的論證，較為狹隘，偏向於「教誨」的功能，強調價值觀念，提供行為的典範，並做為評論的標準。西方學者，例如華生（Burton Waston）、哈特（James Hart）、艾根（Ronald Egan）、納吉斯（David Knechtges）、威爾合姆（Hellmut Wilhelm）等等也都有這種觀點（Garrett, 1991: 295-296；林靜伶譯，1996：317-318）。

二、中國古代政策論證的特性

中國古代的政策論證與西方政策論證，明顯不相同。西方的政策論證絕大部份是在大庭廣眾對一般民眾進行政策論述，或在法庭上進行辯論。

因此西方表現的是政治辯論、辯證的論辯（dialectical disputation）、演說與訴願等等。辯證的論辯尤其受到注意，研究者以辯證的方式檢視抽象論點的真實性傳統如何演變（Garrett, 1991: 296-297；林靜伶譯，1996：318）。

中國古代政策論證是在君王權威體制之下進行，政策論述是提供給君王裁決（Garrett, 1991: 297-298；林靜伶譯，1996：318-319）或者是著書立說，輾轉給君王知道其論點，產生論證的實際效果。前者例如：墨子與公輸般在楚王面前辯論該不該攻打宋國。《戰國策》可以證明此一觀點。後者例如：諸子百家各種著作。

當一個政策論證者所面對的是這種單一聽眾（君王或權臣）的說服情境時，其心理因素、人際因素與情境因素，經常是說服成功與否的因素；言論的邏輯性未必是說服成功的因素。因此，中國的語藝與心理學密切相關，而不像西方語藝與辯證密切相關（Crump, 1970：50-54; Garrett, 1991: 296-297；林靜伶譯，1996：319），例如：韓非子《說難》一文便建議說服者仔細觀察聽者，建立其信任，以聽者的價值觀與目標為訴求方式，並注意彼此的權力關係（Garrett, 1991: 297；林靜伶譯，1996：319）。《鬼谷子》一書完全探討一對一的說服情境，提出一些實際的說服策略，明顯地將其建議建立在心理學原理上（Garrett, 1991: 297；林靜伶譯，1996：319）。

在這種文化氛圍裡，古代中國政策論證偏向於實務與實用，對於辯證的理論探討較少。Garrett（1991）舉《鹽鐵論》為例，說明：「中國文化中強烈的務實傾向；爭辯與現實生活無明顯關係的問題，被認為是愚蠢或不負責任的。」，而「辯論經濟政策是可以被接受的；辯論基本的存在問題則不被接受。」（Garrett, 1991: 296-297；林靜伶譯，1996：318）。

不過，對於論證的學理探討，仍有不少論述，只是較不為人所重視，可能因為過於艱澀難懂。例如：儒家的荀子發展出相當複雜的論辯理論（Cua, 1983: 867-894; Garrett, 1991: 296-297；林靜伶譯，1996：318）；後期墨家也發展出邏輯論述（Graham, 1978; Garrett, 1991: 296-297；林靜伶譯，1996：318）。只不過政策論證的探討，在中國不像在西方置於智識

活動的中心。

三、中國古代論證受到重視

　　從國際觀點來探討，政策論證的研究，早期是以西方為主，尤其是亞里斯多德的《語藝學》（*Rhetoric*），正如前面幾章所探討。Garrett（1991）認為：在1971年以前，除了少數短篇的論文外（Oliver, 1969: 3-8），研究政策論證的學者幾乎完全忽視中國的傳統，直到奧立佛（Robert Oliver）的《古代印度與中國的文化與傳播》（*Culture and Communication in Ancient India and China*），提供中、印古典語藝的完整檢視（Oliver, 1971）。自從這本書1971年出版後，一些有關中國語藝的研究相繼出版，但在範疇上不若奧立佛的書架構那麼廣（Oliver, 1961; Jensen,1987; Garrett, 1991: 293；林靜伶譯，1996：316）。

　　在1971年，Robert Oliver批判以西方為主流的政策論證觀點，認為這是西方的偏見，強調必須要融入亞洲的觀點，尤其是中國古代論證的觀點。他對於政策論證的貢獻，Robert Shuter（2011）認為有四點：1.批判以歐洲為主流的政策論證；2.引進亞洲政策論證的觀點；3.運用多文化的觀點研究政策論證；4.以國際外交的實例印證政策論證的學理。由於Oliver的呼籲，使得中國古代論證受重視。中國古代的政策論證有許多迥異於西方傳統的看法、對於閱聽眾的心裡有不同的看法、強調不同的推理方式、建議不同的說服策略、立基於不同的宇宙觀、提供不同的言者目標與標準，足以讓歐美學者開始認識到這些獨立的、完整的政策論證觀點之存在，以及認識到這些觀點對西方政策論證的價值（Garrett, 1991: 293-294；林靜伶譯，1996：315）。

　　當西方學者穿透時空的隧道，從現代追溯到古代，從美國、英國、歐洲大陸，到亞洲的韓國、印度到中國，開始發現智識的環境、宗教信仰、政治制度、社會與家庭結構、經濟組織、語言與書寫系統等都大不相同，政策論證受到歷史與文化情境的影響，可以充分體會政策論證的多元性。歐美學者逐漸重視中國古代政策論證的研究（Jensen, 1987: 213-231; Garrett, 1991: 293-295；林靜伶譯，1996：315-316）。

　　於是在此數十年間，西方學者對於中國古代政策論證產生興趣，著名的有：Vernon Jensen（1987, 1992），以及Mary Garrett（1983, 1991, 1993）。Garrett在1983年以《墨子與呂氏春秋：中國古典論證的理論與實務》為博士論文，獲得加州柏克萊大學博士學位。有關學者研究中國古代政策論證的英文書目，可以參考呂行（Lu, 1998: 331-337）的參考文獻。呂行1991年以《發現過去：西元前三到五世紀中國與希臘辯之比較》（*Recovering the Past: Identification of Chinese Senses of Pien and a Comparsion of Pien to Greek Senses of Rhetoric in the Fifth and Third Centuries BCE.*）博士論文獲得奧勒岡大學博士學位。

四、西方研究中國古代論證的缺點

　　西方研究中國古代論證的缺點，本書同意呂行（Lu, 1993）的觀點，認為：

（一）過度倚賴英文翻譯

　　西方研究者不能夠直接閱讀中國古典書籍，過度倚賴翻譯。所閱讀的英文翻譯（Lu, 1993: 447-448; 1998: 37-38），例如：《老子》，翻譯者為Ku-Ying Chen（1977）；《戰國策》，翻譯者為J. I. Jr. Crump（1970）；《商君書》，翻譯者為J. J. L. Duyvendak（1963）；《莊子》翻譯者為A. C. Graham（1981）；《荀子》，翻譯者為John, Knoblock（1988）；《論語》，翻譯者為D. C. Lau（1979）；《孟子》，翻譯者為D. C. Lau（1970）；《道德經》，翻譯者為D. C. Lau（1982）；《尚書》，翻譯者為James Legge（1960）；《韓非子》，翻譯者為Wen-Kuei Liao（1959）。《墨子》、《荀子》、《韓非子》，翻譯者為Burton Watson（1963）等等。

（二）被英文翻譯所誤

　　英文翻譯有許多錯誤，或辭不達意，或誤解原意，導致研究者誤解中文的原意，由此西方學者論文論述錯誤在所難免。例如：Jensen（1987）

和Oliver（1961）引用道德經，所使用的版本是林語堂（Lin, 1938）所翻譯的「善者不辯，辯者不善。」（A good man does not argue; he who argues is not a good man.），「辯」的真正意義，不能只是辯論，還包括有飾潤、區別、爭議等涵義。如果是翻譯成為辯論（argue），會失去原意，與老子一貫的觀點有所偏誤。古文的翻譯不能夠就每個單字逐字翻譯，而是要從作者整體的觀念去解讀而翻譯。

　　另外一個例子，Oliver（1971: 238）所引用的《道德經》（守中章‧第五）「言多數窮，不如守中。」將「守中」譯為keep silent，全文為："In much talk there is weariness. It is best to keep silent."是明顯的錯誤（Lu, 1993: 449; 1998: 38），應該是為「維持適當性」（appropriateness）。

（三）多種版本引用導致複雜難懂

　　西方學者基於研究精神，對於中國古書，會參考許多各種不同版本，加以彙整，由於西方學者沒有能力直接閱讀古籍，只得多種版本同時引用，然後根據自己的判斷，加以綜合比較，表達自己的看法，反而導致讀者感覺複雜難懂。例如：Oliver（1971: 238）所引用的《道德經》（守中章‧第五）「言多數窮，不如守中。」參考許多各種不同版本Waley（1939）、John C. H. Wu（1961）、Lin Yutang（1938）、Legge（1959）、Blakney（1955）、Duyvendak（1963）、Giles（1904）以及Bynner（1944），將「守中」譯為keep silent，是明顯的錯誤（Lu, 1993: 449; 1998: 38）。

（四）西方學者著重分析與界定

　　西方學者的研究中國古代政策論證的方式界定名詞的定義與分析其內容，太著重外顯的觀念、想法、理念、陳述與理論，而中文的原意偏向於內隱、統合的、全觀的觀點，因此其研究常與原意差距甚大（Lu and Frank, 1993: 450; Lu, 1998: 34-35）。

貳、論證的態度

一、講求和諧

　　中國古代的政策論證講求和諧，古字「說」等於「悅」。例如，《論語》，〈學而第一〉，「子曰：學而時習之，不亦說乎？」，說與悅相通。指出：論說要有愛心，令人喜悅。沒有愛心的話，不要說。不令人喜悅的話，不要說。講求論證，在人際關係上，是講求和諧。《論語》，〈子路第十三〉，「君子和而不同，小人同而不和。」，也指出君子的論證可以包容不同意見，但整體是和諧的；可是小人表面上是與別人意見相同，但是實際上是勾心鬥角，是不和諧的，應該避免不和諧的論爭。

二、爭辯為不得已之事

　　由上述第一種態度，產生第二種態度：爭辯乃不得已之事。例如，孟子對政策辯論的觀點。孟子曰：「予豈好辯哉？予不得已也！……我亦欲正人心，息邪說，距詖行，放淫辭，以承三聖者，豈好辯哉？予不得已也。」（孟子·滕文公下）

參、論證的原則

一、論證首在追求善

　　中國古代對於政策論證的主流意見是求善，而不是追求個人的事功。例如孟子批評縱橫家公孫衍、張儀。他們憑他們的口才與外交辭令，雖然「一怒而諸侯懼，安居而天下熄」，但仍不能夠成為大丈夫。孟子認為他們只是聽令於他們的君主，缺乏追求善。真正的大丈夫是：「居天下之廣居，立天下之正位，行天下之大道；得志與民由志，不得志獨行其道；富

貴不能淫，貧賤不能移，威武不能屈；此為大丈夫！」（孟子・滕文公下。）

二、堅持立論主旨必須正確

孔子提到「正名」的主張，作者認為「正名」是指立論的中心主旨，不是只是正確的名分或名稱。《論語》，〈子路第十三〉所指的「名不正，則言不順；言不順，則事不成」，便是指出政策論證的政策主張要名正言順，名不正則言不順，沒辦法解決公共問題。

三、立論必須具有可行性

由第二點的原則引申出政策論證必須具有可行性的原則。因為：「名不正，則言不順；言不順，則事不成」，則產生「事不成，則禮樂不興；禮樂不興，則刑罰不中；刑罰不中，則民無所措手足。故君子名之必可言也，言之必可行也。君子於其言，無所苟而已矣」。政策論證必須要「言之必可行也」，不可草率從事（Garrett, 1991: 298；林靜伶譯，1996：320）。

肆、論證的模式

大致而言，研究中國古代政策論證的學者都認為中國古代最常使用的論證模式是1.權威的模式；2.推論的模式；3.結果的模式；4.比較的模式，且這四種論證模式經常同時融合應用（Garrett, 1991: 297；林靜伶譯，1996：319；胡滌生、魯炳炎，2005：1-34）。

一、權威的模式

權威的模式指引用古代典籍，反映古代中國人相信以前的智慧可應用於當時。這種權威的論證模式，以王安石〈奉酬永叔見贈〉為例，來說

明。這首詩:「欲傳道義心猶壯,強學文章力已窮。他日若能窺孟子,終身何敢望韓公?摳衣最出諸生後,倒屣嘗傾廣座中。只恐虛名因此得,嘉篇為貺豈宜蒙。」,充分表現王安石對於孟子論證權威的推崇。孟子權威論證的實例,〈梁惠王下〉:

> 齊宣王問曰:「交鄰國有道乎?」孟子對曰:「有。惟仁者爲能以大事小,是故湯事葛、文王事昆夷。惟智者爲能以小事大,故大王事獯鬻、句踐事吳。以大事小者,樂天者也;以小事大者,畏天者也。樂天者,保天下;畏天者,保其國。」《詩》云:「畏天之威,于時保之。」

孟子引用周文王、越王勾踐的故事,論證「仁者以大是小,智者以小事大」,具有權威性。另一實例為,〈公孫丑上〉:

> 以力假仁者霸,霸必有大國。以德行仁者王,王不待大:湯以七十里,文王以百里。以力服人者,非心服也,力不贍也;以德服人者,中心悅而誠服也,如七十子之服孔子也。《詩》云:「自西自東,自南自北,無思不服。」此之謂也。

孟子引用商湯、周文王、孔子的故事,論證「王不待大」,具有權威性。

二、推論的模式

中國古代政策論證也常用推論的模式,要證明A的重要性,利用推論的模式,由A推到B,再由B推到C,再由C推到D,再由D推到E,E的情況非常明顯是人們所希望的或所厭惡的,因此A很重要。例如《論語》〈子路第十三〉:

> 子路曰:「衛君待子而爲政,子將奚先?」子曰:「必也正名乎!」子路曰:「有是哉,子之迂也!奚其正?」子曰:「野哉由也!君子於其

所不知，蓋闕如也。名不正，則言不順；言不順，則事不成；事不成，則禮樂不興；禮樂不興，則刑罰不中；刑罰不中，則民無所措手足。故君子名之必可言也，言之必可行也。君子於其言，無所苟而已矣。」

孔子主張「為政的首要任務是正名」，他採用推論的模式，證明為什麼正名那麼重要？因為：「名不正」導致「言不順」，再導致「事不成」，再導致「禮樂不興」，再導致「刑罰不中」，最後導致「民無所措手足」。當「民無所措手足」時，則事態嚴重。因此正名很重要。這種推論的模式，也同時具有後果的模式（Garrett, 1991:296；林靜伶譯，1996：320）。

三、結果的模式

政策主張能在現實生活中的結果得到證明，便可以接受此論證；如果不能，則不能接受此論證。例如，告子先以比喻的方式，說明人性歸人性，仁義歸仁義，兩者不相關。孟子以結果的模式提出駁斥。《孟子》〈告子上〉：

告子曰：「性猶杞柳也，義猶桮棬也。以人性為仁義，猶以杞柳為桮棬。」孟子曰：「子能順杞柳之性而以為桮棬乎？將戕賊杞柳而後以為桮棬也？如將戕賊杞柳而以為桮棬，則亦將戕賊人〔性〕以為仁義與？率天下之人而禍仁義者必子之言夫！」

這段語意難懂，為提供讀者瞭解，翻譯如下：告子說：「人的本性，就像杞柳；仁義，就像杯盤；以人的本性去行仁義，就像拿杞柳來做杯盤一樣的不相稱。」孟子說：「你能順著杞柳柔軟的本性來做杯盤嗎？還是要削杞柳後才能做成杯盤呢？如果要削杞柳後才能做成杯盤，那麼豈不等於說也要削去人的本性，才能去行仁義嗎？率領天下的人去禍害仁義的，一定是你這種言論了！」

四、比較的模式

比較的模式包括：類似、例子、虛擬的例子、歷史的借鏡、類比等等。在古代中國政策論證的比較模式，最常使用的是歷史的借鏡。例如，《韓非子》便指出從歷史的記載中，歸納出歷史上的成敗功過，做為政策論證比較模式的實例（Garrett, 1991: 299；林靜伶譯，1996：320）。《韓非子》，〈備內第十七〉：

人主之患在於信人，信人則制於人。人臣之於其君，非有骨肉之親也，縛於勢而不得不事也。故為人臣者，窺覷其君心也，無須臾之休，而人主怠傲處上，此世所以有劫君殺主也。為人主而大信其子，則奸臣得乘於子以成其私，故李兌傳趙王而餓主父。為人主而大信其妻，則奸臣得乘於妻以成其私，故優施傳麗姬殺申生而立奚齊。夫以妻之近與子之親而猶不可信，則其餘無可信者矣。

韓非子政策主張：「人主之患在於信人，信人則制於人。」，其佐證的歷史實例為：1.趙惠文王太相信李兌，導致李兌欺瞞趙惠文王，餓死其父趙武靈王（已經禪讓）；2.晉獻公寵信麗姬，優施教唆麗姬，向晉獻公進讒言，排擠申生，改立麗姬所生之子奚齊為太子，而廢掉並害死齊姜所生的太子申生。

另一種常用的比較模式是類比。孟子便常使用類比的論證方式合理化其論點。其中一例是孟子對齊宣王主張「王請問好小勇」：

王請無好小勇。夫撫劍疾視曰：「彼惡敢當我哉」！此匹夫之勇，敵一人者也。王請大之。《詩》云：「王赫斯怒，爰整其旅，以遏徂莒，以篤周祜，以對于天下。」此文王之勇也。文王一怒而安天下之民。《書》曰：「天降下民，作之君，作之師，惟曰：其助上帝，寵之。四方有罪無罪，惟我在，天下曷敢有越厥志？」一人衡行於天下，武王恥之。此武王之勇也。而武王亦一怒而安天下之民。今王亦一怒而安天下之民，民惟恐

王之不好勇也。（孟子‧梁惠王下）

　　孟子所舉的類比例子是周文王與周武王。對於孟子的立論經常採用類比的論證方式常為學者所重視（Bodde, 1938: 223-232; Cikoski, 1975: 325-357; Lau, 1963: 173-194; Garrett, 1991；林靜伶譯，1996：320）。

伍、結語

　　本書探討政策論證所採用的觀點是希臘的亞里斯多德《語藝學》的論點與唐恩（Dunn, 2012）政策論證的觀點，當有所不足。因此，也探討中國古代政策論證的觀點。中國古代論證的觀點是來自於Oliver（1971）的發揚，他以及後繼者的觀點並無挑戰西方主流語藝傳統的意思，也無意以其觀點取代西方傳統。他們並不認為西方語藝理論應受到貶抑。自希臘羅馬以來所發展的西方語藝傳統，為語藝的本質與功能提供了有用的觀點。而挑戰此一傳統的學者主要是認為不應以歐美的觀點為唯一正確的觀點。這些挑戰鼓勵我們以一種新的自省能力檢視西方傳統的不足，以修正西方傳統觀點，提出更能反映不同族群的多元觀點（Garrett, 1991；林靜伶譯，1996：323-324）。

　　因此，這些挑戰提供機會讓讀者充分認識與利用語藝表達的多元性，以發展出對語藝的整體瞭解。如果各種觀點能受到融合，正如培瑞特（Minnie Pratt）所言：「如果我們的知識片段能結合起來，拼成更大的圖形，我們將能更接近我們所期待的世界。」（Pratt,1984: 16; Garrett, 1991；林靜伶譯，1996：323-324）

參考文獻

中 文部分

林靜伶（譯），1996，《當代語藝觀點》，台北：五南，譯自：Foss, Sonja K., Karen A. Foss, Robert Trapp,1991. *Contemporary Perspectives on Rhetoric*. 2nd ed. Long Grove, Ill: Waveland.

胡湺生、魯炳炎，2005，〈從政策論證模式觀點對我國與西方古代論辯之比較研究〉，《行政暨政策學報》，41：1-34。

英 文部分

Bodde, Derk. 1938. "Types of Reasoning in Li Ssu." *China's First Unifier: A study of the Ch in Dynasty as Seen in the Life of Li Ssu*: 223-232.

Blakney, R. B.1955. trans. *Lao Tzu*. New York: New Amercian Library, Mentor Book.

Broschat, Michael Robert. 1985. *Guiguzi: A Textual Study and Translation*, University of Washington.

Bynner, Witter. 1944. *The Way of Life: According to Laotzu*. New York: John Day.

Carolyn, Matalene. 1985. "Contrastive Rhetoric: An American Writing Teacher in China." *College English* 47: 795.

Crump, James and John Drefer. 1951. "Peripatetic Rhetors of the Warring Kingdoms." *Central States Speech Journal* (Mar.), 2(2): 15-17.

Crump, James. 1964, *Intrigues; Studies of the Chan-kuo ts'e*. Ann Arbor: University of Michigan Press.

Cua, Anthony. 1983. "Hsun Tzu's Theory of Argumentation: A Reconstruction" *Review of Metaphysics* (Jun.), 36(2): 867-894.

Cua Anthony.1985. *Ethical Argumentation: A study in Hsun Tzu's Moral Epistemology*, Honolulu: University of Hawaii.

Chmielewski, Janusz. 1963. "Notes on Early Chinese Logic II" *Rocznik Orientalistcyzny*, 26(2): 91-105.

Cikoski, John. 1975. "On Standards of Analogic Reasoning in the Late Chou" *Journal of Chinese Philosophy* (Jun.) 2(3): 325-357.

Chen, Ku-Ying. 1977. *Lao tzu Text, Notes, and Comments*. San Francisco: Chinese Materials Center.

Crump, J. I. Jr. 1970. *Chan-Kuo Ts'e*. Oxford: Clarendon Press.

Duyvendak, J. I. L. 1963. *The Book of Lord Shang: A Classical of the Chinese School of Law* Chicago: University of Chicago Press.

Drefer, John and James Crump. 1952. "PreHan Persuasion: The Legal School," *Central States Speech Journal* (Mar.) Journal 3: 10-14.

Foss, Sonja K., Karen A. Foss, and Robert Trapp, 2002, *Contemporary Perspectives on Rhetoric*. 3rd ed. Long Grove, Ill: Waveland.

Garrett, Mary.1991. "Asian Challenge." In *Contemporary Perspectives on Rhetoric. 2nd ed.* edited by Sonja Foss, Karen A. Foss, Robert Trapp, Long Grove, Ill: Waveland: 295-306.

Garrett, Mary.1993. "Classcal Chinese Conceptions of Argumentation and Persuasion." *Argumentation and Advocacy* (29):105-115.

Garrett, Mary.1993. "Pathos Reconsidered from the Perspective of Classical Chinese Rhetorical Theories." *Quarterly Journal of Speech* (79): 19-39.

Giles, Lionel. 1904. trans. *Lao Tzu*. London: Wisdom of the East Series.

Graham, Angus C. 1978. *Later Mohist Logic Ethics and Science,* Hong Kong: Chinese Uniservity Press.

Graham Angus C.,1967, "The Mencian Theory of Human Nature." *Tsing Hua Journal of Chinese Studies* (6): 244-250

Graham, A.C. 1981. *Chuang-tzu: The Seven Inner Chapters from the Book Chuang-tzu*. London: George Allen & Unwin.

Jensen, J. Vernon. 1987. "Rhetoric Emphasis of Taoism." *Rhetorica* 5(3): 219-232.

Jensen, J. Vernon. 1992. "Values and Practices on Asian Argumentation." *Argumentation and Advocacy* (28): 155-166.

Jensen, J. Vernon. 1987. "Rhetoric of East Asia-A Bibliography." *Rhetoric Society Quarter* 17 (Spring): 213-231.

Kao, S.Y. Karl. 1986 "Rhetoric" *The Indiana Companion to Traditional Chinese Literature, (ed.)*. William Nienhauser. Bloomington: Indiana University Press: 121-137.

Knoblock, John. *Xunzi: A Translation and Study of the Complete Works Vols. I-III*. Stanford, Calif.: Standford University.

Kroll, J.L. 1985. "Disputation in Ancient Chinese Culture" *Early China* 11-12: 118-145.

Kaplan, Robert. 1966 "Cultural Thought Patterns in Intercultural Education" *Language Learning* 16:1-20.

Kristof, Nicholas. 1989. "Democracy's Martyr, Unsung by the Democracies," *New York Times* (March): 4.

Lau, D.C. 1963. "On Mencius' Use of the Method of Analogy in Arugment " *Asia Major*: 235-263.

Lau, D.C. 1979. *Confucius the Analects*. New York: Penguin Books.

Lau, D.C. 1970. *Mencius*. New York: Penguin Books.

Lau, D.C. 1982. *Tao Te Ching*. Hong Kong: Chinese University Press.

Legge, James. 1960 *Shang Shu. In the Chinese Classics,* vol. III. Hong Kong: Hong Kong University Press.

Legge, James. 1958. trans. and ed. *The Texts of Taoism*. 2 vols. Sacred Books of the East Series, edited by Max MÜller. Oxford: Clarendon Press, 1891; reprinted, New York: Julian Press.

Liao, Wen Kuei. 1959. *The Complete Works of Han Fei Tzu* Vol II. London: Arthur Probsthan.

Lin, Yutang, 1938. The Wisdom of China and India. New York: Random House, Modern Library.

Lu, X. 1991. *Recovering the Past: Identification of Chinese Senses of Pien and a Comparsion of Pien to Greek Senses of Rhetoric in the Fifth and Third Centuries BCE.* Diss. University of Oregon, Eugene, Oregon.

Lu, X. and David A. Frank. 1993. "On the Study of Ancient Chinese Rhetoric/ Bian." *Western Journal of Communication* (57): 445-463.

Lu, X. (1998) *Rhetoric in Ancient China, fifth to third century B.C.E: A comparison with classical Greek rhetoric.* Columbus, SC. University of South Carolina Press.

Oliver, Robert T. 1969. "The Rhetorical Tradition in China: Confucius and Mencius" *Today's Speech* 17(1): 3-8.

Oliver, Robert T. 1971. *Communication and Culture in Ancient India and China,* Syracuse: Syracuse University Press.

Oliver, Robert T. 1961. "The Rhetorical Implications of Taoism" *Quarterly Journal of Speech* 47(2): 27-35.

Pratt, Minnie Bruce. 1984. "Identity: Skin-Blood-Heart." *Yours in Struggle: Three Feminist Perspectives on Anti-Semitism*, NY: Long Haul.

Perelman, Chaim and L. Olbrechts-Tyteca. 1969. *The New Rhetoric: A Treatise on Argumentation.* Notre Dame, IN: University of Notre Dame Press.

Reynolds, Beatrice.1969. "Lao Tzu: Persuasion Through Inaction and Non-Speaking" *Today Speech* 17(1): 23-25.

Shuter, Robert. 2011. "Robert T Oliver: Trailblazer in Intercultural Communication" *China Media Research* 7(2):121-126.

Toulmin, Stephen, Richard Rieke and Allan Janik. 1984. *An Introduction to Reasoning*, New York: Macmillan.

Waley, Arthur.1939. *Three Ways of Thought in Ancient China.* London: George Allen and Unwin.

Waston, Burton. 1963. *Basic Writings of Mo Tzu, Hsun Tzu, and Han Fei Tzu.* New York: Columbia University Press.

Wu, John Ching Hsiung. 1961. *Tao Teh Ching. New York*: St. John's University Press.

第六章

對話模式的觀點[*]

壹、前言

　　在政策論證中，最常用到的論證模式有二：一是傳統語藝式（traditional-rhetorical model），一是對話式論證（conversational model）（Keough, 1992: 110）。當今社會日益多元化，政策涵蓋的範圍極為廣泛，事情千頭萬緒，即使政策論證事先如何以書面文字作充分的準備，皆有可能因掛萬漏一。小小的差錯，而導致全盤皆輸。因此平面的、靜態的傳統語藝式論證，已逐漸顯現出其不足之處。而且，目前面對面的政策辯論、溝通協調談判，講求臨場的隨機應變，無所不在。例如內閣會議中的政策辯論、立法院的針鋒相對、電視的政策對談、聽證會、討論會中的唇槍舌戰，以致於一般市井的街談巷議，對話式論證使用的機會便愈來愈多。倘若能靈活的運用對話式論證，當能有效提升政策溝通協調談判的成功率。就此而言，對話式論證的研究，是有其必要的。西方學者對此問題的研究，已有相當成就（Jackson & Jacob, 1980; Canary et., al., 1987; Canary, Weger & Stafford 1991; Meyers, Seibold & Brashers, 1991; Keough, 1992）；反觀國內，相關的研究仍未開始，中文資料幾付闕如。積極從事中文資料的政策論證對話模式的整理及研究，乃成為當務之急。而本章的撰寫可提升我國廟堂之上論證的水準，脫離政策論證的粗魯的肢體衝突。

　　本章試從對話式政策論證的意義、特質、結構及功能、與傳統語藝式模式之比較加以研究，最後探討其效用性。

---

[*]　本文修改自：張世賢，1996，〈政策論證對話模式之探討〉，《中國行政評論》，5(4)：1-62。

貳、政策論證對話模式的意義

　　在公共政策的研究領域中，政策溝通談判是一門相當重要的課題（張世賢，1994：17-25）。政策溝通，相關當事人必須彼此都能懂，並且相互接受對方的意見，從而改變原來的心意、看法，最後願意降低彼此的要求（也就是退讓），以便達成協議。至於對方是否願意接受，則要看論證（argument）是否持之有固、言之成理了。

　　由於現今社會的日益多元化，每個人可以有不同的想法、觀點與利益。在溝通協調的過程之中，相關當事人往往堅持自己的主張。但為了要共同解決問題，則又必須瞭解對方不同的立場與觀點；而是否能讓對方接受，端賴是否言之有理，能以理服人，於是「論證」就很重要了。William N. Dunn認為「政策分析乃是一門應用的社會科學，其在論證（argumentation）和公共辯論（public debate）中運用多種研究調查建立、批判並傳播政策相關知識（1994: 84）。」G. Majone並且認為政策分析就是論證的過程（process of argument）（1989: 7）。

　　對話式的論證在政策溝通協調談判中扮演相當重要的角色。Sawyer & Guetzkow（1965: 477）甚至認為對話式的論證是整個政策溝通、協調、談判的核心。在你來我往、唇槍舌劍的溝通談判中，以論證為刀刃，所說的話是否厲害，在於理強，而非聲音大、情緒重。當一方進行論證時，另一方可以提出反論證；亦即，彼此可以針對對方所做的提議予以駁斥，或針對對方的提議，在無法接受時，提出反提議，然後視對方的後續反應，決定是否同意、接受或退讓。其整個過程的核心就在於論證（Keough, 1992）與提議（Tutzauer, 1992）。

　　然而，談判中常常只見到提議而未見論證。這種情況其實是論證早已隱含在提議之中了。舉例來說，在買衣服，買賣雙方討價還價，當賣方叫價一千元，而買方殺價為五百元時，買方還價的五百元裡，事實上就隱含了論證：亦即認為這衣服沒有那麼昂貴，其質料、價值應該五百元就足夠了。於是提出反提議：五百元如何？其中就隱含了「論證」，只是沒有明講出來而已。因此，這種有形無形、一來一往的論證過程，在溝通談判中

扮演著重要的角色。

　　簡言之，對話式的政策論證就是在口語對話中，對話人為爭取對方支持政策方案，所做的論述。分析其內涵為：

一、口語的

　　用嘴巴講，表現出來的是聲音；不是書面的、文章的。傳統語藝模式的論證屬於文章式的，而對話模式的論證則是口語的，例如在戰國時代，遊說之士在王庭辯爭政策，都是屬於口語式的；而臣僚上奏章，諫諍政策得失，是屬於文章式的。

二、要有對話人

　　1. 對話模式的論證至少要有兩個對話人，彼此相互對話，對話過程中亦得容許其他人加入對話。加入後，亦得容許對話人退出，只剩下兩人。對話至少要隨時維持兩人才能對話。傳統修辭模式的論證只是單方面的構思並表達，其內容可以包括正反兩方面的論證，相互辯駁。

　　2. 對話人輪流講話。一個對話人講話後，換另一對話人講話。占有講話的機會，稱「turn-taking」，如果始終都是一個人在講，另一個人在聽，沒有機會講話，便不稱為對話。該二人亦不稱「對話人」。

　　3. 有時間序列，對話有順序。

三、現場（即時）的

　　對話模式的論證要當場把「理」講出來，以折服對方。既然是當場，就要有場地；如王庭、內閣會議、國會院會、委員會會議、聽證會、辯論會、討論會、座談會等。而傳統修辭模式的論證可以是寫在奏章、陳情書、建議書、政策白皮書、政策說帖，可以印在公告、公報、報紙、傳單等，相關人可以隨時隨地檢閱。

四、有爭取對方支持的用意

1. 對話人要爭取對方支持，必須先維持「能夠進行對話」、如果對方不願意或沒有心情進行對話，便無從爭取對方支持。當事人應立即主動停止對談，否則只是在浪費時間。戰國時代，張儀第一次見秦王的故事，便是很好的例子，張儀見秦王心不在焉，便只是唯唯諾諾，未提出他的政策主張，便結束了這一次召見。

2. 如果對方已願意對談，如何維持能夠繼續進行對話，而不致「話不投機，半句多」呢？H. P. Grice，1967年在哈佛大學講演提出：(1)「合作原則」，表示對話雙方要本著相互合作，談及相關話題，提供適當的資訊，否則對話勢必被迫中止；(2)「品質原則」，自己認為錯的話不要說，自己沒有把握、沒有證據的話不要說；(3)「量的原則」，只對談論的話題提供適量的資訊，不要提供過多的資訊；(4)「相關的原則」，只對談論的話題提供相關的資訊，不要提不相關的資訊；(5)「方式的原則」，語詞表達要儘量清晰、明確，避免含糊、模稜兩可，語句簡短、清楚，說話要有次序，不可語無倫次（Levinson, 1983: 100-102）。並且雙方面避免「說教」、「指導」的口吻，只是在做適當資訊的交換，講一段話後，有技巧地停下來，讓對方講話（turn-taking），如此對話才可以進行，而不是一面倒，只是單方面在講話。

3. 所有口語（verbal speaking）都是績效的（performative），都由「口語行為」（speech acts）所構成（Searle, 1969）。口語行為與身體行為（physical acts）不同。口語行為，一經嘴巴意思表示，嘴巴所表示的「事」既已完成，無須另外以身體去完成。例如「我建議（move）散會」、「我辭職（resign）」、「我提名（nominate）某人為候選人」、「我答應（promise）給你們升遷」、「我處罰（fine）你們二百元」、「我同意（agree）合約」、「我警告（warn）你，抽菸對你有害」……等等。但是身體行為如開門、關燈、跳遠、蓋房子……等都需有手、腳等動作才能完成。口語行為是有「用意的」（illocutionary），並且會產生「效應」（perlocutionary）。例如「我警告你，抽菸對你有害」，含有用意：

要你戒菸，或少抽菸。並且對你產生影響：如果你要健康，你要不要考慮少抽煙或戒煙。由此，政策論證的對話模式都有「用意」，並要對方支持的用意。見實例6-1「孟子見梁惠王」，梁惠王要孟子「利」魏國，而孟子提出「仁義」政策，兩者均有要對方支持的用意。

實例6-1　孟子見梁惠王

順　序	對話人	訊　息（對話內容）	分　析
		孟子見梁惠王	地點
1.1	梁惠王	叟！	敬稱
1.2		不遠千里而來，	事實
1.3		亦將有以利吾國乎?	提議
2.1	孟子	王！	敬稱
2.2		何必曰利？	反對
2.3		亦有仁義而已矣！	主張
．	．	．	．
．	．	．	．
．	．	．	．

資料來源：《孟子・梁惠王篇第一》：1。

五、有爭議的政策議題

　　政策論證對話模式，必須要有爭議的政策議題，但對話人間不限於相互尖銳衝突。在實例6-1中，梁惠王與孟子均有各自的提議或主張，並且差異甚大，不知誰優誰劣，因此要辯論一番，這是有衝突的爭議。另外一種情形是一（甲）方已有他的政策主張，另一（乙）方卻未有不同的主張。甲方希望乙方支持他的政策主張，提出政策論證，而乙方並不輕信，或並不輕易接受甲方的政策主張，而提出質疑，或甲方一再說服乙方，使乙方接受乙方原本並不十分贊同的主張（如實例6-2），均稱為有爭議

（have arguments），Daniel J. O'Keefe稱為「argument 2」，以別於提出論證（make arguments），他稱為「argument 1」（1977: 121-28）。爭議在政策論證對話模式是明顯的、具體的、甚至尖銳的。對話人各自為自己的目的提出政策論證。

實例6-2　貂勃常惡田單

順　序	對話人	訊　息（對話內容）	分　析
	齊王庭		地點
1.0	齊襄王	召相田單而來！	命令
2.1	貂勃	王惡得此亡國之言乎？	主張
2.2		王，上者孰與周文王？	比較
3.0	齊襄王	吾不若也。	承認
4.1	貂勃	然，臣固知王不若也。	同意
4.2		下者孰與齊桓公？	比較
5.0	齊襄王	吾不若也。	承認
.	.	.	.
.	.	.	.
.	.	.	.

資料來源：《戰國策・齊六》：317。

六、建構政策論證

　　對話人要爭取對方支持其主張或提議，必須建構其論證（make arguments）。建構論證有布局、策略和技巧，並且要遵守論證規則，有如下棋（Jackson & Jacobs, 1980: 252）。政策論證是達成其政策主張或提議的工具（Keough, 1992: 113），要就相關的政策資訊經由邏輯推理，加以引申擴大（amplification），貼切（erotetic）所爭議的論題，並針對不同的對話人具有多變性（diversity），以及整個政策論證自成一個體

系（system），首尾相銜接（Dunn, 1994: 95），而其核心則是簡易的三段論法的演繹過程（process of enthymenatic deduction）（Dunn, 1994: 97; Jackson & Jacobs, 1980）。

參、政策論證對話模式的特質

由以上分析，對話式政策論證有下列幾個特質：

一、對話式論證是一開放動態的過程

提議後對方的反應為何（是否聽懂、懂的成分、懂後接受或懷疑）？如果懷疑，是否要反駁？當自己提出的理由受到攻擊時，能否站得住腳，並為自己提出的理由予以維護加強？如此一來一往的過程是開放的、動態的。在對話人輪（turn）到他講話的機會，他的對話時間是延續的、序列的、開展的。對方必須隨時應付，即時回答或詢問。換言之，對話式論證，也就是同一主張或提議，若從某一方面來講，對方不大接受時，除加以補充說明清楚以外，則轉換另一個角度來講，並可能再轉換其他各種角度來講，以期獲得對方的瞭解、接受，以獲得支持的動態過程。而對方可能亦不甘示弱，一再質詢。

二、對話式論證是一對對，正反兩方，一問一答的辯證

在開放動態過程中，對話式論證必須有一對對，正反兩方，對話一問一答，從「辯」的正、反兩面相互比較，可得知居於優勢的一方與劣勢的一方，其正確或不正確，在兩者相互較量之下，有如下棋一樣，你下一步後，對方下另外一步，你再下一步，一直連續相互各下一步，到最後分出勝負，便產生辯證的完整觀點。

三、就此而言，對話式論證激發對話人的知識、臨機應變

　　對話人之所以臨場產生知識，要從知識論提起。知識論所探討的是如何建立一個有系統、扎實且嚴謹的知識，始於理論的推演，而終於實際的應用。不同的社會型態需要不同的知識，處於現今日益分歧、多元的社會中，每個人有各自的想法，而如何加以整合，在政策論證上則需要公共政策的知識與溝通協調談判的技巧來達成。論證與知識論之間存在著極為密切的關聯。論證之所以被對方接受，原因就在於論證必須以知識論為基礎。論證既是一種知識的「方法」，也是一種說服的「技巧」。所謂知識的方法，對論證來說，也就是在問與答中進行「辯證」的交換，彼此針鋒相對、交換資訊，一方面發揮調查的作用，一方面擴展知識的領域，從中攝取所需的真實資訊以利目標的達成。

四、對話式論證是由雙方共同產生

　　對話式論證必須提出理由，而為什麼這樣提出理由，依對方而定。不過，基本上所提出的理由亦要符合人性。所謂人同此心，心同此理，在理性的基礎上，彼此透過頭腦與知識的激盪，判斷對方需要什麼，然後決定如何建構論證（argument-making）。因此，論證的理由必須依對方而定，且是健全、充分、扎實的，才能有效地產生力量。

　　不過，論證是否能奏效，因對方的「認知的定向」而異。同一件事情，其道理為何，我們可從各種不同的角度來說，這跟論證者的認知定向有極大的關係。不同的認知定向，則產生不同的道理。在對話的過程中，如果對方與我方有不同的認知定向，以我方認知定向提出論證，對方便不容易接受我方的意見；然而，提出論證的人只要懂得對方認知關鍵（key）所在，便能迎刃而解。這好比喻開不同的門要有不同鑰匙的道理一樣，「認知定向」對於提論證的人而言，其理亦同。

　　除了論證因對方而異之外，其表達的方式亦要依對方而異。「理」透過話語被敘述出來，敘述的本身即是一種產品。雙方唯有透過理性的溝通進而產生交集，也就是所講的話要能與對方的心相連接，才能引起對方的

共鳴,並產生共同的觀點。這就是共同的產品,而「理」即蘊含於其中。因此,從知識論的角度來看,論證便是從「理由支持主張」、「論證者的認知定向」及「論述的共同產品」中產生了知識(Keough, 1992: 109)。

由此可見,在一來一往的辯論過程中,相關當事人不僅可以補充原來所不知道的資訊、理由,激發思考產生不同的觀點,同時亦可藉以鑑定對方所說是否有理,然後與對方配合銜接,使互相接受而產生共同的產品。換言之,透過嘗試錯誤法在辯論中慢慢瞭解對方,經由溝通協調的過程,達成我方政策的主張。

五、對話式論證意圖立即改變對方的政策觀點

對話式論證本身在於不斷地在一來一往中說明,使對方瞭解我方的主張、觀念和要求,改變對方的政策觀點,並從而接受我方的主張或提議,並改變原來的觀點(Ford & Ford, 1995)。也就是說,在對話的過程中,使對方願意改變心意,接受我方的主張。對話人在辯論過程中,不斷說明,在說明中不斷提供「說明」資訊。資訊是決策的基礎。資訊左右判斷,因此對話人在辯證過程中提供正確完整的資訊令對方做出正確的決策,亦即改變原先的觀點。對話人從對方所獲得的資訊(information),表現在對話人間對答的內容稱訊息(message)。

茲舉實例6-3來說明論證的五種特質:

實例6-3　公輸般為楚設機

順　序	對話人	訊　息(對話內容)	分　析
		公輸般為楚設機,將以攻宋。墨子聞之,百舍重繭,往見公輸般。	
1.1	墨子	吾自宋聞子。	敬語
1.2		吾欲藉子殺(宋)王。	提議〔虛〕
2.0	公輸般	吾義固不殺。	反對(1.2)
3.1	墨子	聞公為雲梯,將以攻宋。	訊息
3.2		宋何罪之有?	詢問

順　序	對話人	訊　息（對話內容）	分　析
3.3		義不殺王而攻國，是不殺少而殺眾。	擴充
3.4		敢問攻宋何義也？	詢問
4.0	公輸般	服焉。	同意

資料來源：《戰國策・宋衛》：851。

　　實例6-3，表現對話式論證是(1)開放、動態的過程；(2)一對對、正反兩方、一問一答的辯證；(3)激起對話人的臨機應變；(4)雙方共同產生論證：義不殺無罪之人；(5)意圖改變對方的觀點：墨子要公輸般放棄攻宋。

肆、政策證論對話模式的結構

　　政策論證模式主要有兩種：一是傳統的語藝模式，二是對話模式（Keough, 1992: 110）。傳統語藝模式，語藝首重扼要、清楚，「語」達而已矣，「藝」使語能達意，並避免不必要的聯想及額外或負面的問題產生。例如把「屢敗屢戰」說成「屢戰屢敗」，雖在描述同一件事，但閱讀者的感受卻有天壤之別。因為這容易引起不必要的負面聯想。傳統的語藝模式著重於如何地清楚表達，讓對方注意力集中在我們所欲表達的事物上，並避免產生額外的觀點與誤解。

　　對話式論證，則有別於傳統語藝式之平面、靜態、可慢慢思考、可修改的特性，對話式論證是現場的、即時的、互動的，有賴於機智靈活應付的。其結構有如下幾點：

一、對話式論證以一問一答的對話為基本結構

　　它是問答式的，一問一答、對對（adjacency pairs）相連，意願、同意、措詞、連續開展。在爭論中講究措詞，其中包含理性、感情、音調、言詞表達的方式及所造成的效果。每一對對，先發言者（I: Initiator），

Jackson & Jacobs（1980: 252）用FPP（First Pair Party），其後，反應者（R: Responser），第二個發言者用SPP（Second Pair Party）。對話式論證的結構形成數組的對對（adjacency pairs）的組合。每一對是問（question）答（answer）、請求（request）給予（grant）或拒絕（refusal）、吹噓（boast）贊賞（appreciation）或嘲笑（derision）、發動（initiation）反映（response）等。例如實例6-4，對話人魯肅先講一段話，魯肅即為第一位對話人（FPP），先發動（I）提出問題（Q），第二位對話人（SPP）周瑜回答（R），一問一答一直接續下去。對話人所講的話稱訊息（message），講話的機會順序稱 turn，如魯肅講了一段話，輪到周瑜講，有時間先後順序，並標出對話順序，以阿拉伯數字表示，見實例6-4。

實例6-4　孔明用智激周瑜：魯周對答

順　序	對話人	訊　息（對話內容）	分　析
1.	魯肅	今曹操驅眾南侵，和與戰二策，主公不能決，一聽於將軍。將軍之意若何？	FPP（I）
2.	周瑜	曹操以天子為名，其師不可拒。且其勢大，未可輕敵。戰則必敗，降則易安，吾意已決。來日見主公，便當遣使納降。	SPP（R）
3.	魯肅（愕然）	君言差矣。江東基業，已歷三世，豈可一旦棄於他人？伯符遺言，外事付託將軍，今正欲仗將軍保全國家，為泰山之靠，奈何亦從懦夫之議耶？	FPP（I）

順　序	對話人	訊　息（對話內容）	分　析
4.	周瑜	江東八郡，生靈無限，若罹兵革之禍，必有歸怨於我，故決計請降耳。	SPP（R）
5.	魯肅	不然。以將軍之英雄，東吳之險固，操未必便能得志也。	FPP（I）
		．	．
		．	．
		．	．

資料來源：《三國演義，第44回》：274。

二、對話式論證的過程由六要素構成

依據Canary, Weger & Stafford（1991）研究，提出對話式論證過程的六要素，其用於夫妻對話之研究，為適合應用於政策論證之研究，略加以修正其內容為：

（一）起始（starting points）：起始是指對話人希望對方接納的主張（assertion）或提議（proposition），但有時為避免對方關閉對話之門，將自己的主張隱藏起來，等待營造好時機後才提出來。

（二）發展（developing points）：發展論證，企求改變對方原先的觀點，並爭取對方支持與接受。有精緻（elaboration）、擴充（amplification）、辯明（justification）等方式。

（三）會集（convergence marker）：同意（agreement）或承認（acknowledgment）對方所提供之訊息。

（四）激起（prompters）：前述訊息不被對方接受，激起不同的意見，有反對（objection）、拒絕（refusal）、挑戰（challenge）、回應（response），稱為激起，因此仍須深入對話。

（五）限定（delimiters）：有些訊息會限制討論主題。

（六）無論點（nonarguments）：某些訊息不具立即論證的功能。

另外，對話式政策論證的進行要有背景、地點（場合），並有其情緒：口語表達的狀況和相配合的肢體動作。詳見表6-1。

表6-1　政策論證對話過程的要素

背景	
地點	
起始	
詢問（question）	對話人探詢對方之主張。
主張（assertion）	對話人要求對方支持的主張；或回答對方之主張。
提議（proposition）	對話人要求對方配合或支持的方案（要求）。
發展	
精緻（elaboration）	對話人提煉或歸納、或簡結中心主旨。
擴充（amplification）	對話人由政策相關之訊息（事實、原理、通則、理論、比喻）明確推論（推演）的論述。
辯明（justification）	對話人解說某一訊息的定位、或真義、或合理性。
會集	
同意（agreement）	對話人贊同某一主張或提議。
承認（acknowledgment）	對話人接受某一訊息的真實性。
激起	
反對（objection）	對話人不贊同某一政策主張。
拒絕（refusal）	不接受某一政策方案。
挑戰（challenge）	對話人提出不同的政策相關訊息，與其競爭真實性、有效性、合理性。
對比	對話人對某一訊息不僅不贊同（接受），並且再進一步提供新的資訊，加以對比，擋回去。
限定	
架框（frame）	對話人設定探討議題的框架〔視框〕。

限定範圍	對話人限定論述的範圍。
消除雜音	對話人消除議題以外的雜音。
無論點	
無論點（nonargument）	不具論證意義的陳述。
重複	未有增加新內容的語詞。
緩和	緩衝不愉快場面的語詞。
自信	
謙遜	
誇耀	
命令	
情緒	口語表達情況、肢體動作：讚賞、貶損、動怒、譏笑……。

資料來源：參考並修正Canary, Weger, and Stafford, 1991: 161。

　　其中發展論證，即建構論證（making argument），其基本結構Govier（1988: 125）建構圖6-1。(1)為前提（premise），(2)為結論（conclusion），由前提發展至結論。「發展至」以箭線（→）表示。(1)、(2)亦表示語辭次序，上下差距，由左上發展至右下，其間上下差距表示發展之深度。例如「我思，故我在」。「我思」為前提，「我在」為結論。

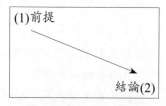

圖6-1　政策論證基本結構圖（A式）

　　Govier的論證基本結構都是由「前提」發展至「結論」，可是在對話之中，對話人不一定先講「前提」後講「結論」，有時亦先講「結論」，

然後再說明「導至」結論的前提，例如「我思，因我在」。其結構圖便如圖6-2。

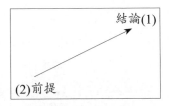

圖6-2　政策論證基本結構圖（B式）

這種對話式論證結構與傳統修辭式論證結構不同，如與William Dunn, Alec Fisher的論證結構相比較，其基本結構為圖6-3：

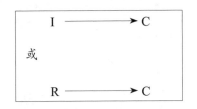

說明：I: Information（Dunn所用）
R: Reason（Fisher所用）
C: Claim

圖6-3　論證基本結構圖（C式）

I為政策相關的資訊（policy-relevant information），C為政策主張（policy claim）（1994: 66）。從(1)發展（develop）到(2)，或從I載運到（vehicle）（Dunn用語，1994: 66）到C，均要等合：

可接受（acceptability）；

相關（relevance）；

充分的辯護根基（adequacy of ground）。

符合者稱為ARG論證，即健全的論證（cogent argument）（Govier, 1988: 63）。但要如此發展談何容易，William Dunn根據Stephen Toulmin,

R. O. Mason, I. I. Mitroff加以發揮為圖6-4：

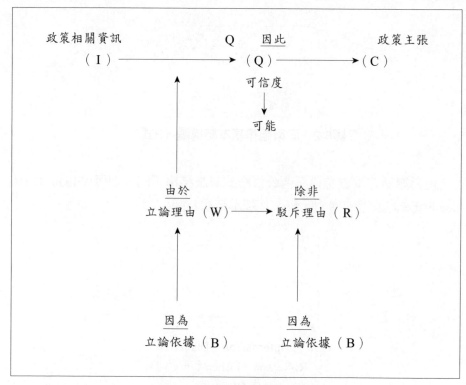

政策相關資訊　　　　　　　Q　　因此　　　　　　政策主張
（Ｉ）─────────▶（Q）──────▶（C）

可信度

可能

由於　　　　　　　　除非
立論理由（Ｗ）────▶駁斥理由（Ｒ）

因為　　　　　　　　　因為
立論依據（Ｂ）　　　　　立論依據（Ｂ）

圖6-4　Dunn政策論證結構

資料來源：Dunn, 1994: 105.

　　正反兩方面的立論理由（warrant）、支持理由（backing）、駁斥理由（rebuttal）等，在對話式論證，即成為雙方針鋒相對的對話內容。Canary, Weger和Stafford以三種方式來發展對話式論證：

　　1. 精緻（elaboration）：將前提的「內部訊息」經由提煉（提出要點）、歸納（將數事實歸結於一共通點）、簡結（導至中心主旨），成為結論（政策主張，或支持政策主張的論點）。反方向亦然。先提出結論，再說明為何有此結論之前提，其間過程是經由提煉、歸納、簡結而來。例如：

(1) 提煉：〔前提〕管仲相桓公，霸諸侯，一匡天下；樂毅扶持微弱
　　　　　　　　之燕，下齊七十餘城；

　　　　　〔結論〕此二人者，真濟世之才也。

(2) 歸納：〔前提〕劉豫州〔備〕未得先生〔孔明〕之時，尚且縱橫
　　　　　　　　寰宇，割據城池…先生自歸劉豫州〔劉備〕，曹
　　　　　　　　兵一出，棄甲拋戈，望風而竄…棄新野、走樊
　　　　　　　　城、敗當陽、奔夏口，無容身之地…

　　　　　〔結論〕是豫州既得先生之後，反不如其初也。

(3) 簡結：〔前提〕臣聞之胡齕，王坐於堂上，有牽牛而過於堂下
　　　　　　　　者，王見之。

　　　　　　　　王曰：「牛何之？」…

　　　　　〔結論〕是心足以王矣！

2. 擴充（amplification）：將前提的訊息（(1)事實，或(2)原理、通
則、理論，或(3)比喻等），經由向前或向外推演成結論（政策主張，或支
持政策主張的論點）。例如：

(1) 由事實擴充：〔前提〕軍敗於當陽，計窮於夏口，區區求救於
　　　　　　　　　人，而猶言不懼。

　　　　　　　〔結論〕此真大言欺人也！

(2) 由原理擴充：〔前提〕人口過剩，減損經濟成長。

　　　　　　　〔結論〕需勵行節育。

(3) 由比喻擴充：〔前提〕高祖〔劉邦〕起身亭長，而終有天下；

　　　　　　　〔結論〕織席販履〔按指：劉備〕，又何足為辱
　　　　　　　　　乎？

3. 辯明（justification）：對於前提的訊息（身分、形象、立場、觀
點、主張等），以某一價值標準，釐清其(1)定位、或(2)真義、或(3)合理
性。辯明與澄清（clarification）不同，辯明著重在價值標準的合理性；而
澄清著重事實的真實性。例如：

(1) 定位：〔前提〕蘇秦佩六國相印，張儀兩次相秦，皆有匡扶人國
　　　　　　　　之謀。

　　　　　　〔結論〕步子山以蘇秦、張儀爲辯士，不知蘇秦、張儀亦
　　　　　　　　　　豪傑也。
　　(2) 眞義：〔前提〕劉豫州以數千仁義之師，安能敵百萬殘暴之眾？
　　　　　　〔結論〕退守夏口，所以待時也。
　　(3) 合理性：〔前提〕今皇叔〔劉備〕用詭計，奪占荊襄，使江東
　　　　　　　　　〔東吳〕空費錢糧軍馬，而皇叔安受其利。
　　　　　　〔結論〕恐於理未順。所有荊州九郡合當歸於東吳。

三、對話式論證強調對話中的言辭技巧而建構其結構，而非只是主張與理由

　　所謂言辭技巧，是指講話時的用詞、遣字、策略、動作、表情、聲調、音色等等，屬於言辭技術面，現場中雙方皆能看得到、聽得到，真正感受得到其內涵。而主張與理由，相較之下，便不如言詞表現那麼明顯於外，主張與理由係隱藏在言詞表達的深層結構中，無法從表面立即看出。對話論證強調如何講、如何表達，而主張與理由則隱藏在言辭技巧之中，往往要到最後關頭才能水落石出，明白對方的主張與理由。在實例6-5（陳建生，1996），米納里的主張是隱藏的，一直到最後才「水落石出」見真章，在對話過程中，聽者只聽到他的對話技巧，而米納里亦著重在言辭技巧，不敢露出他的底牌「謀一官半職」。

實例6-5　米納里的對話論證

　　前蘇聯土庫曼有這樣的傳說，相傳著名詩人米納里（西元1441-1501年）向一個牧主借了一百隻肥綿羊，把牠們趕到王國首都的市場上，叫賣著說：「我可以賒給每位顧客一隻羊，等到你們的國王死亡了以後，才收錢。」由於買羊可以賒帳不用付現金，所有的羊很快就賣完了。

　　米納里爲什麼要做這種虧本生意？又爲什麼選用國王死亡這麼敏感又是國王最忌諱的話題作爲付款的條件？又爲什麼選擇在京畿之地做這件事？

　　國王蘇丹‧瑟尤得知後，要人把米納里帶來，破口罵道：「壞商人！你欠帳賣羊直到我死了才收錢是什麼意思？你分明在向上帝禱告，咀咒我快快死了，你好收得到錢。今天你要是不給我一個明確交代，看我怎麼對付你！」

　　這是國王依據米納里的論述，展開問答式相接應，在「問」「答」中進行辯證的交換，達到求真（實際狀況）、求切（實際要的）及擴展資訊的調查作用。

　　米納里不慌不忙地回答，態度極為懇切：「陛下，我是賣了一百隻羊，說要等你死了才收錢。但是，如果我一個懇求上帝願您早死的話，那麼一百個買羊的人他們不也相對地懇求上帝保祐您活得更久？英明的國王陛下，如果您是上帝的話，您會重視誰的請求？一個人的呢？還是一百個人的？」

　　米納里這段辯證的模式，是屬於分析型的，辯證的基礎著重方法，而立論理由在一百對一的多數（一種數理分析）。國王聽了，極為高興地說：「說得好！說得好！難得您會設身處地為我設想，真是用心良苦。不知你是否願意留下來幫我做事？」米納里一聽，欣然答應。國王也就把他留下來聘為謀士，經常在作決定的時候，總不忘了諮詢他的意見。

　　經過一來一往的互動，米納里的論述終於爭取到國王的支持，也獲聘為國王的謀士，如願以償。

四、對話論證的結構是雙方共同的

　　講話者因應對方的情況（背景、條件）、感受、內心狀況表達出來，因此其所做的表達是因對方而異的，論證可以說是彼此間相互配合，共同產生的。在實例6-6（壹）中，孔明與魯肅的對話，孔明「自有對答之語」「見機而行」符合對話論證的結構是由雙方共同表現。在其他對話中，孔明與張昭、虞翻、步騭、薛綜、陸績、嚴畯、程德樞等七人各有不同的對話論證結構，因對方不同，所問問題不同，所回答的論證亦不同。

實例6-6　諸葛亮舌戰群儒
壹：孔明與魯肅

順　序	對話人	訊　息（對話內容）	分　析
1.0	魯肅	先生見孫將軍，切不可實言曹操兵多將廣。	提議
2.0	孔明	不須子敬叮嚀，亮自有對答之語。	論證結構，要依對方情況而定，如何論證，是對話人共同產生。
...	...	...	...
		次日，魯肅見孔明。	
3.0	魯肅	今見吾主，切不可實言曹操兵多。	提議（再三叮嚀）
4.0	孔明（笑）	亮自見機而行，決不可誤。	對話式論證結構只能見機行事，極富現場性。
...	...	...	...

貳：孔明與張昭

順　序	對話人	訊　息（對話內容）	分　析
		肅乃引孔明至幕下，早見張昭，顧雍等一班文武二十餘人，峨冠博帶，整衣端坐。孔明逐一相見，各問姓名。施禮已畢，坐於客位。	地點
1.1	張昭	昭乃江東微末之士，	謙遜
1.2		久聞先生高臥隆中，自比管、樂。此語果有之乎？	詢問

順　序	對話人	訊　息（對話內容）	分　析
2.0	孔明	此亮平生小可之比也。	承認
3.1	張昭	近聞劉豫州三顧先生於草廬之中，幸得先生，以爲如魚得水，思欲席捲荊襄。	事實
3.2		今一旦已屬曹操，未審是何主見？	詢問
4.1	孔明	吾觀取漢上之地，易如反掌。	自信
4.2		我主劉豫州躬行仁義，不忍奪同宗之基業，故力辭之。	主張
4.3		劉琮孺子，聽信佞言，暗自投降，致使曹操得以猖獗。	主張
4.4		今我主屯兵江夏，別有良圖，非等閒可知也。	自信
5.1	張昭	若此，是先生言行相違也。	反對
5.2		先生自比管、樂。管仲相桓公，霸諸侯，一匡天下；樂毅扶持微弱之燕，下齊七十餘城；此二人者，眞濟世之才也。先生在草廬之中，但笑傲風月，抱膝危坐；今既從事劉豫州，當爲生靈興利除害，剿滅亂賊。	比喻
5.3		且劉豫州未得先生之時，尚且縱橫寰宇，割據城池，今得先生，人皆仰望，雖三尺童蒙，亦謂彪虎生翼，將見漢室復興，曹氏即滅矣。朝廷舊臣，山林隱士，無不拭目而待，以爲拂高天之雲翳，仰日月之光輝，拯斯民於水火之中，措天下於席之上。	對比

順 序	對話人	訊 息（對話內容）	分 析
5.4		在此時也。何先生自歸豫州，曹兵一出，棄甲拋戈，望風而竄；上不能報劉表以安庶民，下不能輔孤子而據疆土；乃棄新野，走樊城，敗當陽，奔夏口，無容身之地？	對比
5.5		是豫州既得先生之後，反不如其初也。管仲樂毅，果如是乎？	歸納
5.6		愚直之言，幸勿見怪。 孔明聽罷啞然而笑！	謙遜
6.1	孔明	鵬飛萬里，其志豈群鳥能識哉？譬如人染沉痾，當先用糜粥以飲之，和藥以服之；待其臟腑調和，形體漸安，然後用肉食以補之，猛藥以治之，則病根盡去，人得全生也。若不得氣脈和緩，便投以猛藥厚味，欲求安保，誠爲難矣。	比喻
6.2		吾主劉豫州，向日軍敗於汝南，寄跡劉表，兵不滿千，將止關、張、趙雲而已；此正如病勢尪羸已極之時也。新野山僻小縣，人民稀少，糧食鮮薄，豫州不過暫借以容身，豈眞將坐守於此耶？	事實
6.3		夫以兵甲不完，城郭不固，軍不經練，糧食不繼日。然而博望燒屯，白河用水，使夏侯惇、曹仁輩心驚膽裂。竊謂管仲、樂毅之用兵，未必過此。	歸納

順　序	對話人	訊　息（對話內容）	分　析
6.4		至於劉琮降操，豫州實出不知。且又不忍乘亂奪同宗之基業，此眞大仁大義也。	辯明一
6.5		當陽之敗，豫州見有數十萬赴義之民，扶老攜幼相隨，不忍棄之，日行十里，不思進取江陵，甘與同敗，此亦大仁大義也。	辯明二
6.6		寡不敵眾，勝負乃其常事。	原理
6.7		昔高皇數敗於項羽，而垓下一戰成功，此非韓信之良謀乎？夫信久事高皇，未嘗累勝。	比喻
6.8		蓋國家大計，社稷安危，是有主謀，非比誇辯之徒虛譽欺人，——坐議立談，無人可及，臨機應變，百無一能。——誠爲天下笑耳！	情緒（貶損）

參：孔明與虞翻

順　序	對話人	訊　息（對話內容）	分　析
7.1	虞翻	今曹公屯兵百萬，將列千員，龍驤虎視，平吞江夏，	事實
7.2		公以爲如何？	詢問
8.0	孔明	曹操收袁紹蟻聚之兵，劫劉表烏合之眾，雖數百萬不足懼也。	主張
9.1	虞翻	軍敗於當陽，計窮於夏口，	事實
9.2		區區求救於人，而猶言不懼，此眞大言欺人也！	擴充（貶損）

順　序	對話人	訊　息（對話內容）	分　析
10.1	孔明	劉豫州以數千仁義之師，安能敵百萬殘暴之眾？退守夏口，所以待時也。	辯明
10.2		今江東兵精糧足，且有長江之險，猶欲使其主屈膝降賊，不顧天下恥笑；	擴充
10.3		由此論之，劉豫州真不懼操賊者矣。	簡結

肆：孔明與步騭

順　序	對話人	訊　息（對話內容）	分　析
11.0	步騭	孔明欲效儀、秦之舌，游說東吳耶？	詢問
12.1	孔明	步子山以蘇秦、張儀為辯士，不知蘇秦、張儀亦豪傑也。蘇秦佩六國相印，張儀兩次相秦，皆有匡扶人國之謀，非比畏強凌弱，懼刀避劍之人也。	反對
12.2		君等聞曹操虛發詐偽之詞，便畏懼請降，敢笑蘇秦，張儀乎？	擴充

伍：孔明與薛綜

順　序	對話人	訊　息（對話內容）	分　析
13.0	薛綜	孔明以操為何如人也？	詢問
14.0	孔明	曹操乃漢賊也，又何必問？	主張
15.1	薛綜	公言差矣。	反對
15.2		漢歷傳至今，天數將終。	主張
15.3		今曹公已有天下三分之二，	事實

順　序	對話人	訊　息（對話內容）	分　析
15.4		人皆歸心。	事實（？）
15.5		劉豫州不識天時，強欲與爭，正如以卵擊石，安得不敗乎？	擴充
16.1	孔明	薛敬文安得出此無父無君之言乎！	架框
16.2		夫人生天地間，以忠孝爲立身之本。公既爲漢臣，則見有不臣之人，當誓共戮之，臣之道也。今曹操祖宗叨食漢祿，不思報效，反懷篡逆之心，天下之所共憤。	擴充
16.3		公乃以天數歸之，眞無父無君之人也！不足與語，請勿復言。	消除雜音

陸：孔明與陸績

順　序	對話人	訊　息（對話內容）	分　析
17.1	陸績	曹操雖挾天子以令諸侯，猶是相國曹參之後。	辯明
17.2		劉豫州雖云中山靖王苗裔，卻無可稽考，	辯明（？）
17.3		眼見只是織席販履之夫耳，何足與曹操抗衡哉！	擴充、主張
18.1	孔明	公非袁術座間懷橘之陸郎乎？請安坐聽吾一言。	緩和
18.2		曹操既爲曹相國之後，則世爲漢臣矣；今乃專權肆橫，欺凌君父，是不惟無君，亦且蔑祖；不推漢室之亂臣，亦曹氏之賊子也！	擴充

順　序	對話人	訊　息（對話內容）	分　析
18.3		劉豫州堂堂帝冑，當今皇帝，按譜賜爵，何云無可稽考？	辯明
18.4		且高祖起身亭長，而終有天下；織蓆販屨，又何足為辱乎？	比喻
18.5		公小兒之見，不足與高士共語！	貶損

柒：孔明與嚴畯

順　序	對話人	訊　息（對話內容）	分　析
19.1	嚴畯	孔明所言，皆強詞奪理，均非正論，不必再言。	無論點
19.2		且請問孔明治何經典。	詢問
20.1	孔明	尋章摘句，世之腐儒也，何能興邦立事？	原理
20.2		且古耕莘、伊尹、釣渭、子牙、張良、陳平之流、鄧禹、耿弇之輩，皆有匡扶宇宙之才，未審其生平治何經典。	比喻
20.3		豈亦效書生區區於筆硯之間，數黑論黃，舞文弄墨而已乎？	貶損

捌：孔明與程德樞

順　序	對話人	訊　息（對話內容）	分　析
21.0	程德樞	公好為大言，未必真有實學，恐適為儒者所笑耳。	主張

順　序	對話人	訊　息（對話內容）	分　析
22.1	孔明	儒有君子小人之別。君子之儒，忠君愛國，守正惡邪，務使澤及當時，名留後世。若夫小人之儒，惟務雕蟲，專工翰墨；青春作賦，皓首窮經；筆下雖有千言，胸中實無一策。	原理
22.2		且如揚雄以文章名世，而屈身事莽，不免投閣而死，此所謂小人之儒也。雖日賦萬言，亦何取哉！	事實

資料來源：《三國演義，第43回》：266-270。

五、對話式論證結構由對話中言詞表達的可爭論（arguable）和辯護、修補（repair）情況所構成

Jackson & Jacobs（1980）歸納成下列四種：

（一）對話中敘明理由：在對話中，本來要言簡意賅，但對話人往往在對話中，不論「問」或「答」，都可能一併敘明「攻」或「防」的措詞，而使得論證展開，如實例6-7（2.4-2.8）。

實例6-7（接實例1）　孟子見梁惠王（答中敘明理由）

順　序	對話人	訊　息（對話內容）	分　析
2.1	孟子	王！	（SPP）敬稱
2.2		何必曰利？	反對
2.3		亦有仁義而已矣！	主張
2.4		王曰何以利吾國，大夫曰何以利吾家，士庶人曰何以利吾身；	擴充

順　序	對話人	訊　息（對話內容）	分　析
2.5		上下交征利，而國危矣！	歸納
2.6		萬乘之國，弒其君者，必千乘之家。	擴充
		千乘之國，弒其君者，必百乘之家。	
2.7		萬取千焉，千取百焉，不得不多矣。	歸納
		苟爲後義而先利，不奪不饜。	
2.8		未有仁而遺其親者也！未有義而後其君者也！	結論
2.9		王亦曰仁義而已矣，何必曰利。	提議

資料來源：《孟子‧梁惠王篇第一》：1。

　　在孟子見梁惠王的對話中，一共只有兩次「對談機會」（turn），而孟子回答中，長篇大論把整個論證（2.4-2.8）內容都包括進去。

實例6-8　陸孔對答（問中敘明理由）

順　序	對話人	訊　息（對話內容）	意　義
1.1	陸績	曹操雖挾天子以令諸侯，猶是相國曹參之後。	辯明
1.2		劉豫州雖云中山靖王苗裔，卻無可稽考，	辯明（？）
1.3		眼見只是織蓆販屨之夫耳，何足與曹操抗衡哉？	擴充、主張
2.1	孔明	公非袁術座間懷橘之陸郎乎？請安坐聽吾一言。	緩和

順　序	對話人	訊　息（對話內容）	意　義
2.2		曹操既爲曹相國之後，則世爲漢臣矣；今乃專權肆橫，欺凌君父，是不惟無君，亦且蔑祖；不推漢室之亂臣，亦曹氏之賊子也！	擴充
2.3		劉豫州堂堂帝胄，當今皇帝，按譜賜爵，何云無可稽考？	辯明
2.4		且高祖起身亭長，而終有天下；織蓆販屨，又何足爲辱乎？	比喻
2.5		公小兒之見，不足與高士共語！	貶損

資料來源：《三國演義，第43回》：269。

　　在實例6-8中，陸績為「合理化」他的問句（1.3），以免過多的爭議，先敘明理由（1.1-1.2）。

　　（二）開端：為了避免所求或提議（proposition）未遂，請求人先行以言詞試探，一方面可以見機行事，爭取到自己的要求，或修改或放棄自己的要求；二方面可以避免爭議，免得對自己面子有損，雙方亦弄得很尷尬。在開端言詞試探中便有論證。Jackson & Jacobs稱為「presequences」（言詞開端）的結構。實例6-9中，孔明早已要連結孫權抵禦曹兵，但劉備勢小，孫權並不一定看得起劉備，願意聯合；因此在論證結構上採用「試探方式」，與一般的論證結構先有主張，再有理由，剛好相反。實例6-10中，張松本欲投曹操，但曹操是否能容納他，先行試探。最後他打消他的主張，論證結構亦剛好反過來，先有理由，最後才有主張。

實例6-9　劉孫聯軍

順　序	說話人	訊　息（對話內容）	分　析
		劉備敗走漢津口	背景
1.0	魯肅	皇叔（劉備）今將止於此乎？	詢問
2.1	孔明	使君（劉備）與蒼梧守吳臣有舊，	理由
2.2		將往投之。	主張
3.1	魯肅	吳臣糧少兵微，	事實
3.2		不能自保，	推論（一）
3.3		焉能容人？	推論（二）
4.1	孔明	吳臣處雖不足久居	理由
4.2		今且暫依之，別有良圖。	主張
5.1	魯肅	孫將軍虎踞六郡，兵精糧足，又極敬賢禮士。江東英雄，多歸附之；	事實
5.2		今為君計，莫若遣心腹往結東吳，以共圖大事。	主張
6.0	孔明	劉使君（備）與孫將軍自來無舊，恐虛費詞說，且別無心腹之人可使。	條件不足
7.1	魯肅	先生（孔明）令兄，現為江東參謀，日望與先生相見。	理由
7.2		肅不才，願與公同見孫將軍，共議大事。	主張
．	．	．	．

資料來源：《三國演義，第42回》：265-66。

實例6-10　張松欲結交曹操

順　序	對話人	訊　息（對話內容）	分　析
		益州牧劉璋遣張松為使，去見曹操，張松暗藏西川地理圖本藏之…	背景
		許都西教場	地點
1.0	曹操	汝州中曾見此英雄人物否？	詢問、誇耀
2.1	張松	吾蜀中不曾見此兵革，	貶損
2.2		但以仁義治人。	主張
3.1	曹操	吾視天下鼠輩猶草芥耳。大軍到處，戰無不勝，攻無不取。	誇耀
3.2		順吾者生，逆吾者死。	主張
3.3		汝知之乎？	威脅
4.1	張松	承相驅兵到處，戰必勝，攻必取，松亦素知。	同意（？）
4.2		昔日濮陽攻呂布之時，宛城戰張繡之日，赤壁遇周郎，華容逢關羽，割鬚棄袍於潼關，奪船避箭於渭水。	事實
4.3		此皆無敵於天下也。	反諷
5.0	曹操（大怒）	豎儒焉敢揭吾短處！	承認
		張松連夜出城，收拾回川，自思「吾本欲獻西川州縣與曹操，誰想如此慢人…」	打消原主張（隱藏）

資料來源：《三國演義，第60回》：371。

　　（三）插入（insertion sequences）的結構：是指在第一位對話人（FPP）和第二位對話人（SPP）間插入論證結構，使得第一位對話人（FPP）知難而退，第二位對話人便不用不假辭色加以反對，或可以較婉轉反對，或不用提出對第一位對話人（FPP）較刺耳的反對語辭。又分三種不同的結構，第一種的論證結構表現直接拒絕，如實例6-11（2.1-

2.3），第二種的論證結構是以對第一位對話人（FPP）亦即請求人，插入第二位對話人的「詢問」，或者「挑戰」，或「條件」，或要求「精緻化」請求，如實例6-12（2.0-4.5）。第三種的論證結構是第二對話人（SPP）插入即將發生的事，來反襯對第一對話人（FPP）原先說辭的不贊同，如實例6-13（4.3）。

實例6-11　諸葛亮智辭魯肅

順　序	對話人	訊　息（對話內容）	分　析
		赤壁之戰後，劉備乘機占有荊州。	背景
1.1	魯肅	操引百萬之眾，名下江南，實欲來圖皇叔；幸得東吳，殺退曹兵，救了皇叔。	架框（理由）
1.2		所有荊州九郡合當歸於東吳。	提議（請求）
1.3		今皇叔用詭計，奪占荊襄，使江東空費錢糧軍馬，而皇叔安受其利，恐於理未順。	辯明
2.1	孔明	子敬乃高明之士，何故亦出此言？	詢問
2.2		常言道：「物必歸主」。	主張
2.3		荊襄九郡，非東吳之地，乃劉景升之基業。吾主固景升之弟也。景升雖亡，其子尚在。以叔輔姪，而取荊州，有何不可？	擴充
3.1	魯肅	若果係公子劉琦占據，尚有可解；	同意
3.2		今公子在江夏，須不在這裡？	詢問
4.0	孔明	子敬（魯肅）欲見公子（劉琦）乎？	詢問

順　序	對話人	訊　息（對話內容）	分　析
		（便命左右請公子出來…魯肅吃了一驚，默然無語）	
·	·	·	·
·	·	·	·
·	·	·	·

資料來源：《三國演義，第52回》：319-20。

實例6-12　關羽投降曹操

順　序	對話人	訊　息（對話內容）	分　析
1.1	張遼	今四面皆曹公之兵，兄若不降，則必死；徒死無益，	推論
1.2		不若降曹。	提議一
1.3		公卻打聽劉使君音信，知在何處，即往投之。	提議二
1.4		一者可以保二夫人，二者不背桃園之約，三者可留有用之身。有此三便，兄宜詳之。	辯明
2.0	關羽	兄言三便，吾有三約。若承相能從，即當卸甲，如其不允，吾寧受三罪（未達三便之罪）而死。	反提議（條件）
3.1	張遼	承相寬洪大量，何所不容？	擴充
3.2		願聞三事。	詢問
4.1	關羽	一者，吾與皇叔設誓，共扶漢室，吾今只降漢帝，不降曹操。	條件＋主張
4.2		二者，二嫂處請給皇叔俸祿養瞻，一應上下人等，皆不許到門。	條件

順　序	對話人	訊　息（對話內容）	分　析
4.3		三者，但知劉皇叔去向，不管千里萬里，便當辭去。	條件
4.4		三者缺一，斷不肯降。	條件
4.5		望文遠急急回報。	請求
．		．	．
．		．	．
．		．	．
10	張　遼	承相允諾。	同意

資料來源：《三國演義，第25回》：155-56。

實例6-13

順　序	對話人	訊　息（對話內容）	分　析
		公輸般爲雲梯之械成，將以攻宋。墨子聞之，至於郢，見公輸般。墨子解帶爲城，以牒爲械。公輸般九設攻城之機變，墨子九拒之。公輸般之攻械盡，墨子之守固有餘。	背景
1.0	公輸般	若知所以拒子矣，吾不言。	提議（隱藏）
2.0	墨　子	吾知子之所以拒我者，吾不言。	反應
3.0	楚　王	其故？	詢問
4.1	墨　子	公輸般之意不過欲殺臣。	揭出（1.0）
4.2		殺臣，宋莫能守，可攻也。	推論
4.3		然臣之弟子禽滑釐等三百人已持臣守國之器在宋城上而待楚寇矣。	挑戰
4.4		雖殺臣，不能絕也。	結論
5.0	楚　王	善哉，吾請無攻宋矣！	同意（4.4）

資料來源：《史記·列傳54》：2350。

　　（四）後續：後續（post sequences）的論證結構是用表現在(1)對話人在反反覆覆的爭論後，不滿意的一方最後提出致命的論證，如實例6-14（7.0）；(2)對話人在對方不接受對話人請求後，提出中肯的論證，如實例6-15（5.1-5.4）；(3)對於對方己經接受之事，為充實其信心，再提出論證，如實例6-16。

實例6-14　借燕兵救魏

順　序	對話人	訊　息（對話內容）	分　析
		秦攻魏，孟嘗君求燕王出救兵。	背景
1.0	孟嘗君	先日公子常約兩王之交矣，今秦且攻魏，願大王之救之。	提議
2.0	燕昭王	吾歲不熟二年矣，今又行數千里，而以助魏，且奈何？	拒絕＋辯明
3.0	孟嘗君	夫行數千里而救人者，此國之利也。今魏王出國門而望見軍，雖欲行數千里而助人可得乎？	辯明
4.0	燕昭王	未許。	拒絕
5.0	孟嘗君	臣效便計於王，王不用臣之忠計，文請行矣，恐天下之將有大變也。	威脅
6.0	燕昭王	大變可得聞乎？	詢問
7.0	孟嘗君	秦攻魏，未能克之也，而臺已燔，游已奪矣。而燕不救魏，魏王折節割地，以國之半與秦，秦必去矣。秦已去，魏王悉韓、魏之兵，又西借秦兵，以因趙之眾，以四國攻燕，王且何利？利行數千里而助人乎？利出燕南門而望見軍乎？則道里近而輸又易矣，王何利？	推論

順　序	對話人	訊　息（對話內容）	分　析
8.0	燕昭王	子行矣，寡人聽子。	同意

資料來源：《戰國策・魏策三・秦將伐魏》：623-24。

實例6-15　借趙兵救魏

順　序	對話人	訊　息（對話內容）	分　析
		秦攻魏，孟嘗君求趙王出救兵。	背景
1.0	孟嘗君	文願借兵以救魏。	提議
2.0	趙惠文王	寡人不能。	拒絕
3.0	孟嘗君	夫敢借兵者，以忠王也。	主張
4.0	趙惠文王	可得聞乎？	詢問
5.1	孟嘗君	夫趙之兵非能彊於魏之兵，魏之兵非能弱於趙也。然而趙之地不歲危而民不歲死，而魏之地歲危而民歲死者，何也？	事實
5.2		以其西為趙蔽也。	歸納
5.3		今趙不救魏，魏歃盟於秦，是趙與強秦為界也，地亦且歲危，民亦且歲死矣。	推論
5.4		此文之所以忠於大王也。	簡結
		（趙王許諾，為起兵十萬，車三百乘。）	

資料來源：《戰國策・魏策三・秦將伐魏》：623。

實例6-16　保民而王

順　序	對話人	訊　息（對話內容）	分　析
1.0	齊宣王	德何如？則可以王矣？	詢問
2.0	孟子	保民而王，莫之能禦也。	主張
3.0	齊宣王	若寡人者，可以保民乎哉？	詢問
4.0	孟子	可！	同意

順　序	對話人	訊　息（對話內容）	分　析
5.0	齊宣王	何由知吾可也？	詢問
6.1	孟子	臣聞之胡齕，	引用

順序	對話人	訊　息（對話內容）	分　析
		王坐於堂上，有牽牛而過於堂下者，王見之。	
6.010	王	牛何之？	詢問
6.020	牽牛者	將以釁鐘。	回答
6.031	王	舍之！	命令
6.032		吾不忍其觳觫，若無罪而就死地。	辯明
6.040	牽牛者	然則廢釁鐘與？	詢問
6.051	王	何可廢也！	反對
6.052		以羊易之。	主張

順　序	對話人	訊　息（對話內容）	分　析
6.2		不識有諸？	詢問
7.0	齊宣王	有之。	回答
8.1	孟子	是心足以王矣！	主張
8.2		百姓皆以王為愛也；	推論
8.3		臣固知王之不忍也。	主張
9.1	齊宣王	然。	同意
9.2		誠有百姓者，齊國雖偏小，吾何愛一牛！	（正）辯明
9.3		即不忍其觳觫，若無罪而就死也，	辯明
9.4		故以羊易之也。	推論
10.1	孟子	王無異於百姓以王為愛也。	（反）辯明
10.2		以小易大，彼惡知之！	事實
10.3		王若隱其無罪而就死地，	辯明
10.4		則牛羊何擇焉？	推論

順　序	對話人	訊　息（對話內容）	分　析
11.1	齊宣王 （笑）	是何心哉？	詢問
11.2		我非愛其財而易之以羊也？	事實
11.3		宜乎百姓之謂我愛也！	簡結
12.1	孟子	無傷也。	緩和
12.2		是乃仁術也；	主張
12.3		見牛未見羊也。	事實
12.4		君子之於禽獸也，見其生，不忍見其死；聞其聲，不忍食其肉，	通則
12.5		是以君子遠庖廚也。	推論
·	·	·	·
·	·	·	·

資料來源：《孟子‧梁惠王篇第一》：14。

伍、對話式論證與傳統語藝論證的比較

傳統語藝論證與對話論證的差異在於：

（一）論證的來源不同：傳統語藝論證有一既定的「理」，正反兩面的理由可由論證者設定，有固定的模式可依循，當正面理由強過反面理由時，則論證的主張便告成立。因此傳統語藝論證是屬於比較固定的、具體的及能夠事先準備的。對話論證，除了充分準備之外，無法事先得知對方會說什麼，而對方對話的內容都是論證的範圍，因此相對而言，對話論證則較為廣泛、臨機且有彈性。對話論證的來源是由對方對話內容一問一答，建構論證。

（二）傳統語藝論證是單一的，侷限於一處，由論證者單方面事先設

想好的；對話論證是雙方一問一答，相互對應，彼此針鋒相對。

　　（三）傳統語藝論證是靜態的，對話論證則是動態的，而且整體涵蓋層面也較廣。

　　我們可以秦始皇的禪讓政治故事中，秦始皇與鮑白令之的對話為例，來說明傳統語藝論證與對話論證兩者間的差異。實例6-17「秦始皇禪讓論」的論證方式展開如〔壹〕：

實例6-17　秦始皇禪讓論

　　秦始皇帝既吞天下，乃召群臣而議曰：「古者五帝禪讓，三王世繼，孰是？將爲之。」博士七十人未對。鮑白令之對曰：「天下官，則讓賢是也；天下家，則世繼是也。故五帝以天下爲官，三王以天下爲家。」秦始皇帝仰天而歎曰：「吾德出于五帝，吾將官天下，誰可使代我後者。」鮑白令之對曰：「陛下行桀紂之道，欲爲五帝之禪，非陛下所能行也。」秦始皇帝大怒曰：「令之前，若何以言我行桀紂之道也。趣說之，不解則死。」令之對曰：「臣請說之，陛下築台干雲，宮殿五里，建千石之鐘，萬石之簴，婦女連百，倡優累千，興作驪山宮室至雍，相繼不絕，所以自奉者，殫天下，竭民力，偏駁自私，不能以及人，陛下所謂自營僅存之主也。何暇比德五帝，欲官天下哉？」始皇闇然無以應之，面有慚色。久之，曰：「令之之言，乃令眾醜我。」遂罷謀，無禪意也。（說苑・至公）

壹：對話式論證

順　序	對話人	訊　息（對話內容）	分　析
1.1	秦始皇	古者五帝禪讓，三王世繼。	事實
1.2		孰是？將爲之。	詢問
2.0	鮑白令之	天下官，則讓賢是也；天下家，則世繼是也。故五帝以天下爲官，三王以天下爲家。	事實
3.1	秦始皇	吾德出于五帝。	事實（？）

順 序	對話人	訊 息（對話內容）	分 析
3.2		吾將官天下，誰可使代我後者？	推論＋主張
4.1	鮑白令之	陛下行桀紂之道，	事實（？）
4.2		欲為五帝之禪，非陛下所能行也。	擴充
5.1	秦始皇	令之前，	命令
5.2		若何以言我行桀紂之道也。	事實（？）
5.3		趣說之，不解則死。	威脅
6.0	鮑白令之	陛下築台干雲，宮殿五里，建千石之鐘，萬石之簴，婦女連百，倡優累千，興作驪山宮室至雍，相繼不絕，所以自奉者，殫天下，竭民力，偏駁自私，不能以及人，陛下所謂自營僅存之主也。	事實
6.1		何暇比德五帝，欲官天下哉？	歸納
7.0	秦始皇	令之之言，乃令眾醜我。	同意

　　從實例6-17〔壹〕的例子，我們可以將對話式論證，以雙方對話正反兩方轉化為正反論證，即可成為傳統語藝式論證的模式，如實例6-17〔貳〕（Dunn, 1994: 67）：

貳：傳統修辭式論證

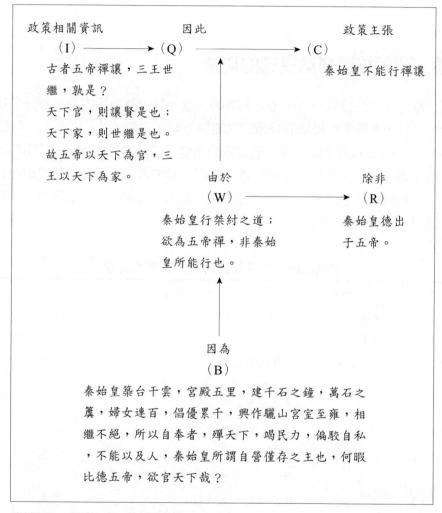

政策相關資訊　　　　　　因此　　　　　　　　政策主張
（I）　————————▶（Q）————————▶（C）

古者五帝禪讓，三王世　　　　　　　　　　　　秦始皇不能行禪讓
繼，孰是？
天下官，則讓賢是也；
天下家，則世繼是也。
故五帝以天下為官，三　　　　由於　　　　　　　除非
王以天下為家。　　　　　（W）————————▶（R）

秦始皇行桀紂之道；　　秦始皇德出
欲為五帝禪，非秦始　　于五帝。
皇所能行也。

因為
（B）

秦始皇築臺干雲，宮殿五里，建千石之鐘，萬石之
簴，婦女連百，倡優累千，興作驪山宮室至雍，相
繼不絕，所以自奉者，殫天下，竭民力，偏駁自私
，不能以及人，秦始皇所謂自營僅存之主也，何暇
比德五帝，欲官天下哉？

資料來源：《說苑‧第14卷‧至公》：492。

　　實例6-17〔貳〕的整個論證過程即是：提出主張、挑戰主張、提出
支持的理由、批判理由、以及駁斥批判（Toulmin, Rieke & Janik, 1979:
13），是固定的結構，事先設定好，靜態的。
　　從以上分析，不難發現，對話式論證與傳統修辭式論證兩者不盡相

同，但亦有其可相轉換之處。

陸、政策論證對話模式的功能

論證在溝通協調談判中占有重要的份量，是因為論證本身具有許多功能，並且，各學者所提出的論證的功能亦不同。

一、Keough認為論證有一般資訊的功能。茲以實例6-18中，孔明巧妙地運用策略，反劣為優，反卑為尊，非但不必去求人，反而激起周瑜與曹操一決死戰的決心與意志。充分表現出孔明過人之處，可看出對話論證的功能可分下列四項來說明：

實例6-18　孔明智激周瑜，以聯吳抗曹

順　序	對話人	訊　息（對話內容）	分　析
		至晚，人報魯肅引孔明來拜。瑜出中門迎入。敘禮畢，分賓主而坐。	背景
1.1	魯肅	今曹操驅眾南侵，	事實
1.2		和與戰二策，主公不能決，一聽於將軍。	事實
1.3		將軍之意如何？	詢問
2.1	周瑜	曹操以天子為名，其師不可拒。	訊息
2.2		且其勢大，未可輕敵。	訊息
2.3		戰則必敗，降則易安。	推理
2.4		吾意已決，來日見主公，便當遣使納降。	主張
		在這段故事中，其實周瑜早已決定出戰，但是為了讓自己居於上風，故意提議投降曹操，要讓諸葛孔明低聲下氣求於自己。而在一旁的魯肅則信以為真，於是加以反駁。	

順　序	對話人	訊　息（對話內容）	分　析
3.1	魯肅	君言差矣！	反對
3.2		江東基業，已歷三世，	訊息
3.3		豈可棄於他人？	擴充
3.4		伯符（孫策）遺言，外事託付將軍。	
3.5		今正欲仗將軍保衛國家，爲泰山之靠，奈何從懦夫之義耶？	詢問
4.1	周瑜	江東六郡，生靈無限；若罹兵車之禍，必有歸怨於我，	辯明
4.2		故決計請降耳。	主張
5.1	魯肅	不然。	不同意
5.2		以將軍之英雄，東吳之險故，	推論
5.3		操未必能得志也。	主張
正當二人互相爭辯不休，孔明看在眼裡，早已胸有成竹，只管袖手冷笑。			
6.0	周瑜	先生何故哂笑？	詢問
7.0	孔明	亮不笑別人，笑子敬不識時務耳。	譏諷
8.0	魯肅	先生如何反笑我不識時務？	詢問
9.0	孔明	公瑾主意欲降曹，甚爲合理。	主張
10.0	周瑜	孔明乃識時務之士，必與吾有同心。	贊同
此時，魯肅滿懷困惑，毫無頭緒。			
11.0	魯肅	孔明，你也如何說此？	詢問
12.1	孔明	操極善用兵，天下莫敢當。	事實

順　序	對話人	訊　息（對話內容）	分　析
12.2		向只有呂布、袁紹、袁術、劉表敢於對敵。今數人皆被操滅，天下無人矣。獨有劉豫州不識時務，強與爭衡；今孤身江夏，存亡未保。	事實
12.3		將軍決計降曹，可以保妻子，可以全富貴，國祚遷移，付之天命，何足惜哉！	貶損

孔明表面贊同，其實意在譏諷周瑜因無能，不堪抵擋曹兵，為求保妻子全富貴而降曹。此時，周瑜未怒，魯肅先怒。

| 13.0 | 魯肅 | 汝教吾主屈膝受辱於國賊乎？ | （詢問）駁斥 |

魯肅是一老實人，此話一出，更加強了孔明激怒周瑜的作用。孔明乃順水推舟。

14.1	孔明	愚有一計，	提議
14.2		不勞牽羊擔酒，納土獻印，亦不須親自渡江；只須遣一介之使，扁舟送兩個人到江上。	主張
14.3		操若得此二人，百萬之眾，皆卸甲卷旗而退矣。	推論
15.0	周瑜	用何二人，可退曹兵？	詢問
16.0	孔明	江東去此二人，如大木飄一葉，太倉減一粟耳，而操得之，必大喜而去。	比喻

孔明仍未點明何人，只是強調此二人對江東無關緊要。周瑜心想，天下哪有這等便宜之事，我怎不知？

| 17.0 | 周瑜 | 果用何人？ | 詢問 |

這一連串的發問，已讓孔明反客為主，周瑜打算誘使孔明前來求助之事擱置一旁，而逐漸陷於被動的地位了。

順　序	對話人	訊　息（對話內容）	分　析
18.1	孔明	…操曾發誓曰：「吾一願掃平四海，以成帝業，一願得江東二喬，置之銅雀台，以樂晚年，雖死無恨矣。」今雖引百萬之眾，虎視江南，其實爲此二女也。	主張
18.2		將軍何不去尋喬公，以千金買此二女，送與曹操，操得此二女，稱心滿意，必班師矣。此范蠡獻西施之計，何不速爲之？	提議

孔明假裝不知大喬已是周瑜主公之嫂，而小喬早作周瑜之妻，極力表述曹操欲得二喬。然而，獻妻以求自保，古今多少男兒嚥得下這口氣呢？更何況是英雄蓋世之周瑜？至此，周瑜雖怒已攻心，但仍未形於色。

| 19.0 | 周瑜 | 操欲得二喬，有何證據？ | 詢問 |

孔子此時巧妙地將曹操之子，曹植所作的〈銅雀台賦〉中的「連二橋於東西兮，若長空之蝃蝀」換成「攬二喬於東南兮，樂朝夕之與共」，作爲曹操企圖奪取孫策和周瑜之妻的證據。周瑜聽罷，勃然大怒，按奈不住。

20.0	周瑜（憤怒）	老賊欺我太甚！	情緒
21.0	孔明	昔單于履侵疆界，漢天子許以公主和親，公何惜民間二女乎？	詢問
22.1	周瑜	公有所不知，	回答
22.2		大喬是孫伯符將軍（孫策）之婦，小喬乃瑜之妻也。	事實
23.0	孔明	亮實不知。失口亂言，死罪！死罪！	

順　序	對話人	訊　息（對話內容）	分　析
24.0	周瑜	吾與老賊誓不兩立！	情緒
25.0	孔明	事須三思，免致後悔。	

資料來源：《三國演義，第44回》：274-276。

（一）**論證有表達、交換資訊的功能**：在本例論證過程中，提供了那些資訊呢？「曹操以天子為名…」是一事實的資訊，「戰則必敗，降則易安」是經由推理所得到一可能的資訊，而魯肅則提供了資訊的交換：「江東基業，已歷三世，豈可異於他？伯符遺言，外事託於將軍。今正欲仗將軍保衛國家，為泰山之靠，奈何從懦夫之義耶？」其中「江東基業，已歷三世」是說明先王苦心經營的事實，「孫策遺言」也是事實的資訊，因此魯肅認為「江東基業…，豈可異於他？…奈何從懦夫之義耶？」此屬於推理的資訊。

　　資訊可分為事實的資訊與推理的資訊兩種。推理的資訊，力量較為薄弱；事實的資訊則較強而有力。資訊（information）與訊息（message）的差異，在本文中，界定對話的內容稱訊息，而對話人從對方的口語傳播中知道他原來不知道的訊息，他便得到一項資訊。

　　（二）**論證有傳遞提議與反提議的功能**：本例在論證過程中，周瑜提議投降：「…吾意已決。來日見主公，便當遣使納降。」魯肅反提議不投降：「…奈何從懦夫之義耶？」孔明亦提議：「愚有一計，…操若得此二人，百萬之眾，皆卸甲卷旗而退矣。」由於論證雙方的立場、主張多有不同，因此有提議，也有反提議，透過論證，希望爭取對方支持或彼此相互協調配合，以產生共識。

　　（三）**論證有揭示意願高低的功能**：本例中，最後周瑜發怒，破口大罵：「老賊欺我太甚！」、「吾與老賊誓不兩立！」從講話語氣中，表現出強烈主戰意願。論證的方式須依對方情況、需求而有所不同。若得知對方意願高低程度，則可決定採取何種論證方式與之對應，以利吾人政策主張（目標）的達成。

　　（四）**論證進行策略有退讓、威脅、允諾**：本例中，當魯肅與周瑜相互爭辯時，孔明袖手旁觀，但早已胸有成竹。主戰的孔明運用了「以退為進」的策略，反笑魯肅，主戰是不識時務的作法。並說：「公謹主意欲降曹，甚為合理。」周瑜亦與之相應和，說：「孔明乃識時務之士，必與吾有同心。」從言語表面來看，三者中有主戰也有主降，但其實三者真正意圖都是主戰的。然而言語運用之所以不同，是因為在抗曹的共同目標下，彼此間有利害衝突存在，故運用各種策略，希望為自己爭取最大的利益或使損失降至最小。此處周瑜佯裝要投降（退讓），其目的在使劉備有求於他，而付出較多的作戰成本；而孔明運用「以退為進」策略的道理亦同。

　　進行策略除了上述所提「退讓」之外，還有威脅與允諾的情形，如實例6-6中魯肅與孔明的對話即其顯例。孔明見孫權，魯肅告訴孔明說：「先生見孫將軍，切不可實言曹操兵多將廣。」當時孫權正處於和戰之間，猶豫不決，魯肅深怕孫權得知曹操兵多後，更想投降。但善於權謀的孔明，見到孫權，一開始就以曹操有強大的陸軍、水師等語，予以威脅，其意在使孫權亦加入主戰行列。而被激怒的孫權自忖道：以劉備微弱之兵力，尚敢作戰，我方兵力更勝劉備百倍，投降豈不太丟臉了！於是，決定要與曹操作戰。雙方終於達成共同決議，也就是允諾。

　　二、Bacharach & Lawler（1981）認為論證的功能有：（一）界定議題；（二）對提議合理化；（三）影響權力關係。茲分述如下：

　　（一）**界定議題的功能**：本例中，周瑜說：「曹操以天子為名，其師不可拒，且其勢大…。」周瑜認為曹操為堂堂正義之師，我們應服從中央，議題在於「正」、「逆」的爭議；而對方勢大，我方勢小，識時務者為俊傑，議題是「誰的力量大，誰的力量小」；魯肅的議題則是「未能遵從先王遺言，保衛國家，投降是懦夫的行為」。由於雙方立場不同而有不同議題的爭論，在對話式的論證中就把議題界定出來。而議題常隨著對話內容游走，而有不同的發展。

　　（二）**對提議合理化的功能**：論證，要能以理服人，才能達成吾人的政策主張。因此論證的功能，就是要將提議合理化，作為說服對方的依據。本例中，周瑜說：「曹操以天子為名，其師不可拒。且其勢大，未可

輕敵。戰則必敗，降則易安」，就是將「投降」的提議合理化；魯肅曰：
「江東基業，已歷三世，豈可一旦棄於他人…奈何從懦夫之義耶」，即是
把「抗曹」的提議合理化。

　　（三）**影響權力關係的功能**：論證所持的「理」若強，則占優勢，
「理」若弱則居劣勢。無論是處於優勢還是劣勢，都將使關係有所改變，
影響著當事人之間的權力、份量高低。本例中，生性老實的魯肅雖然主
戰，但表現出來的氣勢遠不如周瑜與孔明，因此在這場和與戰的論證中，
始終無法居上風，發揮其影響力。反觀孔明，運用謀略，反敗為勝而屢占
上風，處處表現出過人之處。這也使得周瑜視之為眼中釘，好幾次想藉機
將他除去。論證，使當事人之間的份量高低產生變化，亦就是論證具有影
響權力關係的功能。

　　三、Wilson & Putnam（1990）認為論證的功能有「工具的」、「關係
的」及「認同處理的功能」三方面。茲分述如下：

（一）工具的功能

　　把論證當作達成某一目的的工具，在此觀點中，以論證為工具，則有
說服與資訊交換、議題界定及共同決策的功能。茲分述如下：

　　1. **說服與資訊交換的功能**：論證，就是要說服對方，以達到自己的
政策主張。論證過程中，能拓展資訊及交換資訊，有助雙方作出正確的決
策。這又可分為四點來說明：(1)以論證作爲工具，可以改變對手的主張議
題和對抗的內容。舉例來說，民眾反對垃圾廠的設立，但經過有關單位進
行溝通，並說明設立理由後，民眾不再反對，但要求垃圾車進出，必須合
乎清潔衛生。這就是透過論證，說之以理，改變對手的主張議題與對抗內
容的情形；(2)以論證作爲工具，辯護自己立場。在魯肅與周瑜、孔明的論
戰中，魯肅主戰的理念是來自於維護自己的立場「江東基業，已歷三世，
豈可棄於他人」「汝教吾主〔孫權〕屈膝受辱於國賊乎？」；(3)以論證爲
工具，產生的結果有好有壞。當雙方各提出來論證，在公說公有理，婆說
婆有理的情形下，無法相互說服對方，經過資訊的交換後，也無法改變對
方心意，就可能導致僵局或降低共同利益或降低相互滿意度。但如果一方

所提出的「理」強，能使人信服，則透過論證得到正面結果，就是爭取到
對方的支持；(4)以「又競爭又合作」的論證為工具，有緩和衝突的功能。
由於論證雙方觀點立場不同，透過論證各自言之以理，相互競爭，希望爭
取對方支持自己的政策主張；有時論證目的是在爭取對方的合作；而當彼
此有利害衝突存在，卻又必須相互依賴時就必須以「又競爭又合作」的論
證來緩和衝突。論證在談判過程中，一部分競爭，一部分是合作，在有限
的競爭與合作中，運用之妙存乎一心。在實例6-18，提到周瑜早已打算出
戰，卻又佯裝要投降，其目的要使劉備有求於他，便將來聯合抗曹（合
作）時，自己所付出代價少，對方所付出代價高（競爭），就是一例。這
種情形在政治上，尤其明顯，因為政治中沒有永久敵人，也沒有永久朋
友。

　　2. **論證是共同決策的工具**：論證不是單一方面行為，而是有特定對
象，並且須依對方的程度、需求及認知定向來決定所要談論的主題與將取
何種論證方式與技巧，這都是彼此相互配合，而共同決定的。換言之，同
樣的理，因對象不同，則需要有不同的包裝，期使對方接受吾人政策主
張，產生共識，共同作成決策，來符合雙方需要。不過，談判過程中，由
於雙方的主張不同，彼此交鋒所產生的結果也會有所不同。

　　另外，Wilson & Putnam（1990）亦提及「論證有界定議題的功能」，
與Bacharach & Lawler（1981）相同，不再重複贅述。

（二）關係的功能

　　論證使談判者之關係有新的關係產生，如信任、提升一體感及處理權
力關係。談判過程中，如果一方的「理」很強，能讓對方心悅誠服，樂於
接受，相談甚歡，自然彼此關係就提升一層；若所談，話不投機，相去愈
遠，甚或格格不入，那麼彼此關係就會惡化或降低。故論證具有影響雙方
當事人在談判中所占份量、地位、形象及處理權力的功能。

（三）處理認同的功能

　　認同的問題，主要來自角色期待和維持面子這兩方面。從對話的論證

中，可表現出你我雙方的角色、份量及彼此間的期待及面子觀點。舉例來說，三國演義中，有一次諸葛亮到東吳去出差，順道探訪其在孫權座下為謀士的兄長諸葛瑾。周瑜知道後，便要諸葛瑾遊說諸葛亮留在東吳，為孫權效命。諸葛瑾以伯夷叔齊的故事為喻，力勸諸葛亮留下來。諸葛亮說：「兄所言者，情也；弟所守者，義也。弟與兄皆漢人。今皇叔乃漢室之胄，兄若能去東吳，而與弟同事劉皇叔，則上不愧為漢臣，而骨肉又得相聚，此情義兩全之策也。不識兄意以為何如？」此話一出，令諸葛瑾啞口無言（三國演義，第44回：278）。由諸葛亮兄弟談話中表現出認同的不同觀點。

再進一步探究上述所提「關係」的功能與「處理認同」的功能，可溯源至對話前的「緣故」（account）。對話人不認同對方所提出的「緣故」，才會有爭論，有相同的「緣故」則不會產生爭論（Keough, 1992: 118）。諸葛亮如果贊同兄長諸葛瑾的「兄弟之情」，他便與諸葛瑾不會有爭論，接受他的提議，留在東吳。可是，諸葛亮不贊同他的「兄弟之情」緣故，提出「君臣之義」的「緣故」，因此產生爭論。論證之所以有關係的功能與處理認同的功能，係在於受到原先既有的「緣故」。如，中國文化素來重視四維八德，在這一固有價值觀之下，談論有關「兄弟之情」、「君臣之義」能產生很好的論證。這是由於固有文化深植人心，也就是「緣故」。如果有關當事人沒有共同的「緣故」，則對於相衝突的利益和觀點則有得吵了。

然而，當事人必須具備充分的學識基礎，就當時處境所具有的「緣故」加以發揮，針對當事人特有的身分、地位、關係，才能提出有力的論證。

緣故的類別，有基於倫理的緣故（ethical account）、因果的緣故（causal account）、參照的緣故（referential accounts）及意識型態的緣故（ideological accounts）（Bies, 1989）。什麼是倫理的緣故呢？亦就是利害相關當事人是否認同於人際關係中人倫的秩序。如「手足之情」、「朋友之義」、「長官部屬關係」，在此相同的緣故下，就不會有爭議，否則產生爭論。什麼是因果的緣故呢？簡單地說，就是一因果律，有原因，有

結果。由於因果律的緣故，使論證發展出關係的功能與認同的功能。例如，在中國古代歷史上，不乏為了權力相互競爭，而導致父滅子、子弒父、兄弟相殘的悲劇。而其中就有「因果緣故」的存在，由於權力是敵對的，不相容於對方，帝王只能有一人，所以在有你無我、有我無你的情形下，就造成骨肉相殘的悲劇。親情關係轉變成政敵關係，而對王位的認同遠大於骨肉親情。凡社會或自然的定理或定律，把因果的推論放置在論證中去發展，就會有關係的功能或認同的功能產生。

而「參照的緣故」，不若因果律有顯明直接關係，一般而言，是由當事人認為他人的某一觀念、作法、或所產生的現象是對的，而引進論證中作為立論的依據，即認為我們亦應比照這樣做，就是參照。它是來自於當事人以外的。另外，也有來自當事人本身的，即「意識型態」的緣故，就是基於當事人某種根深蒂固的想法、觀點，在論證中影響雙方關係變化或產生認同上的問題。舉例，如實例6-19。

實例6-19　緣故與論證的「關係」與「處理認同」功能

順　序	對話人	訊　息（對話內容）	分　析
	壹：倫理緣故（《三國演義，第79回》：492）		
1.0	曹彰	先王〔曹操〕璽綬安在？	曹彰為曹丕之
2.0	賈逵	家有長子，國有儲君，先王璽綬，非君侯之所宜問也。	弟，認同「倫理」緣故，未
3.0	曹彰	（默然無語）	有爭論

順　序	對話人	訊　息（對話內容）	分　析
	貳：因果緣故（《三國演義，第79回》：493）		
1.0	曹丕	吾與汝情雖兄弟，義屬君臣，汝安敢恃才蔑禮？	「權力具有排他性」（因果律），曹植不以為然，故有爭議。曹
.	.	.	
.	.	.	

順　序	對話人	訊　息（對話內容）	分　析
·	·		丕與曹植既是兄
4.0	曹植	煮豆燃豆萁，豆在釜中泣，本是同根生，相煎何太急。	弟亦是君臣。現在「權力」關係
		（其母卞氏從後殿後出）	挾入其中。
5.0	曹母	兄何逼弟之甚邪？	
		（曹丕慌忙離坐）	
6.0	曹丕	國法不可廢耳。	

順　序	對話人	訊　息（對話內容）	分　析
	參：參照緣故（《三國演義，第44回》：278）		
1.0	諸葛謹	弟知伯夷叔齊乎？	諸葛謹以伯夷
2.0	諸葛亮	夷、齊，古之聖賢也。	叔齊兄弟之情
3.0	諸葛謹	夷齊雖至餓死首陽山下，兄弟二人亦在一處。我今與你同胞共乳，乃各事其主，不能旦暮相聚，視夷齊之為人，能無愧乎？	為參照，但諸葛亮不認同，因此有爭議。
4.0	諸葛亮	兄所言者，情也。弟所守者義也。	
·	·		·
·	·		·

順　序	對話人	訊　息（對話內容）	分　析
肆：意識型態緣故（《三國演義，第60回》：372）			張松與劉備的意識型態不同，因此有爭議。劉備與劉季玉有同宗關係。
1.0	張松	益州險塞，沃野千里，民殷國富；智能之士，久慕皇叔之德；若起荊襄之眾，長驅西指，霸業可成，漢室可興矣。	
. . .	. . .	. . .	. . .
4.0	劉備	深感君之厚意。奈劉季玉〔益州牧〕與備同宗，若攻之，恐天下唾罵。	
5.0	張松	大丈夫處世，當努力建功立業，著鞭在先。今若不取，爲他人所取，悔之晚矣。	
6.0	劉備	……	

柒、結語

　　政策論證對話模式之意義、特質、結構、與傳統語藝模式之比較、功能，已如上述之探討，著重其嚴謹性。可是當人們對於政策論辯之時，經常是「言者諄諄，聽者邈邈」、「你說你的，我做我的」、「假裝點頭稱是，但實際上不是那回事」。可見，逞口舌之能，並不一定有效果。到底嚴謹的政策論證，其功效在那裡？這一問題如果未能獲得解答，前述各節所論皆虛。

　　其一為**提供判斷和政策決策的有力說服力**，例如實例6-20。楚莊王看出要害，果然一舉滅陳；實例6-21，司馬錯伐蜀之論證具有力之說服力。

實例6-20　楚莊王伐陳

順　序	對話人	訊　息	分　析
		（楚莊王欲伐陳，使人視之）	背景
1.0	使者	陳不可伐也。	主張
2.0	楚莊王	何故？	詢問
3.0	使者	其城郭高，溝壑深，蓄積多，其國寧也。	擴充
4.1	楚莊王	陳可代也。	主張
4.2		夫陳小國也而蓄積多。蓄積多則賦斂重，賦斂重則民怨上矣。溝壑深，則民力罷矣。	擴充
		（興兵伐之，遂取陳）	結果

資料來源：《說苑，第13卷，權謀》：456。

實例6-21　司馬錯與張儀爭論於秦惠王前

順　序	對話人	訊　息（對話內容）	分　析
		（司馬錯與張儀爭論於秦惠王前。司馬錯欲伐蜀）	背景
1.0	張儀	不如伐韓。	主張
2.0	惠王	請聞其說。	詢問
3.1	張儀	親魏善楚，下兵三川，塞轘轅、緱氏之口，當屯留之道，魏絕南陽，楚臨南鄭，秦攻新城、宜陽，以臨二周之郊，誅周主之罪，侵楚、魏之地。周自知不救，九鼎寶器必出。	（後果）判斷
3.2		據九鼎，按圖籍，挾天子以令天下，天下莫敢不聽，此王業也。	擴充

順　序	對話人	訊　息（對話內容）	分　析
3.3		今夫蜀，西辟之國而戎狄之長也，弊兵勞眾不足以成名，得其地不足以為利。	（事實）判斷
3.4		臣聞：「爭名者於朝，爭利者於市。」	原理
3.5		今三川、周室，天下之市朝也，而王不爭焉。顧爭於戎、狄，去王業遠矣。	擴充
4.1	司馬錯	不然。	激起（不同意）
4.2		臣聞之，欲富國者務廣其地，欲強兵者務富其民，欲王者務博其德。三資者備，而王隨之矣。	原理
4.3		今王之地小民貧，故臣願從事於易。夫蜀，西辟之國也，而戎狄之長也，而有桀、紂之亂。以秦攻之，譬如使豺狼逐群羊也。取其地足以廣國也，得其財足以富民繕兵，不傷眾而彼已服矣。故拔一國，而天下不以為暴；利盡西海，諸侯不以為貪。	（事實）判斷
4.4		是我一舉而名實兩附，而又有禁暴正亂之名。	歸納
4.5		今攻韓劫天子，劫天子，惡名也。而未必利也，又有不義之名，而政天下之所不欲，危。	（後果）判斷

順　序	對話人	訊　息（對話內容）	分　析
4.6		臣請謁其故：周，天下之宗室也；齊，韓、周之與國也。周自知失九鼎，韓自知亡三川，則必將二國并力合謀，以因於齊、趙，而求解乎楚、魏。以鼎與楚，以地與魏，王不能禁。	擴充
4.7		此臣所謂危，不如伐蜀之完也。	主張
5.0	惠王	善，寡人聽之。	同意
		（卒起兵伐蜀，周慎靚王五年（316, B. C.），十月取之，遂定蜀。秦益強富厚，輕諸侯。）	

資料來源：《戰國策・秦策一・司馬錯與張儀爭論於惠王前》：80-82。

其二，**為提供政策方案，爭取對方支持的有力著力點**。政策論證要因對方信那一套方式（認知定向）方有效。如果對方不信這一套論證方式，對話人再用盡心機使論證結構嚴謹，亦沒有用。到底有那幾種方式，William Dunn提出八種：1.權威式（authoritive mode）；2.直覺式（intuitive mode）；3.統計式（statistical mode）；4.類別式（classification mode）；5.分析式（analycentric mode）；6.解釋式（explanatory mode）；7.實用式（pragmatic mode）；與8.價值批判式（critical mode），如表6-2所示。

表6-2　政策論證方式、基礎與舉證重點

方式 （mode）	基礎 （basis）	舉證重點 （focus of warrant）
1.權威式 （authoritative）	權威 （authority）	歸因於行為者的成就地位或身分地位
2.統計式 （statistical）	抽樣 （sample）	由樣本的特質代表被觀察母體的特質

表6-2　政策論證方式、基礎與舉證重點（續）

方式 （mode）	基礎 （basis）	舉證重點 （focus of warrant）
3.類別式 （classificational）	成員 （membership）	具有相同特質者被推論成相同群體
4.直覺式 （intuitive）	洞識力 （insight）	行為者的內在判斷觀察力
5.分析式 （analycentric）	方法 （method）	經由方法論或規則來推論
6.解釋式 （explanatory）	原由 （cause）	由因果關係來推論
7.實用式 （pragmatic）	1.激勵 （motivation） 2.同類 （parallel case） 3.類比 （analogy）	1.以目標、價值、慾望等觀點來推論 2.以相同的政策個案來推論 3.以政策相似的關連關係來推論
8.價值批判式 （critical）	倫理 （ethic）	以是非、好壞等道德標準來推論

資料來源：Dunn, 1994: 102.

　　以上八種論證方式，最實用、常用、且最有效的方式是實用方式，在「諸葛亮舌戰群儒」中，在辯論過程中，雖甚精彩，但卻未針對「和、戰」的利弊得失，針鋒相對加以深論，因此有點淪為各說各話。東吳方面的群儒，雖為之語塞，心裡總是不十分服氣，認為「孔明所言，皆強詞奪理，均非正論，不必再言」。真正具有論證效力的實例6-22、6-23、6-24，剖析實際狀況，一針見血，方為爭取對方支持之有力著力點。實例6-24比實例6-22較有效用，在於實例6-24較有事實分析力。

實例6-22　張昭納降論

順　序	對話人	訊　息（對話內容）	分　析
1.0	魯肅	主公尊意若何？	詢問
2.0	孫權	未有定論。	回答
3.1	張昭	曹操擁百萬之眾，借天子之名，以征四方，拒之不順。	辯明（地位）
3.2		且主公大勢可以拒操者，長江也。	事實（實用）
3.3		今操既得荊州長江之險，已與我共之矣，勢不可敵。	擴充（實用）
3.4		以愚之計，不如納降為萬安之策。	主張
4.0	眾謀士	子布（張昭）之言，正合天意。	同意

資料來源：《三國演義，第43回》：266-267。

實例6-23　孫權與魯肅對話

順　序	對話人	訊　息（對話內容）	分　析
1.0	孫權	卿欲如何？	詢問
2.0	魯肅	恰纔眾人所言，深誤將軍。眾人皆可降曹操，惟將軍不可降曹操。	主張
3.0	孫權	何以言之？	詢問
4.1	魯肅	如肅等降操，當以肅還鄉黨累官，故不失州郡也。	辯明（後果）
4.2		將軍降操，欲安所歸乎？位不過封侯，車不過一乘，騎不過一匹，從不過數人，豈得南面稱孤哉？	辯明（後果）

順　序	對話人	訊　息（對話內容）	分　析
4.3		眾人之意，各自爲己，不可聽也，將軍宜早定大計。	主張
5.0	孫權	諸人議論，大失孤望。子敬開說大計，正與吾見相同。	同意

資料來源：《三國演義，第43回》：267。

實例6-24　「孫劉連合抗曹」

順　序	對話人	訊　息（對話內容）	分　析
1.0	孫權	…豫州（劉備）新敗之後，安能抗此難乎？	詢問
2.1	孔明	豫州雖新敗，然關雲長猶率精兵萬人，劉琦領江夏戰士，亦不下萬人。	辯明
2.2		曹操之眾，遠來疲憊，近追豫州，輕騎一日夜行三百里。此所謂「強弩之末，勢不能穿魯縞」者也。	擴充
2.3		且北方之人，不習水戰，荊州士民，附操者逼於勢耳，非本心也。	擴充
2.4		今將軍誠能與豫州協力同心，破曹必矣。	主張
3.0	孫權（大悅）	先生之言，頓開茅塞，吾意已決，更無他疑，即日商議起兵，共滅曹操。	同意

資料來源：《三國演義，第43回》：272。

　　其三，**要訴求進用政策論證的技巧**。政策論證要由對方接受，就要尊重對方，照顧對方心裡的感受。不可貶損對方，令對方難堪。要讓對方不失面子。對話人要「進用」其論證，必須有「進用」的技巧，才能有

效用。在這方面Charles E. Lindblom在發展其「可有用」（usable）的知識（Lindblom & Cohen, 1979），要講求進用的技巧，知識才能發揮力量。如實例6-25，觸龍抓住趙太后愛子的心裡，要求她「計遠」，而使趙太后回心轉意，觸龍諄諄道來，利用四次的比較：「老太公與老太婆，誰較疼愛兒子？」「趙太后疼愛女兒還是兒子？」「王孫公子為何勢衰？各國皆然嗎？」「真疼愛，與假疼愛的區別在哪裡？」而使得論證發揮無比震撼力。

實例6-25 趙太后新用事

順 序	對話人	訊 息（對話內容）	分 析
		趙太后新用事，秦急攻之。趙氏求救於齊。齊曰：「必以長安君為質，兵乃出。」太后不肯，大臣強諫。太后明謂左右：「有復言令長安君為質者，老婦必唾其面。」左師觸讋願見太后，太后盛氣而揖之。入而徐趨，至而自謝。	背景
1.0	觸龍	老臣病足，曾不能疾走，不得見久矣。竊自恕，而恐太后玉體之有所郤也，故願望見太后。	陳明來意
2.0	趙太后	老婦恃輦而行	緩和
3.0	觸龍	日食飲得無衰乎？	（培養氣氛）
4.0	趙太后	恃鬻耳。	
5.0	觸龍	老臣今者殊不欲食，乃自強步，日三四里，少益耆食，和於身也。	
6.0	趙太后	老婦不能。	
		（太后之色少解）	達成好氣氛

順 序	對話人	訊 息（對話內容）	分 析
7.0	觸龍	老臣賤息舒祺，最少，不肖。而臣衰，竊愛憐之。願令得補黑衣之數以衛王官，沒死以聞。	提議（請求）
8.0	趙太后	敬諾。年幾何矣？	允諾
9.0	觸龍	十五歲矣。雖少，願及未塡溝壑而託之。	感謝
10.0	趙太后	丈夫亦愛憐其少子乎？	詢問
11.0	觸龍	甚於婦人。	回答
12.0	趙太后（笑）	婦人異甚。	激起（不同意）
13.0	觸龍	老臣竊以爲媼之愛燕后賢於長安君。	主張
14.0	趙太后	君過矣，不若長安君之甚。	激起（不同意）
15.1	觸龍	父母之愛子，則爲之計深遠。	原理
15.2		媼之送燕后也，持其踵爲之泣，念悲其遠也，亦哀之矣。已行，非弗思也。祭祀必祝之，祝曰：「必勿使反。」豈非計久長，有子孫相繼爲王也哉？	事實（證明）
16.0	趙太后	然。	承認
17.0	觸龍	今三世以前，至於趙之爲趙，趙主之子孫侯者，其繼有在者乎？	詢問
18.0	趙太后	無有。	回答
19.0	觸龍	微獨趙，諸侯有在者乎？	擴充
20.0	趙太后	老婦不聞也。	回答

順　序	對話人	訊　息（對話內容）	分　析
21.1	觸龍	此其近者禍及身，遠者及其子孫。豈人主之子孫則必不善哉？位尊而無功，奉厚而無勞，而挾重器多也。	原理
21.2	觸龍	今媼尊長安君之位，而封之以膏腴之地，多予之重器，而不及今令有功於國。一旦山陵崩，長安君何以自託於趙？	擴充
21.3	觸龍	老臣以媼爲長安君計短也，故以爲其愛不若燕后。	簡結
22.0	趙太后	諾。恣君之所使之。（於是爲長安君約車百乘質於齊，齊兵乃出。）	同意

資料來源：《戰國策，第21卷，趙策四・趙太后新用事》：546-548。

其四，**政策論證必須有前瞻性，及對未來情勢發展的準確性，才能有效用**。如實例6-26之「鼎足江東」與實例6-27之「隆中對策」。

實例6-26　鼎足江東

順　序	對話人	訊　息（對話內容）	分　析
		孫權留魯肅共飲至晚同榻抵足而臥。夜半…	背景
1.0	孫權	方今漢室傾危，四方紛擾，孤承父兄餘業，思爲桓文之事，君將何以教我？	詢問
2.1	魯肅	昔漢高祖欲尊事義帝而不獲者，以項羽爲害也。今之曹操可比項羽，將軍何由得爲桓文乎？	視框

順　序	對話人	訊　息（對話內容）	分　析
2.2		肅竊料漢室不可復興，曹操不可卒除。	預測
2.3		爲將軍計，惟有鼎足江東以觀天下之釁。	主張
2.4		今乘北方多務，剿除黃祖，進伐劉表，竟長江所極而據守之，然後建號帝王以圖天下，此高祖之業也。	擴充
3.0	孫權（大喜）	（披衣起謝）	同意

資料來源：《三國演義，第29回》：185。

實例6-27　隆中對策

順　序	對話人	訊　息（對話內容）	分　析
		劉備三顧茅廬，求良策。	背景
1.0	劉備	漢室傾頹，奸臣竊命，備不量力，欲伸大義於天下，而智術淺短，迄無所就。唯先生開其愚而拯其厄，實爲萬幸。	詢問
2.1	孔明	自董卓造逆以來，天下豪傑並起。曹操勢不及袁紹，而竟能克紹者，非唯天時，抑亦人謀也。今操已擁百萬之眾，挾天子以令諸侯，此誠不可與爭鋒。	辯明（曹操情勢）
2.2		孫權據有江東，已歷三世，國險而民附，此可用爲援，而不可圖之也。	辯明（孫權情勢）

順　序	對話人	訊　息（對話內容）	分　析
2.3		荊州北據漢沔，利盡南海，東連吳會，西通巴蜀，此用武之地，非其主不能守。	辯明（荊州情勢）
2.4		是殆天所以資將軍，將軍豈可棄乎？	詢問
2.5		益州險塞，沃野千里，天府之國，高祖因為以成帝業。今劉璋闇弱，民殷國富，而不知存恤，智能之士，思得明君。	辯明（益州情勢）
2.6		將軍既帝室之冑，信義著於四海，總攬英雄，思賢如渴，若跨有荊益，保其嚴阻，西和諸戎，南撫彝越，外結孫權，內修政理；待天下有變，則命一上將，將荊州之兵，以向宛洛；將軍身率益州之眾，以出秦川，百姓不簞食壺漿以迎將軍者乎？	主張
2.7		誠如是，則大業可成，漢室可興矣。	簡結
	（言罷，命童子取出畫一軸，挂於中堂，指謂玄德〔劉備〕。）		
2.8		此西川五十四州之圖也。將軍欲成霸業，北讓曹操占天時，南讓孫權占地利，將軍可占人和。先取荊州為家，後即取西川，建基業，以成鼎足之勢，然後可圖中原也。	提煉
	（劉備避席拱手拜謝）		

順　序	對話人	訊　息（對話內容）	分　析
3.1	劉備	先生之言，頓開茅塞，使備如撥雲霧而睹青天；	部分同意
3.2		但荊州劉表，益州劉璋，皆漢室宗親，	部分不同意
3.3		備安忍奪之？	詢問
4.0	孔明	亮夜觀天象，劉表不久人世。劉璋非立業之主，久後必歸將軍。	回答
5.0	劉備	（頓首拜謝）	同意

資料來源：《三國演義，第38回》：236。

　　其五，**政策論證要能夠發揮效力，不得已，有時亦要佐以提議**。論證與提議相互搭配，效用較大。最常運用的方式是一手拿經書（政策論證），一手提劍（威脅與處罰），或者如趕驢車，驢前懸以胡蘿蔔（允諾獎償），驢後繼以鞭子（威脅與處罰），驢車放音樂（政策論證），如實例6-28，秦王與唐且兩人相互威脅，最後唐且達成目的。因為論辯過程中，有人就是不講理，要佐之以威脅處罰或允諾。

實例6-28　秦王與唐且對話

順　序	對話人	訊　息（對話內容）	分　析
		秦王以五百里地易安陵，安陵君辭而不受，使唐且謝秦王。	背景
1.0	秦王	秦破韓滅魏，安陵君獨以五十里地存者，吾豈畏其威在？	自問
		吾多其義耳。	自答
		今寡人以十倍之地易之，安陵君辭而不受，是輕寡人也。	辯明

順　序	對話人	訊　息（對話內容）	分　析
2.1	唐且	非如此也。	激起（不同意）
2.2		夫不以利害為趣者，安陵也。夫安陵君受地於先君而守之，雖復千里不得當，豈獨五百里哉？	辯明
3.0	秦王	公亦曾見天子之怒乎？	詢問
4.1	唐且	王	尊稱
4.2		臣未曾見也。	回答
5.0	秦王	天子一怒，伏尸百萬，流血千里。	威脅
6.0	唐且	大王亦嘗見夫布衣韋帶之士怒乎？	詢問
7.0	秦王	布衣韋帶之士怒也，解冠徒跣以頭顙地耳，何難知者。	回答
8.1	唐且	此乃匹夫愚人之怒耳，非布衣韋帶之士怒也。	激起（不同意）
8.2		夫專諸刺王僚，彗星襲月，奔星晝出；要離刺王子慶忌，蒼隼擊於臺上；聶政刺韓王之季父，白虹貫日。此三人皆夫布衣韋帶之士怒矣，	事實
8.3		與臣將四。	威脅
8.4		士含怒未發，祲屬於天，士無怒即已，一怒伏尸二人，流血五步。	威脅
		（唐且即案匕首起視秦王）	〔準備行動〕
8.5		今將是矣！	表明要行動
		（秦王變色長跪）	〔退讓〕

順　序	對話人	訊　息（對話內容）	分　析
9.1	秦王	先生就坐，寡人喻矣。	緩和
9.2		秦破韓滅魏，安陵獨以五十里地存者，徒用先生之故耳。	允諾

資料來源：《說苑，第12卷・奉使》：412。

參考文獻

中 文部分

司馬遷，1975，《史記》，台北：鼎文書局。

史次耘註譯，1984，《孟子：今註今譯》，修訂版，台北：臺灣商務印書館。

左松超註譯，1996，《說苑：新譯讀本》，台北：三民書局。

張世賢，1982，《政策分析的導師：林布隆》，台北：台晨。

張世賢，1994，「公共政策研究的新挑戰：國際新政經秩序之觀點」，中國行政評論，3（3）：1-36。

張清常、王延棟，1994，戰國策箋注，天津：南開大學出版社。

陳建生，1996，「朱納里的對話論證」，張世賢（編）《政策溝通協調談判》，台中：興大公共行政研究班。

饒彬校訂，1971，《三國演義》，台北：三民書局。

英 文部分

Bies, R. J. 1989. "Managing Conflict Before It Happens: The Role of Accounts." in M. A. Rahim (ed.) *Managing Conflict: An Interdisciplinary Approach*, 83-91. New York: Praeger.

Canary, D. J.; B. G., Brossmann, and D. R. Seibold, 1987. "Argument Structures in Decision-Making Groups." *Southern Speech Communication Journal*, 53:18-37

Canary, D. J.; Weger, H.; & Stafford, L. 1991. "Couples' Argument Sequences and Their Association in Relational Characteristics." *Western Journal of Speech Communication* 55: 159-179.

Canary, D. J.; Cody, Michael J. 1994. *International Communication: A Goals-Based Approach*. New York: St. Martin's Press.

Dunn, W. N. 1994. *Public Policy Analysis: An Introduction*. Englewood Cliffs, N. J: Prentice-Hall.

Ehninger, D. 1970."Argument as Method: Its nature, Its Limitations and Its Uses." *Speech Monographs*, 37: 101-110.

Fisher, Alec .1988. *The Logic of Real Arguments*. Cambridge: Cambridge University Press.

Ford, Jeffrey D. & Ford, Laurie W. 1995. "The Role of Conversations in Producing Intentional Change in Organization." *Academy of Management Review* 20(3): 541-570

Freebey, Austin J. 1990. *Argumentation and Debate*. 2nd ed. Belmont, Calif.: Wadsworth.

Govier, Trudy .1988. *A Practical Study of Argument*. 2nd ed. Belmont, Calif.: Wadsworth.

Hample, D. 1985. "A Third Perspective on Argument." *Philiosophy and Rhetoric*, 18: 1-22.

Jackson, S. and Jacobs, S. 1980. "Structure of Conversational Argument: Pragmatic Bases for the Enthymeme." *Quarterly Journal of Speech*, 66: 61-69.

Jackson, S. and Jacobs, S. 1981. "The Collaborative Production of Proposals in Conversational Argument and Persuasion: A Study in Disagreement Regulation." *Journal of the American Forensic Association*, 18: 77-90.

Jacobs, S. and Jackson, S. 1982. "Conversational Argument: A Discourse

Analytic Approach." in J. R. Cox and C. A. Willard (eds.), *Advances in Argumentation Theory and Research*. Carbondale: Southern Illinois University Press: 205-237.

Jackson, S., Jacobs, S., Burrell, N., and Allen, M. 1986. "Characterizing Ordinary Argument: Substantive and Methodological Issues." *Journal of the American Forensic Association*, 23: 42-57.

Keough, C. M. 1984. Bargaining "Argument Analysis: Presentation and Critique of a Coding System." Paper presented at the annual meeting of the International Communication Association, San Francisco.

Keough, C. M. 1987. "The Nature and Function of Argument in Organizational Bargaining Research." *Southern Speech Communication Journal*, 50: 1-17

Keough, C. M. 1992. "Bargaining Arguments and Argumentative Bargainers." in Putnam, L. L. and Roloff, M. E. (eds.) *Communication and Negotiation*. Newbury: Sage Publications: 109-127.

Lindblom, Charles E. & Cohen, David K. 1979. *Usable Knowledge: Social Science and Social Problem Solving*. New Haven: Yale University Press.

Levinson, Stephen C. 1983. *Pragmatics*. Cambridge: Cambridge University Press.

Majone, G. 1989. *Evidence, Argument and Persuasion in the Policy Process*. New Haven: Yale University Press.

Mason, R. O. & Mitroff, I. I. 1981. *Challenging Strategic Planning Assumption: Theory, Cases, and Techniques*. New York: John Wiley & Sons.

Meyers, R. A; Seibold, D. R.; and Brashers, D. 1991. "Argument in Initial Group Decision-Making Discussions: Refinement of a Coding Scheme and a Descriptive Quantitative Analysis." *Western Journal of Speech Communication*. 50: 47-68.

O'Keefe, D. J. 1977. "Two Concepts of Arguing." *Journal of the American Forensic Association*, 13: 121-128

O'Keefe, D. J. 1982. "The Concepts of Argument and Arguing." in J.R. Cox and C. A. Willard (eds.), *Advances in Argumentation Theory and Research*. Carbondale: Southern Illinois University Press: 3-23.

Pfau, Michael; Thomas, David A.; Ulrich, Walter. 1989. *Debate and Argument*. London: Scott, Foresman.

Putnam, L. L. and Geist, P. 1985. "Argument in Bargaining: An Analysis of the Reasoning Process." *Southern Speech Communication Journal*, 50: 225-245.

Sawyer, J. and Guetzkow, H. 1965. "Bargaining and Negotiation in International Relations." in H. C. Kelman (ed.) *International Behavior: A Social-Psychological Analysis*. New York: Holt, Rinehart & Winston: 45-520.

Searle, John R. 1969. *Speech Acts*. Cambridge: Cambridge University Press.

Toulmin, S. E. 1958. *The Uses of Argument*. Cambridge, UK: Cambridge Univerity Press.

Toulmin, S. E., Rieke, R., and Janik, A. 1979. *An Introduction to Reasoning*. New York: Macmillian.

Tutzauer, Frank .1992. "The Communication of Offers in Dynamic Bargaining." in Linda L. Putnam and Michael E. Roloff (eds). *Communication and Negotiation*. London: Sage: 67-82.

第三篇
政策論證模式

本篇政策論證模式包括權威式論證模式、方法式論證模式、通則式論證模式、分類式論證模式、因果式論證模式、徵兆式論證模式、動機式論證模式、直覺式論證模式、類比式論證模式、平行案例式論證模式、倫理式論證模式等11種William Dunn的政策論證模式。每一章都有論證基礎、結構、結構圖與實例。

第七章

權威式論證模式

壹、論證的基礎：權威

在權威式論證中，政策主張立基於權威者的意見。政策主張以權威者所提供的資訊為依據。權威必須要能夠令聽觀眾有所感受，心悅誠服接受，難以抗拒其權威。

貳、權威式論證模式的結構

一、政策主張

所提出的政策主張，是根據權威的資訊。政策主張是否成立，在正反兩方面所依據資訊的權威性來決定（Dunn, 2012: 345）。

二、政策相關的資訊

政策相關資訊是由真實的報告與見解所構成的。在現今的社會環境中，擁有權威者是國王、巫師或是某種領域中的領導者，他們的職務可能為總統、立法者、機關領導者、科學家、專家、作家或記者（Dunn, 2012: 345-347）。

三、立論理由

而立論理由的功用在於確定資訊來源的可靠性。權威式論證是以已

經完成或已發布的政策相關資訊作為基礎。例如：專家、內行者、科學家、學者與有力的掮客。註解與文獻則為權威式論證的變形（Dunn, 2012: 344）。

四、支持理由

支持理由是以權威性的資訊支持立論理由的權威性。

五、反對理由

反對理由也是以權威性的資訊反對：立論理由與支持理由所依據資訊的權威性。

六、駁斥理由

駁斥理由也是以權威性的資訊駁斥「反對理由」，維護立論理由與支持理由所依據資訊的權威性。

七、論證可信度

駁斥理由如果能夠駁斥反對理由所依據的資訊，並維護立論理由與支持理由所依據資訊的權威性，則論證可信度成立。反之，原來政策主張不能成立。

參、實例7-1：1999年北約轟炸南斯拉夫的論證

一、事實經過

依據維基百科記載：1999年北約轟炸南斯拉夫是科索沃戰爭期間北約對南斯拉夫聯邦的軍事行動。該行動未經聯合國授權，是北約未經聯合

國安理會批准使用武力威脅非聯盟會員國的主權國家。襲擊從1999年3月24日持續至6月10日，北約正式行動代號「盟軍行動」，美國為「貴族鐵砧行動」，南斯拉夫則為「仁慈的天使（塞爾維亞西里爾語：Милосрдни анђео）（維基百科資料）。

二、爭論點

北約的轟炸行動不論在動機與時機是否令人質疑，要依據權威的資料來源。

三、政策主張

北約的轟炸行動不論在動機與時機令人質疑。採用權威式的論證模式。

四、政策相關的資訊

前任美國國家安全局顧問暨專精於外交與法律的學者Carnes Lord認為：美國的轟炸行動不論在動機與時機上都令人質疑。

五、立論理由

Carnes Lord為非常有經驗的政府官員與學者，其意見較公正可靠。依據美國海軍戰爭學院的網站說明Carnes Lord的權威性。他是美國海軍戰爭學院的（戰略領導）教授，專長在國際戰略研究、國家安全的組織和管理。他擁有耶魯大學及康奈爾大學博士學位。曾任教於耶魯大學，維吉尼亞大學，以及弗萊徹（Fletcher）學院，並曾在美國政府任職，包括在國家安全委員會和副總統辦公室（美國海軍戰爭學院網站）。

六、支持理由

另一位在這方面很有權威的北約歐洲盟軍最高司令兼美國駐歐洲部隊

總司令Wesley Kanne Clark支持Carnes Lord的觀點。依據互動百科資料記載說明Wesley Kanne Clark的權威性：Wesley Kanne Clark，1944年出生。畢業於美國西點軍校。1966年獲上尉軍銜。曾獲羅茲獎學金，留學英國牛津大學並獲得哲學、政治及經濟學碩士學位。參加過越南戰爭，曾3次負傷，先後獲銀星勳章、銅星勳章及紫心勳章。1994到1996年，他成為美軍戰略計畫負責人，負責美軍全球軍事戰略計畫的制定。1996年4月，被柯林頓總統提名為美國武裝部隊南方司令部司令，負責美軍在拉丁美洲和加勒比海的軍事行動。1997年3月，被提名為北約歐洲盟軍最高司令兼美國駐歐洲部隊總司令。1999年指揮了對南聯盟的戰爭，但是由於在1999年北約空襲南聯盟期間與五角大樓意見相左，與Carnes Lord的觀點相同，認為北約轟炸南斯拉夫的行動令人質疑，而於2000年5月被解職。被迫以四星上將的軍銜提前退役，但是同年他獲得了美國文職人員最高榮譽─總統自由勳章（互動百科資料）。

七、反對理由

　　美國政府發言人James Robin反對Carnes Lord的觀點，認為北約的轟炸行動是具有正當性的，表示：美國政府對於南斯拉夫逐漸升高的戰況非常緊張，不得不採用轟炸南斯拉夫的行為（Dunn, 2012: 346）。

八、駁斥理由

　　美國政府發言人James Robin的意見，只是反應美國政府在南斯拉夫行動之推卸說辭，不足以正當化北約對南斯拉夫的轟炸行為（Dunn, 2012: 346）。

九、論證可信度

　　「雖然西方國家持續的否認，但是大家對於北約一連串的轟炸南斯拉夫行動的動機與時機有所存疑。」（Dunn, 2012: 346），採用權威式的論證模式，可信度成立。結構圖見圖7-1。

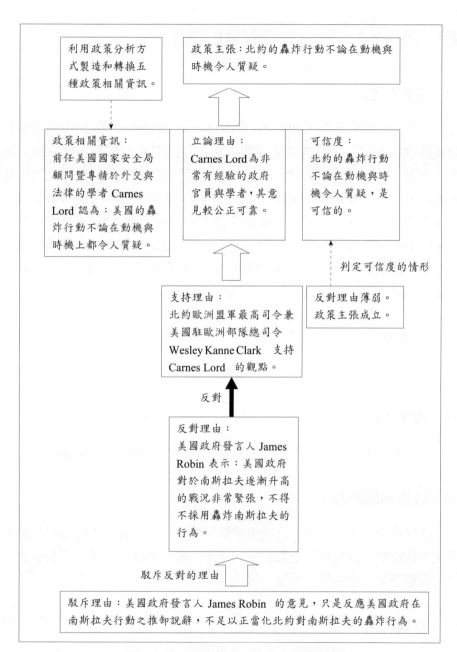

圖7-1　北約轟炸南斯拉夫政策論證圖

資料來源：Dunn, 2012: 346.

肆、實例7-2：三一九槍擊案的論證

一、事實經過

依據維基百科記載，2004年3月19日，爭取總統連任的民主進步黨籍總統陳水扁、副總統呂秀蓮正在民主進步黨大票倉台南市金華路掃街拜票，在下午1時45分發生槍擊事件。由於當時道路兩旁群眾正在放鞭炮慶祝總統來訪，巨大的噪聲掩蓋了槍聲，也沒有人看見嫌犯，使得嫌犯可以在煙霧中逃離現場。總統、副總統隨後被送往離事發地點5.8公里外的奇美醫院治療。根據事後警方調查，凶手共開了2槍，其中一顆子彈穿過汽車擋風玻璃後擊中副總統呂秀蓮膝蓋，另一顆則擦過陳水扁腹部（維基百科資料）。

二、爭論點

國內警方蒐證是否不夠確實，容待加強。

三、政策主張

國內警方蒐證不夠確實，容待加強（詹桂香，2005：144-145）。

四、政策相關的資訊

李昌鈺博士表示：三一九總統槍擊案發第一現場警方未能及時封鎖，保全相關證物，彈殼發現地點亦無法確定，顯示國內警方蒐證不夠確實，仍有改進空間（詹桂香，2005：144-145）。

五、立論理由

李昌鈺是國際知名的刑事鑑定專家，對三一九總統槍擊案的鑑識與判斷是可靠的（詹桂香，2005：144-145）。

六、支持理由

美籍華裔刑事偵查大師李昌鈺憑藉刑事鑑識的尖端科技和豐富經驗，洞察分毫，名揚海外，被稱為當代的福爾摩斯，其分析可作為可靠資料來源（詹桂香，2005：144-145）。

七、反對理由

有人質疑李昌鈺的政治立場，此對李昌鈺的專家權威構成挑戰（詹桂香，2005：144-145）。

八、駁斥理由

李昌鈺的鑑識權威性不容質疑，其專業性在學理上與實務上有深厚的基礎，辦案中立客觀，不會有偏差的政治立場。依據維基百科的資料，李昌鈺1938年生。1960年中央警官學校（現在的中央警察大學）畢業。1964年赴美國留學，並於1972年紐約市立大學約翰‧傑伊學院刑事科學系取得學士學位。接著又先後取得紐約大學生物化學及分子化學碩士學位（1974年）和博士學位（1975年）（維基百科資料）。

李昌鈺現任美國康乃狄克州科學諮詢中心的榮譽主任（Chief Emeritus for Scientific Services），並且是紐海文大學法醫學的全職教授，尚協助該大學設立了「李昌鈺法醫學研究所」。在此之前，他曾擔任康乃狄克州公共安全委員、康乃狄克州法醫實驗室主任，和1979年至2000年的首席犯罪學專家（維基百科資料）。

他鑑識過幾個重大的案件，就事論事，不曾有政治立場，以中立、客觀、科學為依據。如JonBenét Ramsey命案、O. J. 辛普森殺妻案、Laci Peterson謀殺案、美軍華裔士兵陳宇暉自殺案，甚至參與調查了美國司法上最疑點重重的兩件命案：甘迺迪總統被刺殺案及其胞弟羅伯特‧弗朗西斯‧甘迺迪被刺案（維基百科資料）。

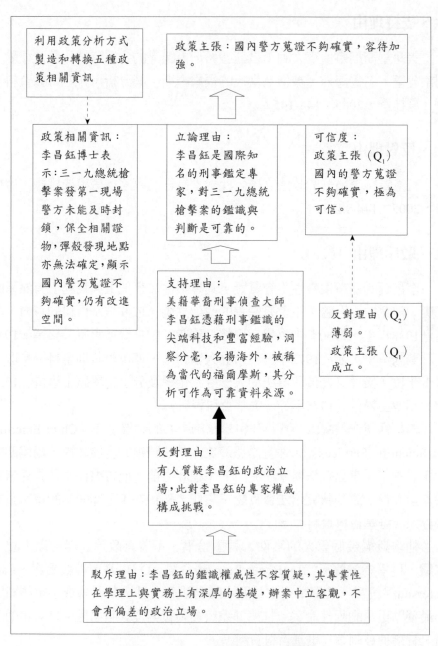

圖7-2　三一九槍擊案政策論證圖

資料來源：依據詹桂香，2005：145，修正。

他曾參與調查萊溫斯基事件，以及九一一恐怖襲擊事件後的鑑識工作。他也數度回台灣協助幾個重大刑案的鑑識，包括桃園縣縣長劉邦友血案、彭婉如命案、白曉燕命案、三一九槍擊事件、蘇建和案（維基百科資料）。

九、論證可信度

政策主張國內的警方蒐證不夠確實，極為可信（詹桂香，2005：144-145）。結構圖見圖7-2。

參考文獻

中 文部分

詹桂香，2005，〈政策論證的模式〉，載於張世賢（編），《公共政策分析》，台北：五南，頁140-152。

維基百科，2014，〈李昌鈺〉，網址：http://zh.wikipedia.org/wiki/%E6%9D%8E%E6%98%8C%E9%88%BA，瀏覽日期：2014年7月12日。

維基百科，2014，〈三一九槍擊案〉，網址：http://zh.wikipedia.org/wiki/%E4%B8%89%E4%B8%80%E4%B9%9D%E6%A7%8D%E6%93%8A%E4%BA%8B%E4%BB%B6，瀏覽日期：2014年7月12日。U. S. Naval Ear College, 2014, Carnes Lord. https://www.usnwc.edu/Academics/Faculty/Carnes-Lord.aspx，瀏覽日期：2014年7月12日。

互動百科，2013，〈衛斯理‧克拉克〉，網址：http://www.baike.com/wiki/%E9%9F%A6%E6%96%AF%E5%88%A9%C2%B7%E5%85%8B%E6%8B%89%E5%85%8B，瀏覽日期：2014年7月12日。

英文部分

Dunn, William N., 2012. *Public Policy Analysis*. 5th Ed. Upper Saddle River, NJ: Pearson.

第八章

方法式論證模式

壹、論證的基礎：方法

　　方法式論證模式運用高度精緻化的分析方法，所得到的資訊，作為論證的基礎。政策分析人員利用數學模擬、系統分析、時間序列分析等嚴謹的、科學的方法，產生嚴謹的、權威的資訊，作為政策論證的基礎。方法式論證模式著重嚴謹的分析過程，不論何種方法，所產生的嚴謹資訊，作為基礎，而提出政策主張（詹桂香，2005：149；Dunn, 2012: 347）。

貳、方法式論證模式的結構

一、政策主張

　　依分析結果而提出政策主張。政策主張能否成立，或具有可信性，完全由分析方法過程的嚴謹度所決定（Dunn, 2012: 347）。

二、政策相關的資訊

　　政策相關的資訊是由嚴謹的方法或技術所產生。政策相關資訊也許組合事實的陳述與描述（Dunn, 2012: 347）。

三、立論理由

　　方法式論證的立論理由是以嚴謹的、權威的資訊為基礎。立論理由在

指出所使用的政策相關資訊是由嚴謹的分析方法所產生，不容置疑。如要置疑，則必須要挑戰其所提出的資訊是否經由嚴謹的分析方法所產生（Dunn, 2012: 344, 347）。

四、支持理由

對於立論理由所提出的資訊，如認為在資訊的產生過程不夠嚴謹，則必須加以補充說明其資訊的產生過程是相當嚴謹的，成為支持理由（Dunn, 2012: 347）。

五、反對理由

反對理由針對立論理由與支持理由所運用的資訊，反對該資訊的產生方法，不夠嚴謹、不夠具有權威性；以更為嚴謹、權威性的資訊，加以反對（Dunn, 2012: 347）。

六、駁斥理由

駁斥理由是針對反對理由，說明反對理由所持的資訊並不夠嚴謹、不夠權威，而原來所提出的立論理由的資訊，與支持理由的資訊，更具有嚴謹性與權威性（Dunn, 2012: 347）。

七、論證可信度

比較反對理由與駁斥理由，到底哪一方（正方、反方）所運用的資訊，其所產生的過程較有嚴謹性與權威性。如果正方的所運用的資訊較有權威性，則論證可信度成立；否則，不成立，缺乏可信度（Dunn, 2012: 347）。

參、實例8-1：核四工程的論證

一、事實經過

　　依據詹桂香（2005）的研究，有關核四工程的費用可以有三個方案。A方案續建核四，臺電雖已投入900億元經費，後續還有1,300億的工程。日後運轉的花費更為龐大，是建設經費的1.25倍以上。B方案停建核四，若決定停建並將機組出售，核四停建損失僅300億元，C方案停建核四，並將節餘的興建經費投入中小型電廠建設（詹桂香，2005：149）。

二、爭論點

　　對於核四工程，到底哪一種方案對台灣核能政策最有效益（詹桂香，2005：149）？

三、政策主張

　　政府應該停建核四，並將結餘的興建經費投入中小型電廠的建設（詹桂香，2005：149）。

四、政策相關的資訊

　　核四工程雖已投入900億元經費，後續還有1,300億的工程（A案續建），而日後運轉的花費更為龐大，是建設經費的1.25倍以上。若決定停建並將機組出售（B案），核四停建損失僅300億元，並可將節餘的興建經費投入中小型電廠建設（C案）（詹桂香，2005：149）。

五、立論理由

　　若C案較B案佳，B案較A案經濟，則C案將優於A案（詹桂香，2005：149）。

六、支持理由

　　遞移律（transitivity rule）是「放諸四海皆準的律則」，將可確保經濟學家的選擇理性（詹桂香，2005：149）。根據C. West Churchman（1971：25）的論點，加以支持：

　　遞移律的原則：例如A大於B，B大於C，則A大於C。遞移律是幾何學中的一個經典的範例：歐基里德（Euclid）的幾何假設對於後世兩千年的幾何學者的研究非常受用。甚至，當十九世紀早期的反歐基里德學者出現時，大部分的科學家並不肯定這些反對學者的存在（翻譯參考：李明寰譯，2002：151；馬群傑譯，2011：401）。

七、反對理由

　　C案較B案佳（C > B），B案較A案經濟（B > A），A案卻可能優於C案（A > C）。可能是循環的（C > B > A > C…）。1972年諾貝爾經濟學獎的獲得者Kenneth Arrow（1951），在他的《社會選擇與個人價值》中，證明著名的表8-1「阿羅不可能性定理」是循環的。以圖8-1表示，以甲乙丙三人，他們的偏好是如圖8-1所示。我們檢視多數決的情形。X > Y，有2人，Y > X，只有1人。因此X > Y成立。

　　同樣，我們檢視Y與Z的關係，Y > Z成立。依照遞移律，應該是X > Z。可是我們檢視實際情形，Z > X，有2人，X > Z，只有1人。因此實際上Z > X成立。成為循環現象，與遞移律矛盾。

表8-1　阿羅不可能性定理

人	偏好情形	各項比較	人數（成立）
甲	X > Y > Z	X > Y	2人
乙	Y > Z > X	Y > Z	2人
丙	Z > X > Y	Z > X	2人
循環		X > Y > Z > X…	

說明：形成循環，與遞移律矛盾。

八、駁斥反對理由

　　本例證呈現出「循環性」的偏好排列，所以循環性偏好排列也可使用「選取律則」。

　　根據1998年諾貝爾經濟學獎獲得者Amartya Sen在1970年代提出「投票悖論」的解決方法。其所提出的解決投票悖論、繞過「阿羅不可能定理」的方法就是改變甲、乙、丙其中一個人的偏好次序，以解決投票悖論的問題。其理論亦稱為「價值限制理論」，見表8-2。

表8-2　價值限制理論

人	偏好情形	各項比較	人數（成立）
甲	X > Y > Z	X > Y	2人
乙	Y > X > Z	Y > Z	2人
丙	Z > X > Y	X > Z	2人
遞移律		X > Y > Z	

九、論證可信度

　　C案較為可行。可信度甚高。整個論證結構，見圖8-1。

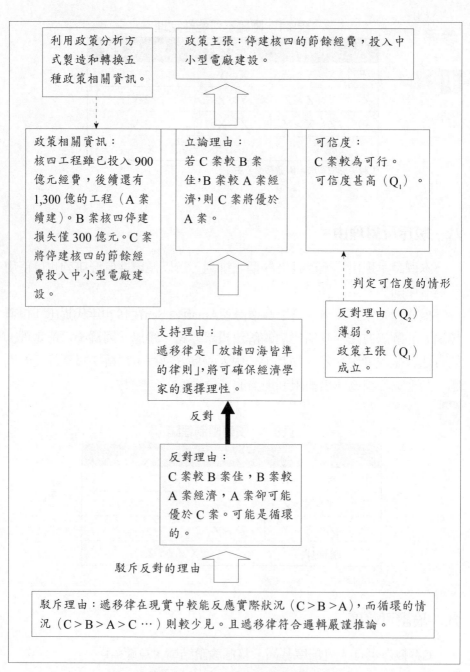

圖8-1　核四工程的論證結構

參考文獻

中文部分

李明寰譯，2002，《公共政策分析》，台北：時英出版社，譯自William N. Dunn. *Public Policy Analysis: An Introduction* 2nd ed. Englewood Cliffs, NJ: Prentice Hall. 1994.

孫克難，2001，〈「核四風波」對台灣經濟發展之影響：財政部分〉，國家政策研究基金會網路資料，http://old.npf.org.tw/Symposium/report/900119-FM-1.htm，檢索日期：2014年7月15日。

馬群傑譯，2011，《公共政策分析》，台北市：台灣培生教育出版社。譯自William N. Dunn. *Public Policy Analysis: An Introduction* 4th ed. Englewood Cliffs, NJ: Prentice Hall. 2008.

詹桂香，2005，〈政策論證的模式〉，載於張世賢（編），《公共政策分析》，台北：五南，頁140-152。

英文部分

Churchman, C. West. 1971. *The Design of Inquiring Systems: Basic Concepts of Systems and Organization.* New York: Basic Books.

Dunn, William N., 2012. *Public Policy Analysis.* 5th Ed. Upper Saddle River, NJ: Pearson.

Kenneth Arrow. 1951. *Social Choice and Individual Values.* New Haven, CT: Yale University.

Sen, A. K. 1982. "Equality of what." In A. K. Sen (Ed.), *Choice, welfare and measurement,* Cambridge, MA: Harvard University Press: 353-369.

第九章

通則式論證模式

壹、論證的基礎：樣本

通則式論證是建立在樣本的狀況可以呈現出母體的狀況。樣本代表母體，具有相似性。樣本內部的組成份子的狀況就是母群體的內部狀況（Dunn, 2012: 344；馬群傑譯，2011：399；李明寰譯，2002：140）。例如：當隨機樣本的個數 > 30，而這些樣本數就足以代表母群體。但是樣本數的數量太少，精準度就不夠高。

貳、通則式論證模式的結構

一、政策主張

政策主張認為「樣本具有代表性」。

二、政策相關的資訊

政策相關資訊由各個事件、狀態、個人、群體、組織與社會的有效樣本所組成。根據的功能主要在確保這些樣本擁有推估母體特質的效力。

三、立論理由

以抽樣調查的樣本，符合統計規定，可以通則化，代表母體。

四、支持理由

每一項抽樣調查的過程，都非常嚴謹，符合統計通則化的規定。

五、反對理由

其中有某幾項不符嚴謹的抽樣調查，與統計通則化的規定，不足以代表母體。

六、駁斥理由

對於反對理由的質疑，一一加以澄清，或駁斥。維護其符合嚴謹的抽樣調查與統計通則化規定。

七、論證可信度

正反兩方面相互抗爭，如原主張符合抽樣調查嚴謹規定則成立。反之，未能駁斥反對意見，則原主張不成立。

參、實例9-1：食物銀行的顧客攝取鈣質通則式論證

一、事實經過

食物銀行（Foodbank），又譯為「食物賑濟庫」，其主要目的是藉由商家提供緊急及短暫的膳食援助。把即期食物捐贈出來，經過食物銀行的處理後，再結合志工的運送，把這些物資送到育幼院、老人院及其他需要的個人或團體，讓資源獲得最有效的分配與使用（維基百科）。

食物銀行的負責人欲瞭解民眾是否有從食物中攝取足夠的鈣質。經過隨機抽樣調查50人，得到平均攝取量（755mg）的鈣質，標準差為0.05。但是平均攝取量（755mg）的鈣質，與美國國家衛生局所建議的800mg，

仍有45mg鈣質的差距。再經統計計算其平均攝取量為800mg的鈣質，但標準差為0.09（Dunn, 2012: 350；參考馬群傑譯，2011：403；李明寰譯，2002：142）。

二、爭論點

到底食物銀行的負責人所提供的食物，經由抽樣調查，顧客是否從食物中攝取足夠的鈣質（Dunn, 2012: 350；參考馬群傑譯，2011：403；李明寰譯，2002：142）？

三、政策主張

政策主張為「食物銀行所提供的食物，經抽樣調查，顧客能夠從其中獲取足夠的鈣質」（Dunn, 2012: 350；參考馬群傑譯，2011：403；李明寰譯，2002：142）。

四、政策相關的資訊

政策相關的資訊為「針對50位顧客進行隨機抽樣所得平均攝取量（755mg），標準差0.05。但在標準差0.09的可信度下，食物銀行的顧客能夠平均從食物中攝取755mg提高到800mg的鈣質，這與國家衛生局所建議的800mg相符」（Dunn, 2012: 350；參考馬群傑譯，2011：403；李明寰譯，2002：142）。

五、立論理由

立論理由，抽樣人數50，大於隨機抽樣的基本樣本數必須≧30，再者，其標準差已在在0.05範圍內。符合一個可被接受的抽樣（Dunn, 2012: 350；參考馬群傑譯，2011：403；李明寰譯，2002：142）。

六、支持理由

　　支持理由是以中央極限定理（Central Limit Theorem）說明。中央極限定理為：母體具有其母體分配，母體平均數μ，母體變異數σ^2，取樣自該母體的隨機樣本（n），當n夠大時（n≥30），樣本平均數（$\bar{X}$）之抽樣分配，是近似於常態分配，平均數以表示$\mu_{\bar{X}}$，變異數以$\sigma\frac{2}{x}$表示；它們的值分別與母體平均數、變異數有關：

$$\mu_{\bar{X}} = \mu \ ; \ \sigma\frac{2}{x} = \frac{\sigma^2}{n}$$

七、反對理由

　　首先，數據中的標準差實為一種假設性的結論，此種結論很可能會發生「雙樣本t檢定或稱獨立樣本t檢定」（two sample t-test）：檢測兩組樣本平均值之差值（某特定數值）是否不同。其虛無假設為Ho：Xmean1＝Xmean2。再者，顧客實際的攝取量（755mg）與建議攝取量（800mg）之間的差距相當明顯，當局必須加以重視。其二，抽樣不是隨機的。樣本來自假日的訪客。故抽樣顯著性不具代表性（Dunn, 2012: 350；參考馬群傑譯，2011：403；李明寰譯，2002：142）。

八、駁斥反對理由

　　雖然樣本來自假日的訪客，但是每5個假日訪客抽取一個。未能駁斥「數據中的標準差實為一種假設性的結論，此種結論很可能會發生雙樣本t檢定或稱獨立樣本t檢定」（Dunn, 2012: 350；參考馬群傑譯，2011：403；李明寰譯，2002：142）。

九、論證可信度

　　原來政策主張（Q_1）不成立。由（Q_1）變成為（Q_2），「食物銀行所提供的食物，顧客【不】能夠從其中獲取足夠的鈣質」。原可信度（Q_1）受到挑戰，可信度（Q_2）成立。結構圖見圖9-1。

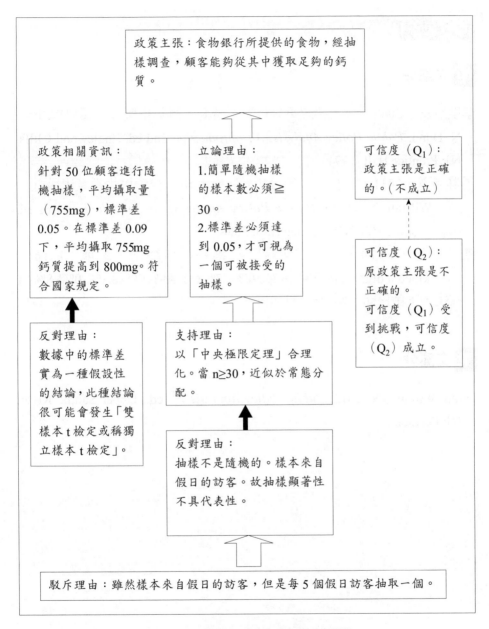

圖9-1 食物銀行通則化的論證結構

資料來源：參考Dunn, 2012: 351.

參考文獻

中 文部分

李明寰譯，2002，《公共政策分析》，台北：時英出版社。譯自William N. Dunn. *Public Policy Analysis: An Introduction* 2nd ed. Englewood Cliffs, NJ: Prentice Hall. 1994.

馬群傑譯，2011，《公共政策分析》，台北市：台灣培生教育出版社。譯自William N. Dunn. *Public Policy Analysis: An Introduction* 4th ed. Englewood Cliffs, NJ: Prentice Hall. 2008.

維基百科，2014，〈食物銀行〉，維基百科網站，網址：http://zh.wikipedia.org/wiki/%E9%A3%9F%E7%89%A9%E9%8A%80%E8%A1%8C，下載日期：2014年7月18日。

英 文部分

Dunn, William, N. 2012. *Public Policy Analysis*, 5th ed., Upper Saddle River, NJ: Pearson.

第十章

分類式論證模式

壹、論證的基礎

　　成員的特質符合某一類的內涵。以該類的內涵論證其成員應有的特質。分類式論證據基於分類層級、成員關係，其根據層級內的個人或團體之特性為基礎（Dunn, 2012: 344, 352），如表10-1，藉以產生政策主張。分類層級例如：生物分類的層級，人類是屬於真核域（Eukarya）→動物界（Animalia）→脊索動物門（Chordata）→脊椎動物亞門（Vertebrata）→哺乳綱（Mammalia）→獸亞綱（Eutheria）→靈長目（Primates）→簡鼻亞目（Haplorrhini）→人科（Hominidae）→人亞科（Homininae）→人屬（Homo）→智人（H. sapiens）（維基百科：生物分類法）。

　　分類式論證是以完整的特質為定義層級的基礎。各種政體的層級——威權獨裁、極權主義、社會主義、資本主義，皆比一般的分類更不具有同質性。政策（如私有化政策）、組織（如官僚結構組織）與團體（如弱勢族群、中產階級與上層階級）亦然。有許多一般的普通分類其實是非常複雜的，並且以意識形態作為偽裝（Dunn, 2012: 353）。

表10-1　分類的內涵

項目	分　類（Classification）
1.過程	實體的系統性安排，基於必要和充分的特徵分析。
2.界線	因為類是互斥且不重疊的，界限是不變的。
3.成員	嚴格的：基於類目的內涵（Intension），一個實體只會是或不是一個特殊類目的成員。

項目	分　類（Classification）
4.指派的 標準	標準是事先決定好的指南或原則。
5.代表性	所有的成員都平等的表示（沒有分等級的結構）。
6.結構	固定類目的階層結構。

資料來源：楊雅婷、阮明淑，2006：40。

貳、分類式論證模式的結構

一、政策主張

基於正確的分類，產生政策主張。

二、政策相關的資訊

已經有充分的分類資料，可以明顯將所探討的問題歸類到某一類的特性。

三、立論理由

分類正確，歸類也非常正確。由同一類說明其成員特性的正確性。

四、支持理由

非常嚴謹的分類方式，以及歸類方式。

五、反對理由

分類與歸類，不夠嚴謹。違反分類、歸類原則。

六、駁斥理由

依據分類的觀點，提出充足的資訊，駁斥反對理由。

七、論證可信度

對照正反方面的意見，正方意見（政策相關資訊、立論理由、支持理由、駁斥理由）壓過反方意見（反對理由）則原政策主張成立。反之，不能成立。

參、實例10-1：中東國家控制恐怖份子的分類式論證模式

一、事件經過

中東地區恐怖組織分布，有：「庫德族自由民主大會」（Kurdistan Freedom and Democracy Congress，簡稱KADEK）、「伊朗民眾聖戰組織」（The People's Mojahedin Organization of Iran，簡稱PMOI或MEK），「信徒聯盟」（Asbat Al-Ansar）組織、「伊拉克和黎凡特伊斯蘭國」（Islamic State of Iraq and the Levant，簡稱ISIS）與著名的「蓋達組織」（Al-Qaeda）（徐正祥，2005；維基百科：蓋達組織）。當地政府能夠控制恐怖份子活動，而當地政府都是威權政府體制。

二、爭論點

威權政府是否能夠控制其境內的恐怖分子？

三、政策主張

中東國家皆對於境內的恐怖份子進行嚴格管制。

四、政策相關的資訊

中東國家皆為獨裁的專制國家。

五、立論理由

威權國家透過強力的統治來控管恐怖份子。

六、支持理由

威權國家很有可能對於人民進行嚴格的管制，因為這種體制不允許武器私有化（Dunn, 2012: 352）。

七、反對理由

相關資訊不正確，「中東國家皆為獨裁國家」，是先進國家將對共產主義政權的定義移植到中東國家。此方式過於獨斷。支持理由不正確：1.許多中東國家的憲法賦予人民擁有武器的權利；2.哈佛大學的傑出專家針對威權體制的理論已有深入的研究與發展（Dunn, 2012: 353）。

八、駁斥反對理由

【提不出駁斥理由】

九、論證可信度

因考慮反對理由，故「不成立」Q_1政策主張。見圖10-1。

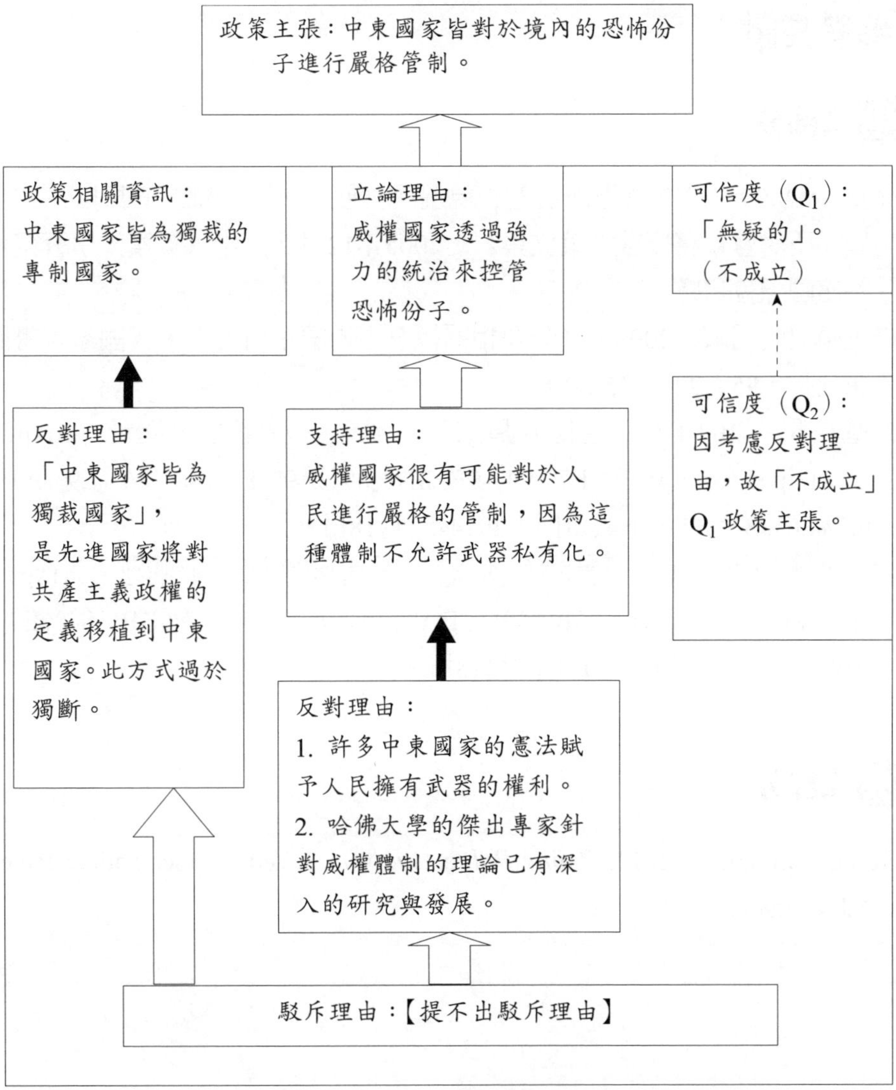

政策主張：中東國家皆對於境內的恐怖份子進行嚴格管制。

政策相關資訊：
中東國家皆為獨裁的
專制國家。

立論理由：
威權國家透過強
力的統治來控管
恐怖份子。

可信度（Q_1）：
「無疑的」。
（不成立）

反對理由：
「中東國家皆為
獨裁國家」，
是先進國家將對
共產主義政權的
定義移植到中東
國家。此方式過於
獨斷。

支持理由：
威權國家很有可能對於人
民進行嚴格的管制，因為這
種體制不允許武器私有化。

可信度（Q_2）：
因考慮反對理
由，故「不成立」
Q_1 政策主張。

反對理由：
1. 許多中東國家的憲法賦
予人民擁有武器的權利。
2. 哈佛大學的傑出專家針
對威權體制的理論已有深
入的研究與發展。

駁斥理由：【提不出駁斥理由】

圖10-1　中東國家在其境內控制恐怖份子的論證結構

資料來源：參考Dunn, 2012: 352.

參考文獻

中文部分

徐正 ，2005，〈中東恐怖主義之現況與發展〉，《恐怖主義與國家安全學術研討暨實務座談會論文集》，2005年12月29，中央警察大學警察博物館國際會議廳。

楊雅婷與阮明淑，2006，〈分類相關概念之術語學研究〉，《國家圖書館館刊》，95（2）：25-50。

維基百科，2014，〈生物分類法〉，維基百科網站，網址：http://zh.wikipedia.org/wiki/%E7%94%9F%E7%89%A9%E5%88%86%E9%A1%9E%E6%B3%95，下載日期：2014年7月18日。

維基百科，2014，〈蓋達組織〉，維基百科網站，網址：http://zh.wikipedia.org/wiki/%E5%9F%BA%E5%9C%B0%E7%BB%84%E7%BB%87，下載日期：2014年7月18日。

英文部分

Dunn, William, N. 2012. *Public Policy Analysis*, 5th ed., Upper Saddle River, NJ: Pearson.

第十一章

因果式論證模式

壹、論證的基礎：因果

因果式論證聚焦於公共政策的因果（cause）關係，其相關資訊包含了許多與政策環境、利害關係人以及政策本身相關的事實陳述與報告。論證的立論理由將這些事實陳述與報告轉變為生產力權力（原因）與重要性（結果），其立論方式基於演繹型律則解釋（deductive-nomological explanation, D-N explanation）（Dunn, 2012: 344, 353；馬群傑譯，2011：399、406；李明寰譯，2002：152-153）。

Hempel（1965）認為：演繹型律則的形式為「（解釋項）→（被解釋項）」。解釋項為「定律（laws）的描述，$L_1, L_2, L_3, ..., L_r$，及定律的先在條件（conditions），$C_1, C_2, C_3, ..., C_k$」；被解釋項為「解釋項演繹的結果」。演繹型律則模式是演繹型科學說明的一種模式，科學解釋模式之解釋項與被解釋項之間存在著必然性的邏輯關係（Hempel, 1965: 247-258; Dunn, 2012: 356; 馬群傑譯，2011：408；李明寰譯，2002：157）。

舉例說明。當溫度驟降至零度以下，而我又一整天沒有發動車子，那麼我的散熱器將會破裂。為何會發生這種事呢？先在條件C_k：「我的散熱器裝滿了水，所以散熱器的空間很小」。定律L_r：「外面的天氣驟降至零度以下，使得散熱器裡的水急速擴張」，所以「我的散熱器爆裂」（被解釋項）。在此例題中，定律充分地解釋了事件發生的原因與結果（Dunn, 2012: 356；馬群傑譯，2011：408；李明寰譯，2002：157）。

貳、因果式論證模式的結構

一、政策主張

　　依據政策相關資訊，提出政策主張。政策主張必須能夠連接政策制定中所含有的因果關係。

二、政策相關的資訊

　　政策相關的資訊必須能夠提供一個關係，以便提出政策主張，政策立論理由、支持理由，以及駁斥反對理由的理由。

三、立論理由

　　因果式的論證模式，其立論理由採用演繹型律則模式。依據易君博（1984）的說明：一個科學解釋由兩個部分所構成：一個是解釋項（explanans），另一個是被解釋項（explanandum）。解釋項又包括兩個類：一類是一組先在條件的陳述$C_1, C_2, C_3, ..., C_k$；另一類定律（laws），$L_1, L_2, L_3, ..., L_r$。被解釋項是企圖解釋的經驗現象之描述E。從解釋項可以邏輯的演繹到被解釋項。以上所說，可用圖11-1說明：

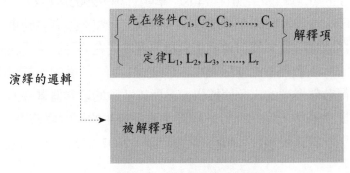

圖11-1　因果解釋的邏輯

資料來源：易君博，1984：175。

圖11-1代表科學解釋模型的一個高度抽象。易君博（1984）加以引申說明：被解釋項必須是特定時空中具有經驗意義的事物之描述；它是某一類事物中之一。解釋項中的先在條件之陳述必須是真的，具有經驗的內容。解釋項中的定律（也可用經驗的通則或原理來替代）是一個全稱假設，具有經驗上的可證性。被解釋項必須是解釋項邏輯演繹的結果。此一解釋型模只適用於某一時空範圍中的解釋，它得不到所謂最後的或絕對的解釋。因為所謂定律只是從可經驗的事實中建立起來的，而且定律的自身也有被修正或推翻的可能（易君博，1984：175）。

四、支持理由

所要解釋的現象（被解釋項）含有解釋項的「先在條件」與定律的相關性。

五、反對理由

演繹型律則只適用在事實的陳述，對於價值的陳述與倡導的陳述，便難以適用。在歷史與社會科學的解釋上受到質疑（Dunn, 2012: 356）。因為歷史與社會現象的陳述充滿了價值陳述。而倡導型的主張包含有意圖、動機、目的、動向，充滿了價值的觀點，都不適合做事實的演繹型律則的解釋（Dunn, 2012: 356）。

在解釋過程的結構上，Dunn（2012: 356）認為演繹型律則的解釋，將解釋項置於被解釋項前與倡導型主張相反。倡導型的主張將目的置於前，並以此說明所欲採取的行動置於後，如表11-1。例如：西元前46年，匈奴郅支單于殺掉漢朝使節谷吉，逃到西域康居國避禍，而漢朝大將陳湯主張「明犯強漢者，雖遠必誅」，便是很明顯地倡導要採取行動，維護漢朝強勢的氣勢。在論證結構上，先有目的，後有手段。目的改變，手段必須改變。否則手段不能夠達成目的，一定失敗。

表11-1　演繹型律則解釋與倡導型主張之比較

	解釋項（前）	被解釋項（後）
演繹型律則解釋	解釋項（因）： 「我的散熱器裝滿了水，散熱器的空間很小」（先在條件）。 「外面的天氣驟降至零度以下，使得散熱器裡的水急速擴張」（定律）。	被解釋項（果）： 所以「我的散熱器爆裂」。
倡導型主張	解釋項（目的）： 漢朝尊嚴受辱（使節被殺），爲維護漢朝尊嚴。	被解釋項（手段）： 倡導行動「匈奴不管逃多遠，都要討伐」。

　　在政策制定的過程中，決策者改變了他的行為或者發生了無法預期的因素。演繹型律則就無法解釋此種狀況，此狀況是包括決策的事實與決策者的價值觀念。對於決策觀念，演繹型律則無從解釋（Dunn, 2012:356）。例如：以往北韓以要脅核試爆為理由，向周邊國家（中國大陸、美、日）索取援助。但由金正恩領導，改變以往的對外決策模式，即無預警核試。演繹型律則就無從解釋這種現狀。因為其中包括了金正恩個人的價值觀點，非演繹型律則所能解釋。

　　演繹型律則解釋並不是公共政策中因果論證的唯一正當性形式。反對理由可以來自另一種形式的「假設－演繹」（hypothetico-deductive, H-D），大陸譯為假說演繹法，演繹不可能是完全絕對的律則性，而且有時候是「假設－演繹」的。「假設－演繹」是在觀察和分析基礎上提出問題以後，通過推理和想像提出解釋問題的假設，根據假設進行演繹推理，再通過實驗檢驗演繹推理的結論。如果實驗結果與預期結論相符，就證明假設是正確的，反之，則說明假設是錯誤的（MBA智庫百科：假說演繹法）。其因果關係的本質為：1.政策x的採行必定會同時產生出成果y；2.政策x的發生對成果y的產生而言，是具備必要性的。缺乏政策x，則成果y必定不會產生；3.政策x的發生對於成果y的產生是具有充分性的。當政策x出現時，成果y也必定會產生（Dunn, 2012: 357；馬群傑譯，2011：409）。

六、駁斥理由

駁斥理由要指出反對理由的缺失、誤解、錯誤、不合理之處。這些就是有關1.政策相關資訊；2.因果律；3.邏輯推理的過程等等的質疑。

七、論證可信度

將正面的「政策相關資訊、立論理由、支持理由、駁斥理由」與反面的「反對理由、反對理由的支持理由」相對照，看哪方面比較強。如果正面的立論較強，則政策主張成立（Q_1）。反之，反面較強，則原政策主張不能成立，不可信。反面的主張成立（Q_2）。

參、實例11-1：1962年古巴飛彈危機因果式論證模式

一、事件經過

根據維基百科所提供的資料，1962年古巴飛彈危機時間表，如下：

10月15日週一：偵察機拍攝的照片明確地顯示了飛彈的存在。這些飛彈是布署在古巴東北部聖克里斯托佛附近的SS-4飛彈，它們可以打擊華盛頓哥倫比亞特區。

10月16日週二：國家安全顧問麥克喬治‧邦迪向甘迺迪彙報偵查結果，甘迺迪召集他的執行委員會來討論各種反應方式。其中包括容忍蘇聯布署飛彈、試圖採取外交解決以及軍事手段如封港、空襲和入侵。所有這些討論均是絕密（公眾和蘇聯不知道）。甘迺迪下令繼續使用U-2偵察。

10月17日週三：美國派出六架U-2偵察機拍攝飛彈發射場，證明當地布署了至少16顆、最多32顆飛彈（SS-4和SS-5）。這些飛彈的最大射程為4500千米，它們可以攻擊所有美國重要的工業城市，包括華盛頓。預警時間只有五分鐘。此外蘇聯還布署了伊留申IL-28轟炸機。

10月18日週四：蘇聯外長安德烈‧葛羅米柯赴白宮與甘迺迪會晤。這

次會晤是一次計畫已久的會晤。出於策略性考慮甘迺迪在會晤中沒有提到古巴問題，雙方多次討論蘇聯已經多次提出的使得柏林非軍事化的問題。這樣一來美國更加相信蘇聯是打算通過他們在古巴的發展來改善在柏林問題討論過程中的地位。這個假設也是其他西方盟國的意見，後來證明這個假設是錯誤的。在華盛頓不斷有蘇聯大量向古巴出口武器的消息流傳。美國軍隊開始感到不安。美國將軍認為封港太軟弱，他們認為必須立刻進行空襲，然後入侵。尤其空軍將軍寇第斯・艾莫森・李梅（Curtis LeMay）要求進攻：「紅狗在挖美國的後院，我們必須懲罰他們。」羅伯特・甘迺迪命令他的司法副部長尼古拉斯・卡贊巴赫審查封港的法律基礎。

10月19日週五：卡贊巴赫向執行委員會彙報封港的法律基礎。執行委員會被分為數個組，分別研究對付古巴飛彈的各種方案。

10月20日週六：雖然甘迺迪的高級顧問要求入侵，執行委員會還是決定進行封港。

10月21日週日：甘迺迪決定封港並召集大報紙的主編來避免報紙過早報導。

10月22日週一：美國軍隊進入警備狀態（三級戒備狀態），為了準備入侵，更多的美軍被移駐到佛羅里達州，約200艘艦船圍繞古巴。英國、法國、西德和加拿大的政府代表獲得通知，這些國家向甘迺迪表示他們的支持。甘迺迪發表電視演講，宣布從10月24日開始對古巴進行封鎖。此外他要求赫魯雪夫將蘇聯飛彈撤出古巴，並威脅假如美國被攻擊的話將進行強大回擊。克里姆林宮擔心會出大事，可能美國會入侵古巴。

10月23日週二：赫魯雪夫宣布不接受封鎖，但是保證布署的飛彈完全是出於防禦策略的。美洲國家組織開會投票同意封鎖古巴。

10月24日週三：美國對古巴的封鎖開始。美國艦隻和蘇聯艦隻首次發生衝突。為了防止衝突升級，美國艦隻沒有總統的直接命令不許開火。蘇聯艦隻進入封鎖圈（離古巴海岸500海里），但是美國縮小其封鎖圈後所有蘇聯艦隻掉頭離開了封鎖圈。蘇聯政府繼續表示不做任何讓步。

10月25日週四：在聯合國安全理事會的會議上美國大使與蘇聯大使針鋒相對，美國首次展示蘇聯飛彈發射場的照片證明。

　　10月26日週五：蘇聯不顧封鎖，在古巴繼續布署飛彈。執行委員會討論軍事步驟。強硬派要求空襲，假如必要的話入侵。赫魯雪夫寫信給甘迺迪，表示假如美國保證不入侵古巴的話蘇聯可以撤離飛彈。甘迺迪回復保證不入侵古巴。當時蘇聯在古巴附近有四艘核潛艇，美國海軍很快就確定了所有這四艘潛艇的位置，但是美國人不知道這些潛艇上帶核飛彈。由於這些潛艇潛水很深，它們無法與莫斯科通訊。

　　10月27日週六：早晨時分，美國進行了一次運載火箭試驗，這次試驗沒有通知執行委員會。美國海軍對一艘蘇聯核潛艇投深水炸彈。核潛艇上的艦長以為戰爭已經爆發，決定發射艦上的核飛彈，由於大副執意不同意（按照當時蘇聯核潛艇的規章必須三位最高軍官：艦長、政委、大副一致同意才能發射飛彈），最後潛艇上浮來請示莫斯科的命令。一架美國U-2偵察機在古巴上空被一枚SA-2反空飛彈擊中墜毀。另一架美國海軍的RF-8A也被37mm防空砲火擊中，當時幾乎所有人都預料美國會在數小時內進行報復，第三次世界大戰似乎不可避免。甘迺迪決定不報復並表示同意繼續談判。他向赫魯雪夫密電表示同意赫魯雪夫的第二封、比較官方的信中建議的撤回布署在土耳其的飛彈。不過甘迺迪並沒有通知大多數執行委員會的成員說他答應撤回在土耳其的飛彈。與此同時羅伯特·甘迺迪祕密與蘇聯駐美國的大使談判。

　　10月28日週日：秘密外交談判終於成功。赫魯雪夫宣布同意撤回古巴的飛彈。美國同意不入侵古巴，並祕密撤回土耳其的飛彈和義大利的導彈。赫魯雪夫在莫斯科電台中宣布撤回古巴飛彈。危機結束。今天一般認為教宗若望二十三世在這件事件的和平解決中起了一定的作用。甘迺迪本人是天主教徒，若望二十三世與赫魯雪夫之間一直有書信往來（參考維基百科）。

　　依據上述的事實資料，Allison（1969）研究1962年美國面對古巴飛彈危機時，所提出的三種決策分析模型。Allison認為：大部分的政策分析者皆以理性模式（rational policy model）為基本概念，但實際情形，政府內部往往強調組織過程模式（organizational process model）與官僚政治模式（bureaucratic politics model）的重要性（Dunn, 2012: 353；馬群傑

譯，2011：406；李明寰譯，2002：152-153）。在古巴飛彈危機中，美國政府的政策對策包括了不作為、外交壓迫、祕密會談、侵略以及空襲封鎖。這些替選方案的提出可以用演繹型律則解釋（deductive-nomological explanation, D-N explanation）來說明（Dunn, 2012: 354；馬群傑譯，2011：406；李明寰譯，2002：153）。

二、爭論點

　　1962年古巴飛彈危機事件，Allison（1969）提出三種分析模式（理性模式、組織過程模式、官僚政治模式），用來解釋美國政府所做的危機決策的情形。到底哪一種模式符合因果律則的解釋模式？本實例原來採用的政策主張是理性模式具有因果律則的解釋模式，經過實際論證過程，被組織過程所推翻。

三、政策主張

　　美國應該逼蘇聯撤回古巴飛彈。

四、政策相關的資訊

　　「蘇聯在古巴布署了進攻飛彈」。

五、立論理由

　　「透過封鎖的行動告知蘇聯美國將採取攻擊行動，藉以逼其撤出飛彈」。

六、支持理由

　　「在理性選擇的模型中，替選方案的費用增加會降低其被選擇的機率」。

七、反對理由

　　Allison分析之基本目的並不在展示三種解釋性模型彼此間的內在優越性，其更在於顯示多元競爭模型的使用可以提升外部政策行為的解釋力。多元模型的使用將政策分析由有相關資訊與主張間關係的獨立與單一論證，推動到進行動態論辯的嶄新層次面向。在此議題的脈絡中，組織過程提供了（O）：「蘇聯領袖無法掌控組織成員之為，迫使其放棄指派的任務與組織常軌」。上述的情況很可能發生，因為「組織行為與時間因素關係呈現『線性』（straight）關係，即在某一時間點之組織行為與其上一個時間點之行為是有些許不同的。」

　　「蘇聯領袖無法掌控組織成員之行為，迫使其放棄指派的任務與組織常軌」支持反對理由的立論理由：「組織行為與時間因素關係呈現『線性』（straight）關係，即在某一時間點之組織行為與其上一個時間點之行為是有些許不同的。」

八、駁斥反對理由

　　無。為什麼沒有辦法提出駁斥反對理由。其根本的原因，Dunn（2012: 354-355）認為古巴飛彈危機的議題說明了因果式論證中演繹型律則所存在的限制。首先，許多挑戰因果式論證的意見皆符合一般性的命題與律則。再者，因果式論證無法直接引導出倡導型的主張與意見，因為傳統的因果說明並沒有包括價值前提。在此議題中包含了一個隱藏的價值前提，那就是蘇聯在西半球展現其武力，其違法了美國的安全價值，也成為了美國展開行動的動機因素。如果有其他的價值影響了政策制定者，那麼很可能會產生出截然不同的政策方案。例如：侵略並占領古巴。

九、論證可信度

　　（Q）由（Q_1）「也許可能」轉變為（Q_2）「也許不會」。結構圖見圖11-2。

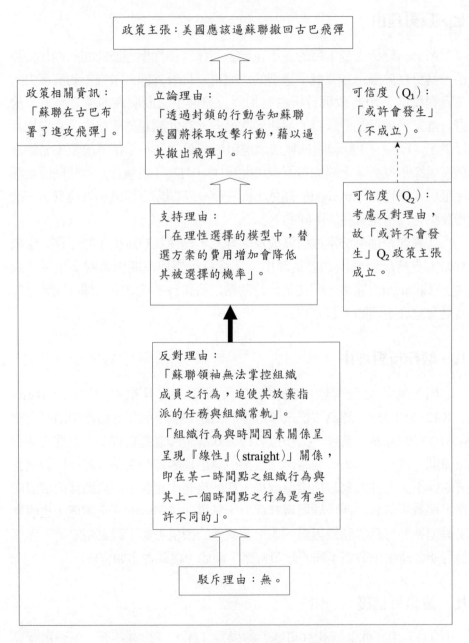

圖11-2　古巴飛彈危機的演繹法論證結構

資料來源：修正Dunn, 2012: 355.

肆、實例11-2：減速政策的因果式論證模式

一、事件經過

　　康乃狄克州長Ribicoff於1956年推行高速公路減速政策，當年車禍死亡率下降了12.3%，拯救了40條人命。

二、爭論點

　　康乃狄克州交通事故1956年死亡率降低，是否與推動高速公路減速政策有因果關係？

三、政策主張

　　康乃狄克州長Ribicoff認為：「推行減速政策確實值得的。」

四、政策相關的資訊

　　康乃狄克州長Ribicoff於1956年推行高速公路減速政策，當年車禍死亡率下降了12.3%，拯救了40條人命。

五、立論理由

　　「安全專家認為某些事人民不願意受制於法律。以強力執行法律，降低死亡率。」

六、支持理由

　　無。

七、反對理由

1955年死亡率是最高的。在1956年，死亡率減到歷年來的平均數。並非減速政策所達成。

支持反對理由的立論理由：在統計學上屬於線性回歸的現象。

八、駁斥反對理由

無。

九、論證可信度

考慮反對理由，原來的政策主張「明確地」（definitely）（Q_1）應降低為「或許」（perhaps）（Q_2）。Dunn（2012: 357）說明為什麼因果式論證模式難以斬釘截鐵的確定其因果關係。因為要符合因果式論證模式，在政策行動與政策成果間的關係就必須十分確定。但是，此一條件是永遠無法在現實生活的政策場景中獲得滿足的。因為現實上，太多的因素影響到政策的結果，所提出來的原因只是諸多原因中之一，不能夠成為產生結果的唯一原因。結構圖見圖11-3。

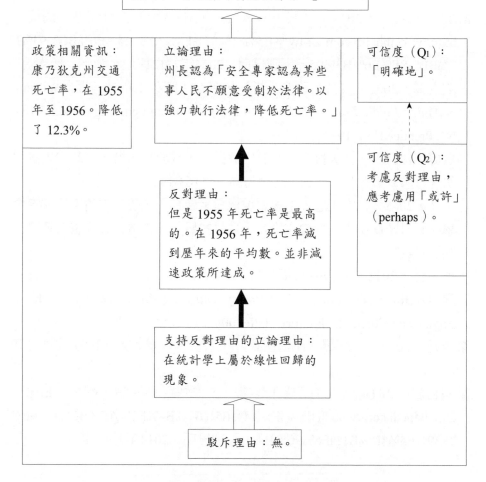

圖11-3　減速政策的因果式論證模式

資料來源：修正Dunn, 2012: 358.

參考文獻

中文部分

MBA智庫百科，2014，〈假說演繹法〉，MBA智庫百科網站，網址：http://wiki.mbalib.com/zh-tw/%E5%81%87%E8%AF%B4%E6%BC%94%E7%BB%8E%E6%B3%95，下載日期：2014年7月21日。

李明寰譯，2002，《公共政策分析》，台北：時英出版社。譯自William N. Dunn. *Public Policy Analysis: An Introduction* 2nd ed. Englewood Cliffs, NJ: Prentice Hall. 1994.

易君博，1984，〈社會科學中的歷史解釋〉，載於易君博，《政治理論與研究方法》第五版，台北：三民書局，頁163-192。

徐正祥，2005，〈中東恐怖主義之現況與發展〉，《恐怖主義與國家安全學術研討暨實務座談會論文集》，12月29日，中央警察大學警察博物館國際會議廳。

馬群傑譯，2011，《公共政策分析》，台北市：台灣培生教育出版社。譯自William N. Dunn. *Public Policy Analysis: An Introduction* 4th ed. Englewood Cliffs, NJ: Prentice Hall. 2008.

游雅廷，2000，〈演繹－律則模式〉，《教育大辭書》，國家教育研究院。

維基百科，2014，〈古巴飛彈危機〉，維基百科網站，網址：http://zh.wikipedia.org/wiki/%E5%8F%A4%E5%B7%B4%E5%AF%BC%E5%BC%B9%E5%8D%B1%E6%9C%BA，下載日期：2014年7月21日。

英文部分

Allison, Graham T. 1969. "Conceptual Models and the Cuban Missile Crisis." *American Political Science Review* 63(3): 689-718.

Dunn, William N. 2002. "Pattern matching: Methodology." *International*

Encyclopedia of the Social an Behavioral Sciences. New York: Elsevier.

Dunn, William, N. 2012, *Public Policy Analysis*, 5th ed., Upper Saddle River, NJ: Pearson.

Hempel, Carl G. 1962. *Aspects of Scientific Explanation*. New York: Free Press.

Miller, Delbert C. 1991. *Handbook of Research Design and Social Measurement,* 4th *ed.* Newbury Park, Ca: Sage Publications.

Shadish, William R. Thomas D. Cook, and Donald T. Campbell. 2002. *Experimental and Quasi-Experimental Designs for Generalized Causal Inference.* Boston, MA: Houghton Mifflin.

第十二章
徵兆式論證模式

壹、論證的基礎：徵兆

　　徵兆（sign）是指事務本身的重要特徵或事先顯露出來的跡象。例如：螞蟻搬家，是大雨或洪水來臨的徵兆。螞蟻搬家是屬於事先顯露出來的跡象。而接著下大雨、洪水氾濫是後來的現象。事先的跡象與後來的現象有明顯的相關聯，才算是徵兆。如果沒有相關聯就不是徵兆。因此徵兆本身就指涉一個事件（event）、狀況（condition）、或過程（process）的存在。例如：

　　1. 事件：例如「玄武門之變」，李世民與長兄李建成和四弟李元吉經常為芝麻小事吵架，就是一種徵兆。將來必將發生驚天動地的玄武門之變，兄弟之間為了皇位繼承權，相互廝殺，非你死我活不可。

　　2. 狀況：例如在醫學上，一個人身上有重大疾病，必定在他身體上顯現出某種徵兆。舉例：癌症的產生，事先表現在這個人身體經常疲憊，突然瘦下來等等。過幾個月經過醫生診斷果然患了癌症。

　　3. 過程：例如2014年3月23日晚上行政院被攻占。其徵兆是太陽花學運過程中，各大政府機關周遭已經佈滿了抗議群眾。

貳、徵兆式論證模式的結構

一、政策主張

以事務的徵兆推論提出事情本身及其後期發展的狀況。

二、政策相關的資訊

由於徵兆及其事後的事件、狀況、或過程之間具有關聯性。一般徵兆由組織績效的指標顯現出來。其指標為「組織績效卡」、「標竿管理」、「最佳實務」；在經濟徵兆上，經濟景氣的指標，則是由美國經濟諮商局所發行期刊Conference Board公布的「領先指標」、「落後指標」、及「同步指標」作為徵兆參考（Dunn, 2012: 357-359）。

三、立論理由

徵兆及其事後的事件、狀況、或過程之間具有關聯性，且是一體的。徵兆間並無因果關係，因果關係必須滿足其他非徵兆本身預設的條件。即先有【因】，再產生【果】。

立論理由必須對徵兆和因果做出明顯的區別。現代統計分析中，相關係數、迴歸分析、顯著性（例如卡方檢定、T檢定、F檢定）皆泛指共變數（covariation）的範疇。共變數表現出徵兆與事務的本身是一體的，而不是前後因果關係。共變數雖是必要條件，但卻不足以滿足因果關係。在論證上，是屬於徵兆關係而不是因果關係（Dunn, 2012: 357-359）。

四、支持理由

徵兆表現出與事後的事件、狀況、或過程，在經驗上具有高度的指標作用。例如：在「玄武門之變」中，兄弟小時候為小事吵架，將來必為大事吵得更兇悍。兄弟不互相忍讓，由小見大，將來必定互相砍殺。兄弟小

時候不互相忍讓具有高度的指標作用，將來必定會為皇位繼承權大動干戈。

五、反對理由

用什麼指標來表現徵兆，大有爭論。同時，所謂的「徵兆」不一定是準確的。也許是一種偏見、錯誤的觀點或不相關的突發插曲（Dunn, 2012: 357-359）。

六、駁斥理由

徵兆往往都是有跡象可循，而且跟事後所發生的現象具有高度的相關聯性。徵兆式論證——不論是以組織績效卡、標竿、或相關係數呈現之——都是共變數和相符程度的最佳解釋。雖然共變數必然呈現一種存在的因果關係，但仍需滿足某些條件（Dunn, 2012: 357-359；馬群傑譯，2011：410-412）。

John Stuart Mill——十九世紀的英國哲學家，提出一套歸納推論方法用以探索因果關係（causality）。Mill提出的方法（Mill's methods）廣泛地運用在現今的社會與行為科學、政策分析和計畫評估上（Dunn, 1997）。這些方法即一致法（agreement）、差異法（difference）、一致法及異同聯合法（agreement and difference）、共同因素差異法（concomitant variation）—即所謂「聯合法」（joint method），以及殘差法（residues）。前三種方法的基本概念如下（Dunn, 2012: 357-359；馬群傑譯，2011：410-412）：

1. 如果在兩個或兩個以上的機會中，一個假定效應只有一個共同的前提條件，則該條件就可能是假定效應的原因。

2. 如果一個假定效應（presumed effect）與一個假定無效應（presumed non-effect）除了一個前提條件以外，具有其他所有提前條件—該除外的條件隨著假定效應發生，則該條件可能為假定效應的原因。

3. 如果當一個假定效應產生時，兩個或兩個以上的機會只有一個共

同的前提，而當一個假定效應不產生時，兩個或兩個以上的機會除了都缺乏前提條件外，就都沒有其他共同點存在了。則假定效應與假定無效應產生差異的前提條件就可能是這個原因。

共同因素差異法，也就是相關性（共變數、關聯性），除非是因果關係中的必要條件，否則並不需要附加說明。剩餘方法（the method of residues）與多變量統計學、計量經濟學中所謂的殘差變異數（residual variance）或誤差變異數（error variance）相近似（Dunn, 2012: 357-359；馬群傑譯，2011：410-412）。

這個邏輯可解釋為所有推定的現象，皆為其他可能（通常是未知的）原因的「殘差」。無論如何，要知道我們是在分析一項因果或是相關性，都需要前三種方法：因為儘管統計分析再精進，都不足以建構一個因果關係。「統計學提供的是徵兆，而不是原因」（Dunn, 2012: 357-359；馬群傑譯，2011：410-412）。

七、論證可信度

正反兩方面對照，如正方主張理由充分，則可信度高。反之，反方理由較強，則反方主張成立。

參、實例12-1：學齡前兒童啓蒙計畫徵兆式論證模式

一、研究經過

學齡前兒童啟蒙計畫是指針對在經濟上和社會地位上處於不利地位的、沒有機會享受正規教育的、喪失了良好教育權利的兒童，在學齡前進行的教育（智庫百科：補償教育）。以某一項研究的資料中（Dunn, 2012: 359-360），從學齡前兒童啟蒙計畫的「因果關係」，主張對參與啟蒙計畫的學生而言。該計畫是沒有效益的。其理由是，參與啟蒙計畫的人數越

多，畢業率越低。是負向迴歸值r = −0.14，顯著值p < 0.01。經過檢證，如此論證不能夠成立，而必須由徵兆式論證模式取代，因為在因果關係的推理過程中，所注意到參與計畫的學生其畢業率較低，並未對於參與計畫與未參與計畫學生之間做出比較。在比較中，顯現出參與啟蒙計畫的學生在徵兆上比未參與啟蒙計畫的學生，表現較優異。其畢業率為其三倍。改重新以徵兆式論證模式，證明學齡前兒童啟蒙計畫對學生是有效益的。

二、爭論點

該項啟蒙計畫，從因果關係來看，是否有效？是否要改為徵兆式論證模式？

三、政策主張

政策主張：啟蒙計畫從因果模式論證，對於學生有可能沒有效。

四、政策相關的資訊

參與啟蒙計畫的人數越多，畢業率越低。是負向迴歸值r = −0.14。顯著值p < 0.01。

五、立論理由

依據新聞報導某位專家認為參與計畫的學生越多，其畢業率越低。導致啟蒙計畫失敗，此為因果關係論證模式。

六、反對理由

對參與計畫的學生比沒有參與計畫的學生，其畢業率為其3倍。迴歸值r = 0.57。顯著值p < 0.01。採用因果式論證模式反對其立論理由。

七、駁斥理由

　　不能用因果模式證明。「統計學提供的是徵兆，而不是原因」
（Dunn, 2012: 357-359；馬群傑譯，2011：410-412）。

八、論證可信度

　　Q_1以因果論證模式主張啟蒙計畫對於學生有可能沒有效。可能不成
立。Q_2是改為徵兆式論證模式，主張啟蒙計畫對於學生是有效的，可能成
立。結構圖見圖12-1。

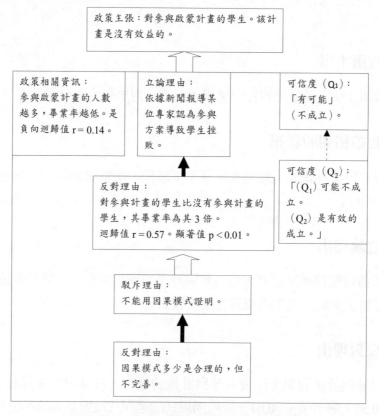

圖12-1　啟蒙計畫的徵兆式論證結構

資料來源：修正Dunn, 2012: 359.

肆、實例12-2：日本對外侵略徵兆式論證模式

一、事實經過

在1850年代，日本備受歐美壓迫之時，已有不少野心家預存避實擊虛、侵華滅韓，以為補償其所受歐美侵略之幻想（張世賢，1978：15），如吉田寅次郎之流，在長門野山獄里作「幽囚錄」（1854），其中一節云：

今急修武備，艦略具，是礦略足，則宜開墾蝦夷，封建諸侯，乘間奪摸察加噢都加，諭琉球朝觀會同，比內諸侯；責朝鮮納質奉貢，如古盛時；北割滿州之地，南收臺灣呂宋諸島，漸示進取之勢。然後愛民養士，慎守邊圍，則可謂善保國歟（吉田庫三（編），1908：10）。

由此徵兆可以提出政策主張：日本必定不斷向周邊國家侵略，不達目的決不罷休。驗證以後事情發展，果然日本連續向清朝、朝鮮、中華民國、甚至向美國偷襲珍珠港。直到兩顆原子彈不得不無條件投降。

二、爭論點

徵兆是否可信、還只是一種隨機或偶發的言論？與以後事實的發展，不一定相關聯？

三、政策主張

日本必定向周邊國家發動侵略戰爭。

四、政策相關的資訊

據張世賢（1978：15）所提供的資訊，吉田寅次郎於1854年提出「幽

囚錄」。但於1859年日本「安政大獄」事件中處斬，得年僅29歲；但他曾設有村塾，造就人才甚多，日後明治維新諸傑，如：木戶孝允、高松晉作、伊藤博文、山縣有朋、久坂玄瑞等人，皆出其門下。又鹿兒島藩島津齊彬，亦懷抱大志，潛藏「海外經略秘策」，以先鞭著手於中國之臺灣、福建，並以此為根據地，擴張日本之勢力，以免英、法之東侵等等。

五、立論理由

徵兆與事後的發展有相關性，見微知著。

六、支持理由

徵兆不僅是與事後發展有相關性，而且是必然的趨勢。一定會發生。

七、反對理由

日本地狹人稠，而且自然災害頻繁、物資缺乏。勢必往外擴張領土。不見得吉田寅次郎的言論表現出一種對外侵略的徵兆。

八、駁斥反對理由

對日本往外侵略的政策主張，到底是以徵兆的觀點，還是以因果的觀點來論證，不會有爭論。反對理由是以因果式的論證模式呈現，可是對於因果論證模式爭論很大，因為同一種「果」可以找出很多種「因」來解釋。至於哪一種因是主要的因素也極有爭論。不若徵兆論證模式明白易懂。徵兆論證模式重點在徵兆本身是整個現象所呈現出來的跡象，是事件本身的重要部分。也就成語所說的「見微知著」，【微】就是徵兆。明顯地代表整個事件的特性，明顯就是【知著】。

九、論證可信度

以徵兆論證模式說明，日本對外侵略極為可信。結構圖見圖12-2。

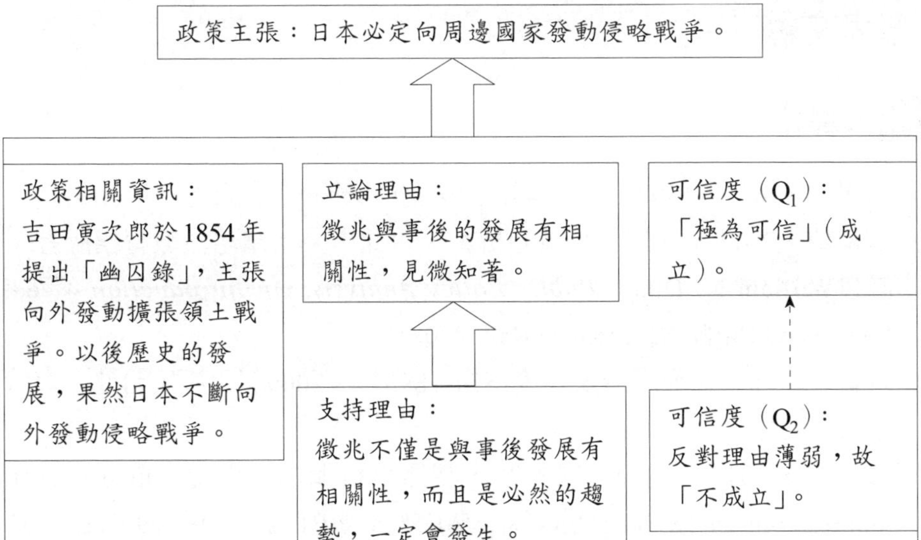

政策主張：日本必定向周邊國家發動侵略戰爭。

政策相關資訊：
吉田寅次郎於1854年提出「幽囚錄」，主張向外發動擴張領土戰爭。以後歷史的發展，果然日本不斷向外發動侵略戰爭。

立論理由：
徵兆與事後的發展有相關性，見微知著。

可信度（Q_1）：
「極為可信」（成立）。

支持理由：
徵兆不僅是與事後發展有相關性，而且是必然的趨勢，一定會發生。

可信度（Q_2）：
反對理由薄弱，故「不成立」。

反對理由：日本地狹人稠，而且自然災害頻繁、物資缺乏，勢必往外擴張領土，不見得吉田寅次郎的言論表現出一種對外侵略的徵兆。以因果式論證模式來解釋較為適合，用徵兆式論證模式，似嫌牽強。

駁斥理由：徵兆論證模式重點在徵兆本身是整個現象所呈現出來的跡象，是事件本身的重要部分。也就成語所說的「見微知著」，【微】就是徵兆，明顯地代表整個事件的特性，明顯就是【知著】。因果式論證模式到底是何者是真正主因，很難有定論。

圖12-2　日本對外戰爭的徵兆式論證結構

參考文獻

中文部分

吉田庫三（編），1908，《松陰先生遺著》，東京：民友社。

馬群傑譯，2011，《公共政策分析》，台北市：台灣培生教育出版社。譯自William N. Dunn. *Public Policy Analysis: An Introduction* 4th ed. Englewood Cliffs, NJ: Prentice Hall. 2008.

張世賢，1978，《晚清治臺政策1874-1895》，2009年再版，台北：海峽學術出版社。

智庫百科，2014，〈補償教育〉，智庫百科網站，網址：http://wiki.mbalib.com/zh-tw/%E8%A1%A5%E5%81%BF%E6%95%99%E8%82%B2#_note-a，下載日期：2014年7月25日。

英文部分

Dunn, William, N. 2012. *Public Policy Analysis*, 5th ed., Upper Saddle River, NJ: Pearson.

Dunn, William, N. 1997. "Pragmatic Eliminative Induction," *Philosophica* 60(2), Special Issue: 75-112.

第十三章

動機式論證模式

壹、論證的基礎

　　動機式論證模式以追求目標、價值、意圖的動機為基礎，而此動機將會形塑個人或群體的行為。例如：某些市民支持降低環境污染政策主張，其動機在於他們對乾淨的水與乾淨空氣的強烈需求。動機的論證內涵，包括1.所要達成的內容（achieve）；2.強烈需求（desire）；3.受到激勵（motivated）（Dunn, 2012: 345；馬群傑譯，2011：413）。

貳、動機式論證模式的結構

一、政策主張

　　因目標（goal）、價值（values）或意圖（intention）的驅使，確立主張應採取的行動。

二、政策相關的資訊

　　政策相關的資訊提供目的與手段之間相關的資訊。

三、立論理由

　　立論理由提出所要的狀況（desired state）或行動的目的（end of action）。動機式論證模式從亞里斯多德時代開始即有的邏輯方式，

即「實用三段論」（practical syllogism）或「實務推論」（practical inference）。見表13-1。

表13-1　實用三段論

| 由於W：我要這個「目的」。 |
| 根據I：這樣的「行動」可以有效達成這個「目的」。 |
| 因此C：我主張要採行這樣的「行動」。 |

　　主張在實用推論的方式，用來瞭解行動（understand actions）；對照在理論推論上，主張在解釋事件（explain events）（Dunn, 2012: 361）。動機式論證模式與因果式論證模式的區別在動機式論證模式的主張在瞭解行動，而因果式論證模式在解釋事件（Dunn, 2012: 361）。

四、支持理由

　　對於立論理由在目標與行動之間的關係，再加強其連結度。

五、反對理由

　　對於行動能否達成目的加以質疑。並且也可以對於政策相關的資訊有關目的與行動的關係也加以質疑。

六、駁斥理由

　　對於反對理由所提出的質疑，加以駁斥。

七、論證可信度

　　對照正反兩方面的意見，如果正反的意見較強，則Q_1成立，如果反方的意見較強，則修正Q_1的主張，成立Q_2。

參、實例13-1：有關平等權修正案動機式論證模式

一、事實經過

　　美國最近民意調查，多數民意強烈需求有必要通過平等權利修正案以防止婦女受到（性別）歧視。可是，大多數國會議員反對平等權利修正案。由於政府系統運作係由代表民眾的國會做決定。所以，國會通過平等權利修正案（ERA），並不樂觀。但是，經過熱心民眾的奔走呼籲：性別平等是所有其他價值的前提，包括代議政府。後來，國會兩院（1971、1972年分別）（維基百科，2014：ERA）通過了平等權利修正案（ERA）（Dunn, 2012: 361）。

二、爭論點

　　政策主張是否基於強烈的動機而提出？

三、政策主張

　　國會應該通過平等權利修正案（ERA）。

四、政策相關的資訊

　　民意調查，多數民意強烈需求有必要通過平等權利修正案以防止婦女受到（性別）歧視。

五、立論理由

　　需要平等權利修正案以防止對婦女的歧視。

六、支持理由

　　無。

七、反對理由

大多數國會議員反對平等權利修正案。政府系統運作係由代表民眾的國會做決定。儘管民眾支持平等權利修正案。

八、駁斥反對理由

性別平等是所有其他價值的前提。包括代議政府。

九、論證可信度

降低「確定」（Q_1）為「可能」（Q_2）。反對理由雖然薄弱，但仍重要。結構圖見圖13-1。

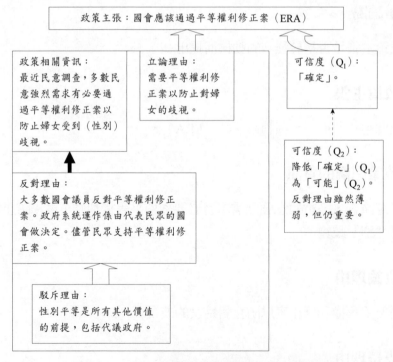

圖13-1　平等權利修正案的動機式論證結構

資料來源：Dunn, 2012: 362.

參考文獻

中文部分

馬群傑譯，2011，《公共政策分析》，台北市：台灣培生教育出版社。
　　譯自William N. Dunn. *Public Policy Analysis: An Introduction* 4th ed.
　　Englewood Cliffs, NJ: Prentice Hall. 2008.
維基百科，2014，〈Equal Rights Amendment〉，維基百科網站，網址：
　　http://en.wikipedia.org/wiki/Equal_Rights_Amendment，下載日期：2014
　　年7月25日。

英文部分

Dunn, William, N. 2012. *Public Policy Analysis*, 5th ed., Upper Saddle River,
　　NJ: Pearson.

第十四章

直覺式論證模式

壹、論證的基礎：直覺

　　直覺係不需要太繁瑣的邏輯推理過程，而能夠直接快速或立即獲得事情真相。直覺式論證以對於政策相關資訊生產者之有意識（conscious）或前意識（preconscious）的認知（cognitive）、情緒（emotional）或精神（spiritual）狀態為基礎（Dunn, 2012: 345；參考馬群傑譯，2011：399）。直覺的來源，依據Dunn（2012: 345）有三個：1.認知；2.情緒；3.精神。認知又分為有意識的認知與前意識的認知，屬於Freud（1931）所說的，三個層次中的：意識、前意識，不包括無意識（unconscious），因為無意識不能產生直覺。分述如下：

一、有意識的認知

　　維基百科（2014）指出：「意識是一個不完整的、模糊的概念。人在思考時或像感受圖像一樣感受到自己的所思所想亦是人的意識，亦無法通過語言準確的描述。一般認為意識是人對環境及自我的認知能力以及認知的清晰程度。」（參考維基百科：意識）。例如：某甲看到杯子裡的水冒煙，就意識到（直覺）不能夠用手直接拿杯子，因為非常燙。

二、前意識的認知

　　前意識是無意識的信念與意識的信念之間的表現（declaration）（Hamilton, 2014: 1）。無意識很難或根本不能進入意識，前意識則可能進入意識。依據Freud（1931）認為前意識是種「經驗」與「記憶」，但

一時突然無法想起。由於經驗或記憶的屬性有苦有樂，個體存有一種壓抑痛苦經驗的內在力量，使其進入無意識而不再想起。

對於特定經歷或特定事實的記憶，平時並不會一直意識其存在，但在必要時或出現相關線索時，便能突然想起。彷彿像啟動開關一樣觸動。例如：某甲從昨天的新聞得知今天降雨機率為80%，當某甲今日出門時，昨天看新聞的意識已成為前意識記憶。此記憶讓某甲直覺要帶傘出門。

三、情緒

喜怒哀樂謂之情緒。某種特定的情緒，可以產生直覺。當人們遇到有害的環境，交感神經系統就自動地進行快速的反應與危機處理。此時，害怕、緊張的情緒也被釋放出來，以催促人們更有效率地，直接、直覺體認環境的危險，做直覺式的制約反應（施建彬，2014）。

四、精神

成語「福至心靈」可以表達精神狀況與直覺的關係。當人們精神狀況良好，就容易產生直覺。Euclid一直想要探討王冠的體積，百思不得其解，只好先休息一下再說。他就去洗澡。此時，他的精神相當輕鬆，當他把身體泡在水缸裡頭，水缸的水就滿出來。他靈機一動，突然發現了答案了。

直覺的呈現方式，Dunn（2012: 345）有洞見（insight）、感受（feeling）、以及默會知識（tacit knowledge）。其中需要說明的是默會知識，係指某種知識是個人經過時間累積而得，無法以文字或語言表達，使用時無法觀察到，是智者經過長時間經驗的累積，所形成的內部化知識，其精華是文件或是資料庫無法重現的（Nonaka and Takeuchi, 1995: 8；吳定，2003：100-101）。

貳、直覺式論證模式的結構

一、政策主張

政策主張是以政策制定過程中，參與者洞察的假定（assumptions）提出。政策主張僅重申資訊中提過的報告或意見。以早期的軍事政策為例：

二、政策相關的資訊

政策相關資訊包含真實的報告或表達的意見。

三、立論理由

資訊提供者內在心智（洞察力、判斷、瞭解）的表達，肯定某種行為一出現，相關人一定會有某種作為。例如：實例14-1，指揮官判斷：把一頭牛丟出城堡牆外，敵軍一看到這種情形，會認為城內糧食充足，便退軍。實例14-2，諸葛亮判斷：空城計，故作鎮定狀，司馬懿一看到此情形，便認為有埋伏，立即退兵。

四、支持理由

資訊提供者默會地得知，只要某種行為一出現，對方一定會有某種表現。

五、反對理由

對方並不是受到資訊提供者睿智的判斷而做這種行為，而是另有其他原因。

六、駁斥理由

在當時沒有其他原因，被直覺者所料定的行為。

七、論證可信度

可能。直覺式論證模式特別強調：在發展具創新性的政策問題解答過程中，洞察力、判斷力與默會知識的重要性。然而，仍有其爭議。因為，內心世界是否被料定，如何證明？例如：實例14-1，公爵夫人為什麼退兵？是因為看到城牆上面丟下牛隻，包圍沒有用？還是本來就想要退兵？已有很多國內的疑難雜症需要處理，不需要再外曠日持久，師老兵疲？在實例14-2，司馬懿為什麼退兵？是因為空城計，懷疑地下有百萬伏兵？還是認為不必冒進，還有很多更重要事情需要處理？還是故意養敵自重？

參、實例14-1：圍堡（Hochosterwitz）之役直覺式論證模式

一、事件經過

在1334年，荷蘭Tyrol公爵夫人Margeretha Maultasch，包圍了奧地利Carinthia省的Hochosterwitz城堡。她清楚該城堡乃座落於溪谷上頭一處陡峭的岩壁上，除了長時間的圍城外，可說是堅不可摧。在此時期，防守者的情況已變得非常危險：他們僅剩下最後一頭牛與兩袋存糧。公爵夫人的情勢也同樣越來越緊迫：她的軍隊眼見圍城已久卻無尺寸之功，開始變得浮躁，且其他地方還有同等緊急的戰事需處理。此時，城堡的指揮官決定孤注一擲，採取令人覺得難以想像的行動。他宰殺了最後這頭牛，將最後僅剩的糧米塞入該牛中，並將牛隻丟向城牆外的敵軍所駐紮的草地上。公爵夫人收到從城牆上來的嘲諷訊息（此訊息令公爵夫人直覺認為城裡的糧食充足到可以浪費）[1]，頹喪地放棄圍城，而撤退（Dunn, 2012: 362-363；參考馬群傑譯，2011：414-415；李明寰譯，2002：146）。

---

[1] Keystopotential, 2014, The Siege of Hochosterwitz Castle -- Do the Unexpected，網址：http://keystopotential.com/the-siege-of-hochosterwitz-castle-how-the-unexpected-can-lead-to-success，下載日期：2014年7月28日。

二、爭論點

守軍指揮官的直覺是否料準了：公爵夫人認為城堡丟下牛隻，城堡裡的糧食非常充足，久圍無益，不如撤退。

三、政策主張

守軍應該將最後這頭牛丟擲下去。

四、政策相關的資訊

城堡指揮官相信，當敵人看到城牆上丟下這頭牛，就會放棄而不繼續包圍下去。

五、立論理由

城堡指揮官是具有直覺、洞察力、創造力、能力與意識性判斷力。

六、支持理由

指揮官瞭解（默會地得知），只要公爵夫人知道城堡會堅守不出，她便會放棄包圍。

七、反對理由

指揮官與公爵夫人有祕密協商。

八、駁斥理由

城堡指揮官從沒與公爵夫人直接或間接的溝通過。

九、論證可信度

可能成立。結構圖見圖14-1。

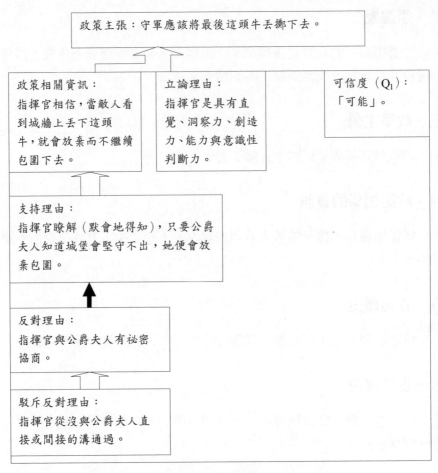

政策主張：守軍應該將最後這頭牛丟擲下去。

政策相關資訊：
指揮官相信，當敵人看到城牆上丟下這頭牛，就會放棄而不繼續包圍下去。

立論理由：
指揮官是具有直覺、洞察力、創造力、能力與意識性判斷力。

可信度（Q₁）：
「可能」。

支持理由：
指揮官瞭解（默會地得知），只要公爵夫人知道城堡會堅守不出，她便會放棄包圍。

反對理由：
指揮官與公爵夫人有祕密協商。

駁斥反對理由：
指揮官從沒與公爵夫人直接或間接的溝通過。

圖14-1　圍堡之役的直覺式論證結構

資料來源：修正Dunn, 2012: 363.

肆、實例14-2：空城計（三國演義）直覺式論證模式

一、事件經過

《三國演義》中寫，魏國派司馬懿掛帥進攻蜀國街亭，諸葛亮派馬謖

駐守失敗。司馬懿率兵乘勝直逼西城，諸葛亮無兵迎敵，但沉著鎮定，大開城門，自己在城樓上彈琴唱曲。司馬懿懷疑設有埋伏，引兵退去（參考三國演義，第95回，馬謖拒諫失街亭・武侯彈琴退仲達）。

二、爭論點

諸葛亮對於司馬懿看到城門大開，諸葛亮在城樓上彈琴唱曲的情形，是否會引起司馬懿的直覺，懷疑設有埋伏，必須趕緊引兵退去，否則必然中計，全軍覆沒？

三、政策主張

諸葛亮應該要沉著鎮定，大開城門，在城樓上彈琴唱曲。司馬懿必然引兵退去。

四、政策相關的資訊

司馬懿疑心太重，看到大開城門，而諸葛亮在城樓上彈琴唱曲，司馬懿就會放棄進攻而引兵退去。

五、立論理由

諸葛亮是具有直覺、洞察力、創造力、能力與意識性判斷力。

六、支持理由

諸葛亮瞭解（默會地得知），司馬懿將進攻，除非城牆內或附近埋有重兵。

七、反對理由

司馬懿引兵退去，另有其他原因（例如：失去諸葛亮這一對手，自身就被鳥盡弓藏），不是怕中了埋伏。

八、駁斥理由

司馬懿地位穩固，不可能要留住諸葛亮以保住自身地位。

九、論證可信度

可能。結構圖見圖14-2。

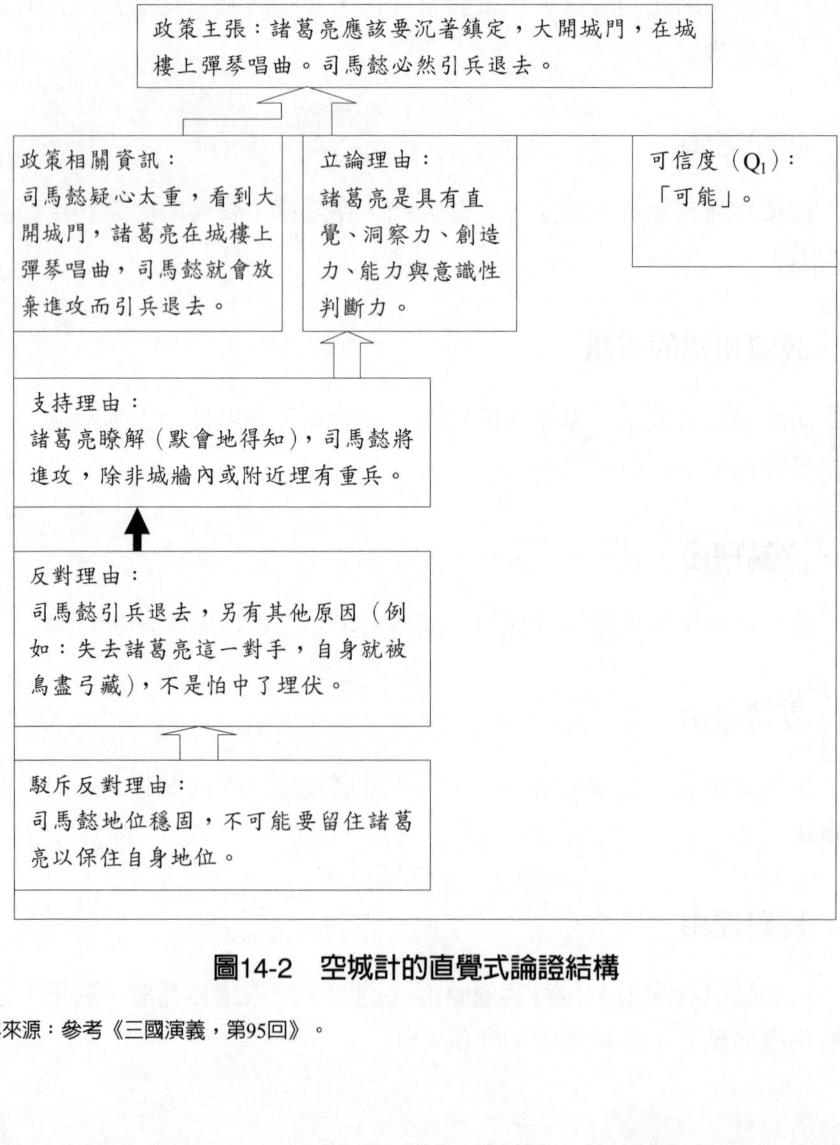

政策主張：諸葛亮應該要沉著鎮定，大開城門，在城
樓上彈琴唱曲。司馬懿必然引兵退去。

政策相關資訊：
司馬懿疑心太重，看到大
開城門，諸葛亮在城樓上
彈琴唱曲，司馬懿就會放
棄進攻而引兵退去。

立論理由：
諸葛亮是具有直
覺、洞察力、創造
力、能力與意識性
判斷力。

可信度（Q_1）：
「可能」。

支持理由：
諸葛亮瞭解（默會地得知），司馬懿將
進攻，除非城牆內或附近埋有重兵。

反對理由：
司馬懿引兵退去，另有其他原因（例
如：失去諸葛亮這一對手，自身就被
鳥盡弓藏），不是怕中了埋伏。

駁斥反對理由：
司馬懿地位穩固，不可能要留住諸葛
亮以保住自身地位。

圖14-2 空城計的直覺式論證結構

資料來源：參考《三國演義，第95回》。

參考文獻

中 文部分

吳定，2013，《公共政策辭典》，台北：五南。

李明寰譯，2002，《公共政策分析》，台北：時英出版社。譯自William N. Dunn. *Public Policy Analysis: An Introduction* 2nd ed. Englewood Cliffs, NJ: Prentice Hall. 1994.

施建彬，2014，〈認識情緒〉，網址：http://help2.ncue.edu.tw/ezcatfiles/b014/img/img/280/EQ_share_04.pdf，下載日期：2014年7月29日。

馬群傑譯，2011，《公共政策分析》，台北市：台灣培生教育出版社。譯自William N. Dunn. *Public Policy Analysis: An Introduction* 4th ed. Englewood Cliffs, NJ: Prentice Hall. 2008.

羅貫中，2004，《三國演義》，新版，台北：聯經。

英 文部分

Dunn, William, N. 2012. *Public Policy Analysis*, 5th ed., Upper Saddle River, NJ: Pearson.

Hamilton, V. 2014. *The analyst's preconscious.* New York: Routledge.

Keystopotentia, 2014. "The Siege of Hochosterwitz Castle -- Do the Unexpected." 網址：http://keystopotential.com/the-siege-of-hochosterwitz-castle-how-the-unexpected-can-lead-to-success，下載日期：2014年7月28日。

Nonaka Ikujiro and Hirotaka Takeuchi, 1995. *The Knowledge-Creating Company.* Oxford: Oxford University Press.

Freud, S. 1931. *The interpretation of dreams.* New York: Carlton House.

第十五章

類比式論證模式

壹、論證的基礎：類比

　　類比式論證模式來自於類比（analogy）是基於所探討的案例與狹義的類比（analogy）、隱喻（metaphor）及寓言（allegory）之間的關係，有相似性（Dunn, 2014: 364）。分述之如下：

1. 狹義的類比

　　狹義的類比（analogy）是一種在人們的一般認知下，將同等的事物做簡單的聯想或比較，達到相互比喻的效果（林銘煌、黃慶賢，2002）。例子一，青春像流水，一去不復回。兩者有共通的相似性，即一去不復回。這種關連性的聯想或比較稱之為類比。

2. 隱喻

　　隱喻（metaphor），係以「A is B」的形式比喻的語藝法，藉以形容其相似性（林銘煌、黃慶賢，2002）。例子二：「她是仙女」。仙女本身不存在，而她也不會是仙女。此是隱喻「她美麗得像仙女」。在此處借用「仙女」的美，比喻「她」有如仙女同樣的美麗，而在文句結構上卻將美麗的字眼省略。

3. 寓言

　　寓言（allegory），或稱「諷刺的寓言」，簡稱「諷喻」，是作者虛構某一事物與其所表達事物的相似性，令聽眾容易瞭解（參考：林銘煌、黃慶賢，2002）。例子三：《戰國策・楚策》一所舉的例子可以說明寓言的類比。到底群臣害怕荊宣王，還是昭奚卹，江一虛構「狐假虎威」的寓

言，類比群臣真正怕的是老虎（意指荊宣王），而不是狐狸（意指昭奚恤），荊宣王聽了這樣的寓言，就真相大白了。其原文為：

　　荊宣王問群臣曰：「吾聞北方之畏昭奚恤，果誠何如？」群臣莫對。江一對曰：「虎求百獸而食之，得狐。」狐曰：「子無敢食我也！天帝使我長百獸，今子食我，是逆天帝之命也。子以我為不信，吾為子先行，子隨我後，觀百獸之見我而敢不走乎？」虎以為然，故遂與之行；獸見之皆走。虎不知獸畏己而走也，以為畏狐也。今王之地方五千里，帶甲百萬，而專屬於昭奚恤。故北方之畏昭奚恤也其實畏王之甲也猶如百獸之畏虎也。（《戰國策·楚策一》）

貳、類比式論證模式的結構

一、政策主張

　　以所舉的例子與所要探討的案例，有共同相似性。由其相似性，主張其所探討的案例之狀況。

二、政策相關的資訊

　　政策相關的資訊必須提出兩個例子，有其共同相似性。以上述三個例子（狹義的類比、隱喻、寓言），列表說明其政策相關資訊。

表15-1　狹義類比實例對照表

類比（狹義類比）	處理事項	有效處理方法
政策主張	青春	一去不復回
所舉之類比例子	流水	一去不復回

表15-2 隱喻實例對照表

類比（隱喻）	處理事項	有效處理方法
政策主張	她	美麗
所舉之類比例子	仙女	美麗

表15-3 寓言實例對照表

類比（寓言）	處理事項	有效處理方法
政策主張	群臣怕誰？	怕荊宣王，不怕昭奚卹
所舉之類比例子	狐假虎威	動物怕老虎，不怕狐狸

再舉另外三個例子說明政策相關資訊。

例子四：相關資訊：檢疫是抑止傳染性疾病最有效的方式，類比具有共同相似性是：傳染病與不合法藥物類比，檢疫與禁止類比。

表15-4 例子四類比對照表

類比	處理事項	有效處理方法
政策主張	抑制傳染性疾病蔓延	檢疫
所舉之類比例子	不讓不合法藥物氾濫	禁止

例子五：欲採行之空氣污染防制政策主張會依循成功的水污染防制政策之方向。

表15-5 例子五類比對照表

類比	處理事項	有效處理方法
政策主張	空氣污染防制	採用類比的成功政策
所舉之類比例子	水污染防制	成功的政策

例子六：政策相關資訊：消除【女性】就業歧視與消除【種族】就業

歧視具有類比共通性。可以將有效的成功的消除種族就業歧視，應用到消除女性就業歧視。

表15-6　例子六類比對照表

類比	處理事項	有效處理方法
政策主張	女性就業歧視	採用類比的成功方法
所舉之類比例子	種族就業歧視	成功的方法

三、立論理由

在類比比擬式論證中，政策主張建立在兩個以上於本質上類似的案例上。

四、支持理由

所舉的例子，與所處理的案例必須具有真正的共通相似性。

五、反對理由

錯誤的類比。類比不恰當。

六、駁斥理由

駁斥對方所指責的錯誤類比。

七、論證可信度

正反兩方面對照，如正方具有真正的共同相似性則成立。反之，則被否定，不成立。

參、實例15-1：美國平等權修正案類比式論證

一、事實經過

　　美國平等權利修正案（Equal Right Amendment, ERA）於1923年提出，是對美國憲法修正，旨在保障婦女的平等權利。1972年獲得國會兩院通過。依規定，需再經聯邦50州州議會的四分之三批准，即達38州州議會批准，才能生效。到了1977年已獲得35州議會批准。但後來又有5州州議會撤銷其批准，仍未生效（參考維基百科：Equal Rights Amendment, 2014）。

　　本案類比對比對象為種族歧視。有關種族歧視修憲的經過為：1864年獲得聯邦參議院通過，1865年獲得聯邦眾議院通過，同年獲得憲法第五條所規定的四分之三多數州批准生效。

　　但黑人平等的公民權在南方卻從未獲落實。例如：1896年美國聯邦最高法院確立對黑人採行「隔離但平等」措施的合法性，對南方黑人的人權造成嚴重的打擊。1954年聯邦最高法院在「布朗訴教育委員會」一案，判定種族隔離違憲。1963年美國民權運動領袖馬丁‧路德‧金恩（Martin Luther King, Jr.）博士發表演說《我有一個夢想》為民權運動的高峰。實際上廢除種族隔離政策在1968年才獲得成功（參考維基百科：美利堅合眾國憲法第十三條修正案，2014）。

二、爭論點

　　【反對婦女歧視】類比為【反對種族歧視】，可行嗎？【反對種族歧視】憲法修正案已於1865年通過生效。只是在南方各州未落實，後來經過民權運動者爭取，於1968年終於成功。而【美國平等權利修正案】（ERA）係於1923年提出，雖經國會兩院通過，但當時政治環境不可行，始終未達到38個州議會批准通過，未能生效。是否可以與【反對種族歧視】相類比，極有爭議？

三、政策主張

國會應該通過平等權利修正案（Dunn, 2014: 364）。

四、政策相關的資訊

民意調查顯示多數公民反對對婦女的歧視（Dunn, 2014: 364）。

五、立論理由

平等權利修正案類比於【防止對婦女的歧視】（Dunn, 2014: 364）。

六、支持理由

兩類型的法案顯示在立法與【防止歧視】間具有共同關係（Dunn, 2014: 364）。

七、反對理由

這是錯誤的類比。立法反對種族歧視是採取行政命令的形式，而非對憲法的修正案，後者在當前的情勢下並不具備政治上的可能性（Dunn, 2014: 364）。

八、駁斥反對理由

無。

九、論證可信度

考慮反對理由強烈，（Q1）不可行。（Q2）認為類比錯誤，成立（Dunn, 2014: 364）。見圖15-1。

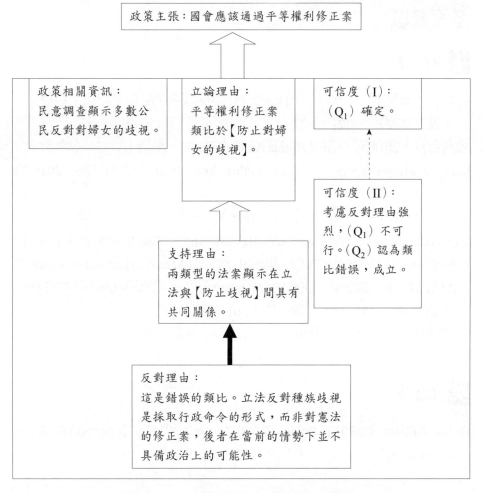

政策主張：國會應該通過平等權利修正案

政策相關資訊：
民意調查顯示多數公民反對對婦女的歧視。

立論理由：
平等權利修正案類比於【防止對婦女的歧視】。

可信度（I）：
（Q₁）確定。

可信度（II）：
考慮反對理由強烈，（Q₁）不可行。（Q₂）認為類比錯誤，成立。

支持理由：
兩類型的法案顯示在立法與【防止歧視】間具有共同關係。

反對理由：
這是錯誤的類比。立法反對種族歧視是採取行政命令的形式，而非對憲法的修正案，後者在當前的情勢下並不具備政治上的可能性。

圖15-1　美國平等權修正案類比式論證

資料來源：Dunn, 2012: 364.

參考文獻

中 文部分

林銘煌、黃慶賢，2002，〈比喻式設計的邏輯與產品功能認知之關連〉，
　《設計學報》，7(2)：1-22。

維基百科，2014，〈Equal Rights Amendment〉，網址：
http://en.wikipedia.org/wiki/Equal_Rights_Amendment，下載日期：2014年8
　月11日。

維基百科，2014，〈美利堅合眾國憲法第十三條修正案〉，網址：
https://zh.wikipedia.org/wiki/%E7%BE%8E%E5%88%A9%E5%9D%9A%E5
　%90%88%E4%BC%97%E5%9B%BD%E5%AE%AA%E6%B3%95%E7%
　AC%AC%E5%8D%81%E4%B8%89%E6%9D%A1%E4%BF%AE%E6%A
　D%A3%E6%A1%88，下載日期：2014年8月11日。

陳岸峰譯注，2013，《戰國策》，台北：中華經典文庫。

英 文部分

Dunn, William N., 2012. *Public Policy Analysis*. 5th Ed. Upper Saddle River,
　NJ: Pearson.

第十六章
平行案例式論證模式

壹、論證的基礎：平行案例

　　平行案例式論證的案例的重點在政策制定中兩個以上的案例之間的相似度。例如，其他相近的地方政府成功執行嚴格強制污染標準政策，則當地政府應以之做出比較政策（馬群傑譯，2011：416；Dunn, 2012: 365）。

貳、平行案例式論證模式的結構

一、政策主張

　　政策主張則以類似情境中所採行之成功或值得效法的政策為基本假定（馬群傑譯，2011：416-417；Dunn, 2012: 365）。

二、政策相關的資訊

　　不同國家之間，有相同的問題、或類似的問題。因而政策主張乃以共同經驗為基礎。例如英國的綜合醫療照護經驗和造鎮問題，以及荷蘭和瑞士針對毒品的除罪化，皆影響了美國相關政策的討論（馬群傑譯，2011：416-417；Dunn, 2012: 365）。

三、立論理由

　　平行案例式論證的特點是以同一機構的過往經驗為基礎進行政策論

證。同機構的過往政策常常被用以作為機構應採行特定行動時之政策主張的基礎，尤其是與現狀差異不大的政策（馬群傑譯，2011：416-417；Dunn, 2012: 365）。

四、支持理由

再進一步，深入說明兩個案例是屬於同一性質的問題，既然已經有前例可循，該前例所採用的方案極為有效，另一個案例當然也可以平行地採用同樣的有效方案。

五、反對理由

反對理由有很多種狀況：（一）國情不同，社會價值觀念不一樣，不能夠同一而論。成語橘逾淮為枳；（二）環境改變、或情勢改變，不能夠相同並論。成語此一時彼一時，情況不同。

六、駁斥理由

駁斥對方所指責的平行案例論證。

七、論證可信度

正反兩方面對照，如正方具有真正的同一或類似案例則成立。反之，則被否定，不成立。

參、實例16-1：美國毒品防治政策平行式論證模式

一、政策主張

美國應該採行「荷蘭」模式對毒品進行除罪化（Dunn, 2012: 365）。見圖16-1。

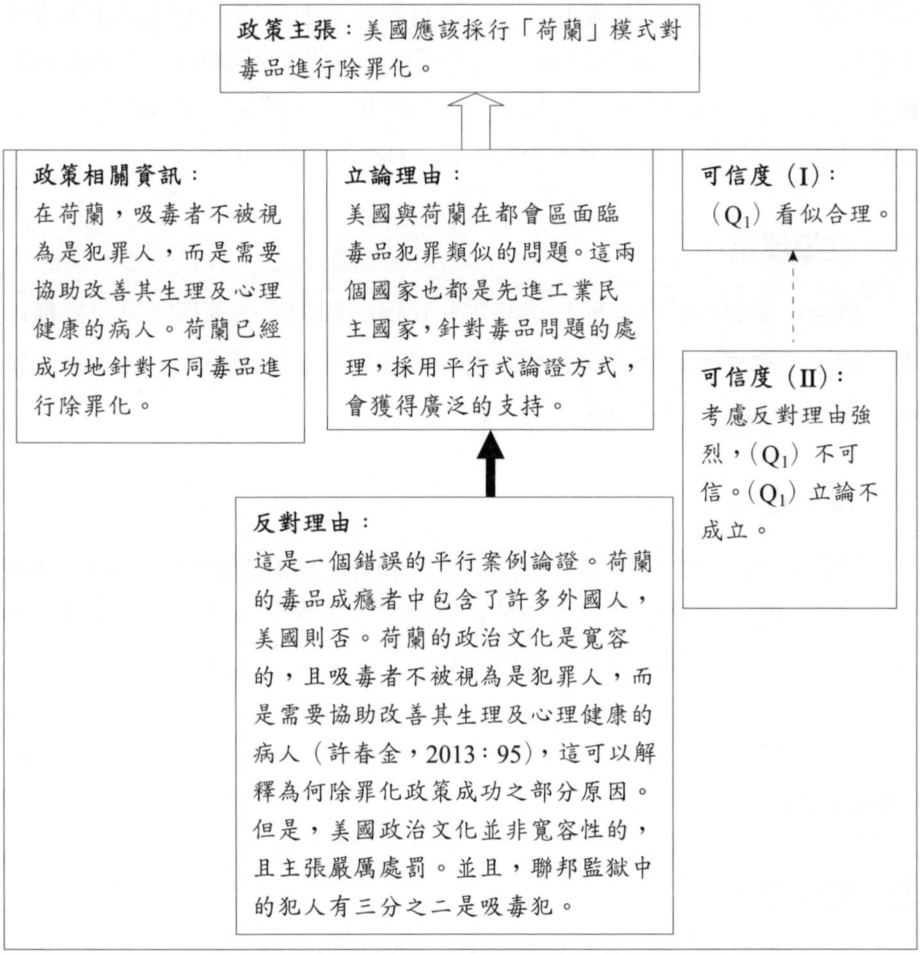

政策主張：美國應該採行「荷蘭」模式對毒品進行除罪化。

政策相關資訊：
在荷蘭，吸毒者不被視為是犯罪人，而是需要協助改善其生理及心理健康的病人。荷蘭已經成功地針對不同毒品進行除罪化。

立論理由：
美國與荷蘭在都會區面臨毒品犯罪類似的問題。這兩個國家也都是先進工業民主國家，針對毒品問題的處理，採用平行式論證方式，會獲得廣泛的支持。

可信度（I）：
（Q_1）看似合理。

可信度（II）：
考慮反對理由強烈，（Q_1）不可信。（Q_1）立論不成立。

反對理由：
這是一個錯誤的平行案例論證。荷蘭的毒品成癮者中包含了許多外國人，美國則否。荷蘭的政治文化是寬容的，且吸毒者不被視為是犯罪人，而是需要協助改善其生理及心理健康的病人（許春金，2013：95），這可以解釋為何除罪化政策成功之部分原因。但是，美國政治文化並非寬容性的，且主張嚴厲處罰。並且，聯邦監獄中的犯人有三分之二是吸毒犯。

圖16-1　美國毒品防治政策平行式論證模式

資料來源：Dunn, 2012: 364.

二、政策相關的資訊

在荷蘭，吸毒者不被視為是犯罪人，而是需要協助改善其生理及心理健康的病人（許春金，2013：95）；針對吸毒者，其權責單位為衛生、福

利和運動部及司法部。荷蘭的毒品政策有四個主要目標：(1)預防並治療娛樂性吸毒；(2)降低吸毒者的傷害；(3)減少吸毒者對社會秩序的擾動；(4)積極查緝毒品走私和生產（許春金，2013：95）。荷蘭已經成功地針對不同毒品進行除罪化（許春金，2013：95；Dunn, 2012: 365）。

三、立論理由

美國與荷蘭在都會區面臨毒品犯罪類似的問題。這兩個國家也都是先進工業民主國家，針對毒品問題的處理，採用平行式論證方式，會獲得廣泛的支持（Dunn, 2012: 365）。

四、反對理由

這是一個錯誤的平行案例論證。荷蘭的毒品成癮者中包含了許多外國人，美國則否。荷蘭的政治文化是寬容的，且吸毒者不被視為是犯罪人，而是需要協助改善其生理及心理健康的病人（許春金，2013：95），這可以解釋為何除罪化政策成功之部分原因。但是，美國政治文化並非寬容性的，且主張嚴厲處罰。並且，聯邦監獄中的犯人有三分之二是吸毒犯（Dunn, 2012: 365）。

五、駁斥理由

無。

六、論證可信度

Q_1看似合理（Dunn, 2012: 365）。
Q_2考慮反對理由強烈，Q_1不可信，立論不成立（Dunn, 2012: 365）。

肆、實例16-2：新加坡賭場設立政策平行式論證模式

　　新加坡為什麼要設立賭場，其論證方式是什麼？是否有參考其他類似成功的案例。如果有，就屬於平行式論證模式。本文參考新加坡政府設立賭場的情形，認為新加坡政府有參考澳門等地成功設立賭場的經驗。

　　新加坡政府於2005年立法通過賭場合法化；2010年新加坡的兩個賭場陸續開張。新加坡政府強調新加坡設立的是「整合渡假村」（integrated resorts, IRs）是有「有賭場的渡假村」，而不是「加料的賭場」。新加坡政府利用「有賭場的渡假村」的目標是經營新加坡成為區域國際遊樂中心；經由刺激服務業的成長與就業，帶動下一波的經濟成長（林健次，2012：96）。

一、政策主張

　　新加坡應該效法「澳門」模式，設立賭場。見圖16-2。

二、政策相關的資訊

　　澳門設立賭場是成功的案例，其交通方便，帶動娛樂旅遊、商業金融發展，相當成功。

　　新加坡賭場地理位置的設立，媲美澳門。新加坡所要設立的賭場在濱海灣與聖淘沙，在交通上與購物旅遊上非常方便。濱海灣有摩天輪（Singapore Flyer）、海灣劇院（Esplanade-Theatres on the Bay）、濱海灣金融中心（Marina Bay Financial Centre）、捷運延伸工程及濱海灣綜合度假村等，以吸引更多國外旅客（劉代洋，2008：47）。

　　聖淘沙是新加坡家庭休閒度假勝地，交通便捷，具有娛樂休閒購物多功能之地區。島上有豐富的林相及動植物群，並有3.2公里長的白色沙灘，而鄰近對岸的新加坡本島更有港灣城（Harbourfront Center）、怡豐城（Vivo City）等大型購物景點及由舊詹姆士發電廠更新改建而成的最時尚的夜店區（劉代洋，2008：48）。

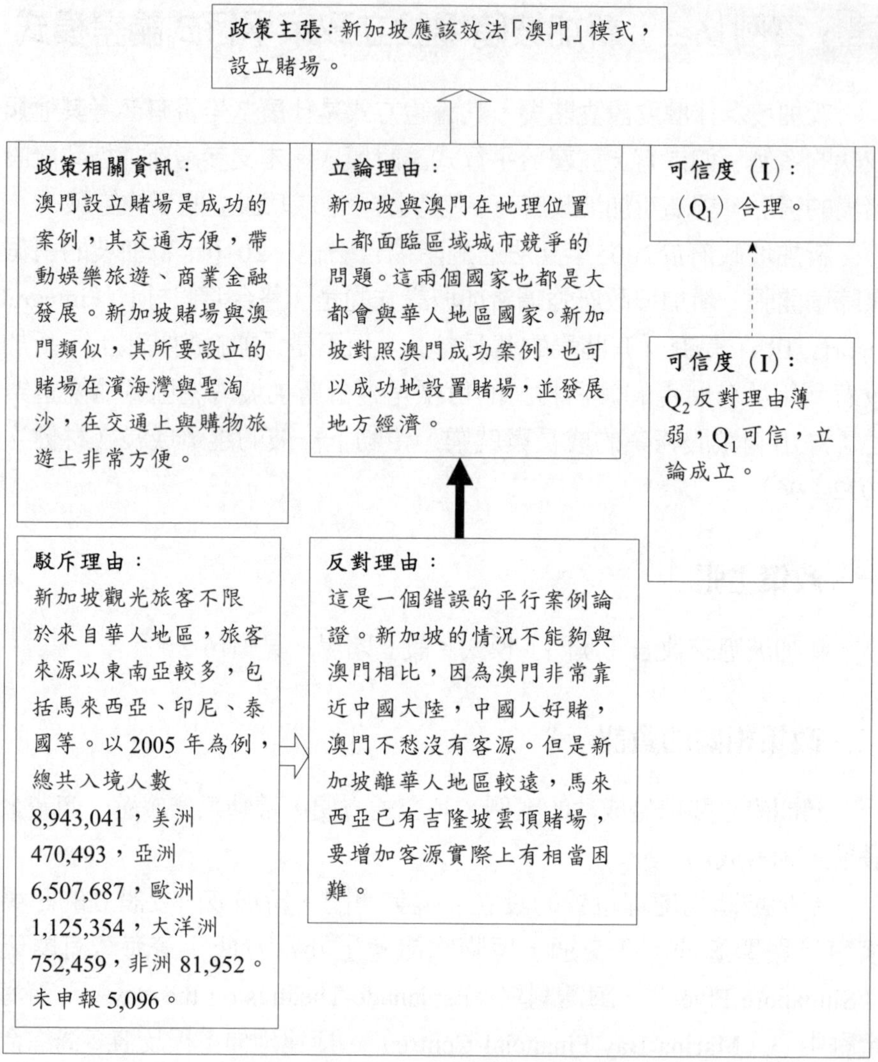

政策主張：新加坡應該效法「澳門」模式，
設立賭場。

政策相關資訊：
澳門設立賭場是成功的
案例，其交通方便，帶
動娛樂旅遊、商業金融
發展。新加坡賭場與澳
門類似，其所要設立的
賭場在濱海灣與聖淘
沙，在交通上與購物旅
遊上非常方便。

立論理由：
新加坡與澳門在地理位置
上都面臨區域城市競爭的
問題。這兩個國家也都是大
都會與華人地區國家。新加
坡對照澳門成功案例，也可
以成功地設置賭場，並發展
地方經濟。

可信度（I）：
（Q₁）合理。

可信度（I）：
Q₂反對理由薄
弱，Q₁可信，立
論成立。

駁斥理由：
新加坡觀光旅客不限
於來自華人地區，旅客
來源以東南亞較多，包
括馬來西亞、印尼、泰
國等。以 2005 年為例，
總共入境人數
8,943,041，美洲
470,493，亞洲
6,507,687，歐洲
1,125,354，大洋洲
752,459，非洲 81,952。
未申報 5,096。

反對理由：
這是一個錯誤的平行案例論
證。新加坡的情況不能夠與
澳門相比，因為澳門非常靠
近中國大陸，中國人好賭，
澳門不愁沒有客源。但是新
加坡離華人地區較遠，馬來
西亞已有吉隆坡雲頂賭場，
要增加客源實際上有相當困
難。

圖16-2　新加坡賭場設立政策平行式論證模式

三、立論理由

　　新加坡與澳門在地理位置上都面臨區域城市競爭的問題。這兩個國家

也都是大都會與華人地區國家。新加坡對照澳門成功案例，也可以成功地設置賭場，並發展地方經濟。

四、反對理由

這是一個錯誤的平行案例論證。新加坡的情況不能夠與澳門相比，因為澳門非常靠近中國大陸，中國人好賭，澳門不愁沒有客源。但是新加坡離華人地區較遠，馬來西亞已有吉隆坡雲頂賭場，要增加客源實際上有相當困難。

五、駁斥理由

新加坡觀光旅客不限於來自華人地區，旅客來源以東南亞較多，包括馬來西亞、印尼、泰國等，見表16-1。以2005年為例，總共入境人數8,943,041，美洲470,493，亞洲6,507,687，歐洲1,125,354，大洋洲752,459，非洲81,952。未申報5,096（新加坡統計局，2005）。新加坡觀光旅客客源充分，並非反對理由所說的。

六、論證可信度

Q_1合理。
Q_2反對理由薄弱，Q_1可信，立論成立。

表16-1　新加坡與澳門兩地賭場比較表

項目	澳門	新加坡
(1)差異化	自由競爭 市場經濟 自由發展 博弈收入比例甚高	結構性的賭場環境 政府高度管制限制較多 觀光導向休閒娛樂為發展重點
(2)經驗學習	文化語言數目有限	多元文化的社會 政治安定

表16-1　新加坡與澳門兩地賭場比較表（續）

項目	澳門	新加坡
(3)總結	基礎建設不足，至少落後5年 治安較差 許多大額投注玩家 不適合家庭居住 政府仍制定長期發展計畫中	基礎建設良好 適合家庭居住 政府主導觀光產業發展
(4)市場結構	完全競爭 6張執照31家賭場	雙獨占 10年經營期間
(5)賭場管制	有限的單一管制標準 對少數賭客嚴格加以限制	高度管制 嚴格制法（博弈區域的定義與眾不同）
(6)賭場掮客	掮客合法化擔任仲介人，並扮演重要角色。	掮客角色較不重要
(7)客源	本地市場	吸引外國觀光客為主
(8)抽煙管制	對吸煙沒有禁止	公共場所禁止吸煙且只有年滿21歲者可進入賭場且預繳交入場費。
(9)稅率	39%，且賭場不需繳納公司所得稅。	5%博弈稅及7%總額銷售稅（VIP） 非VIP則為15%博弈稅及7%總額銷售稅，同時公司稅不得減免。
(10)毛利	0.29%	1.07%
(11)佣金	10%	37%
(12)顧客屬性	大額投注，非賭場性的經濟活動有限90%顧客來自於大陸、台灣及香港地區，5%的顧客來自於東南亞，平均停留一天左右。	顧客較分散，顧客源預期東南亞較多，包括馬來西亞、印度及泰國等。

項目	澳門	新加坡
(13)開發成本	永利超過10億美金 威尼斯人超過30億美金 大體上平均爲20-30億美金	投資介於40-50億美金間

資料來源：劉代洋，2008：52-53。

參考文獻

中文部分

許春金（主持），2013，《毒品施用者處遇及除罪化可行性之研究》，行政院經濟建設委員會委託，台北：行政院經濟建設委員會。

劉代洋（主持），2008，《台灣發展觀光賭場之策略規劃》，行政院研究發展考核委員會委託研究報告（編號：RDEC-RES-101-019），台北：行政院研究發展考核委員會。

馬群傑譯，2011，《公共政策分析》，台北市：台灣培生教育出版社。譯自William N. Dunn. *Public Policy Analysis: An Introduction* 4th ed. Englewood Cliffs, NJ: Prentice Hall. 2008.

林健次，2012，〈新加坡的經濟發展策略－外資、外勞、外客〉，《台灣國際研究期刊》，8（4）：85-108

新加坡統計局，2005，網址：http://app.stb.gov.sg/Data/tou/typea/type1/2005/16/2005vas.pdf，下載日期：2014年9月24日。

英文部分

Dunn, William N., 2012. *Public Policy Analysis*. 5th Ed. Upper Saddle River, NJ: Pearson.

第十七章

倫理式論證模式

壹、論證的基礎：倫理

　　倫理導向的推論是以政策的對（rightness）、錯（wrongness）及好（goodness）、壞（badness）為基礎。政策主張建立在道德原則所陳述之「公平」（just）或「良善」（good）的基礎上，或是反對倫理教條中不允許的公共行為。道德原則和倫理教條，具有普世性，超越特定個人或特定群體的價值觀點（馬群傑譯，2011：417-418；Dunn, 2012: 366）。

貳、倫理式論證模式的結構

一、政策主張

　　對於公共問題的解決，其政策主張是基於大家所能接受的普遍性的倫理道德。雖然有時候，人們看到經濟的利益，或經濟的成本效益分析，其實內部隱含著人們所接受的共同的倫理道德意涵與推論：「珍惜資源，不要浪費資源，充分利用資源」（馬群傑譯，2011：417-418；Dunn, 2012: 366）。

二、政策相關的資訊

　　政策相關的資訊包括，對於某一行為、或某一主張，應該基於人們所共同遵守的倫理道德（馬群傑譯，2011：417-418；Dunn, 2012: 366）。這

些倫理道德是維繫著全體社會生存與發展所必需的。如果違反這些倫理道德，社會便很難永續發展，個人也很難存活。

三、立論理由

在倫理式論證中，立論理由（W）提供聯繫政策主張與道德或倫理原則的邏輯推論（馬群傑譯，2011：417-418；Dunn, 2012: 366）。

四、支持理由

補充立論理由的不足，加以深入探討說明，使其具有說服力。

五、反對理由

反對理由指1.這不是普遍性的倫理道德，只是在多元社會中，某些少數人的共同的價值觀念，並未普及整體社會，其他社群的人不一定贊同此一價值觀點。2.倫理道德有其時間空間的需求，在不同的時空中，倫理道德可能已經改變。不再適合另一時空的社會。例如：古代的貞節牌坊鼓勵女子守活寡的道德標準，在現代社會已經不適宜。

六、駁斥理由

駁斥理由要指出反對理由的缺失、誤解、錯誤、不合理之處，維護倫理道德普世的價值。

七、論證可信度

將正面的「政策相關資訊、立論理由、支持理由、駁斥理由」與反面的「反對理由、反對理由的支持理由」相對照，看哪方面比較強。如果正面的立論較強，則政策主張成立（Q_1）。反之，反面較強，則原政策主張不能成立，不可信。反面的主張成立（Q_2）。

參、實例17-1：美國現行所得分配倫理式論證模式

一、政策主張

當今美國的收入分布是公平的。

二、政策相關的資訊

依據Dunn（2012: 367; 2008: 409）所提供的資訊：美國「1975年，前20%的美國家庭的收入占了全國總收入的41%，而最後20%的家庭僅擁有全國5.4%的收入。1989年，前20%的家庭占了46.7%總收入，後20%家庭占了3.8%總收入。2007年，前20%的家庭是49%比後20%的家庭是3.4%。這期間平均收入是增加的，貧困者是透過社福得到補償」。見表17-1。

表17-1　美國家庭收入比例

年＼家庭	前20%家庭占全國總收入比例	後20%家庭占全國總收入比例
1975	41%	5.4%
1989	46.7%	3.8%
2007	49%	3.4%

資料來源：作者依據Dunn（2012:366）資料製作。

柏雷托法則（Pareto rule）是一個融合眾多政策經濟學者共識的簡單的倫理原則（Brown, 1976: 332-335）。該原則認為社會的最適（optimum）收入分布，係指在不損及某些人的利益下，該社會的經濟資源使用達到最高經濟效益（馬群傑譯，2011：417-418；Dunn, 2012: 366）。

三、爭論點

當今美國的收入分布是否公平？公平的論證是什麼？不公平的論證是什麼？什麼是公平？其根據在（Dunn, 2012: 367）：

1. 伯雷托最適法則（Pareto optimality）：當某些人獲益時，其他人並無損失。

2. 卡爾多希克思推論（Kaldor-Hicks corollary）：如果有損失者，則應由獲益者補償，又稱為虛擬的伯雷托最適法則（virtual Pareto optimality）。

3. 羅爾斯最適法則（Rawlsian optimality）：「對於處於較不利地位的人給予較有利的分配。」又稱羅爾斯正義論。

四、立論理由

立論理由則引用柏雷托法則（Pareto rule）：當某些人獲益時、其他人並無損失。如果有損失者，那應該要以卡爾多希克思推論（Kaldor-Hicks corollary），讓獲益者進行補償（Dunn, 2012: 367）。

五、支持理由

所有人的收入皆公平地由其能力、努力工作以及個人勞力而得到（Dunn, 2012: 367）。所得較低的家庭很可能是來自於自己本身能力不足、工作不努力，所造成的，與社會所得分配不公平無關。

六、反對理由

1. 反對「立論理由」。

1975至2007年，所得排後20%的家庭，其所得由美國總收入的5.4%降至3.4%。這是不公平的，忽略了公平的社會是應由獲益者對損失者進行補償（Dunn, 2012: 367）。

2. 反對「支持理由」。

「某些獲益者的所得來自詐欺、種族或性別歧視、以及家庭繼承」（Dunn, 2012: 367）。

七、支持「反對理由」(1)的理由

「對於處於較不利地位的人給予較有利的分配。」此為「羅爾斯正義論」，目前美國卻沒有給予較有利的分配（Dunn, 2012: 367）。

八、駁斥理由

駁斥反對理由(2)：家庭財產繼承是符合公平正義的（Dunn, 2012: 367）。

九、論證可信度

Q_1明顯地，正面的立論理由及其支持的理由較為優勢，所得分配是公平的，成立。

Q_2反對理由及其支持理由，較薄弱，不能夠成立。結構圖見圖17-1。

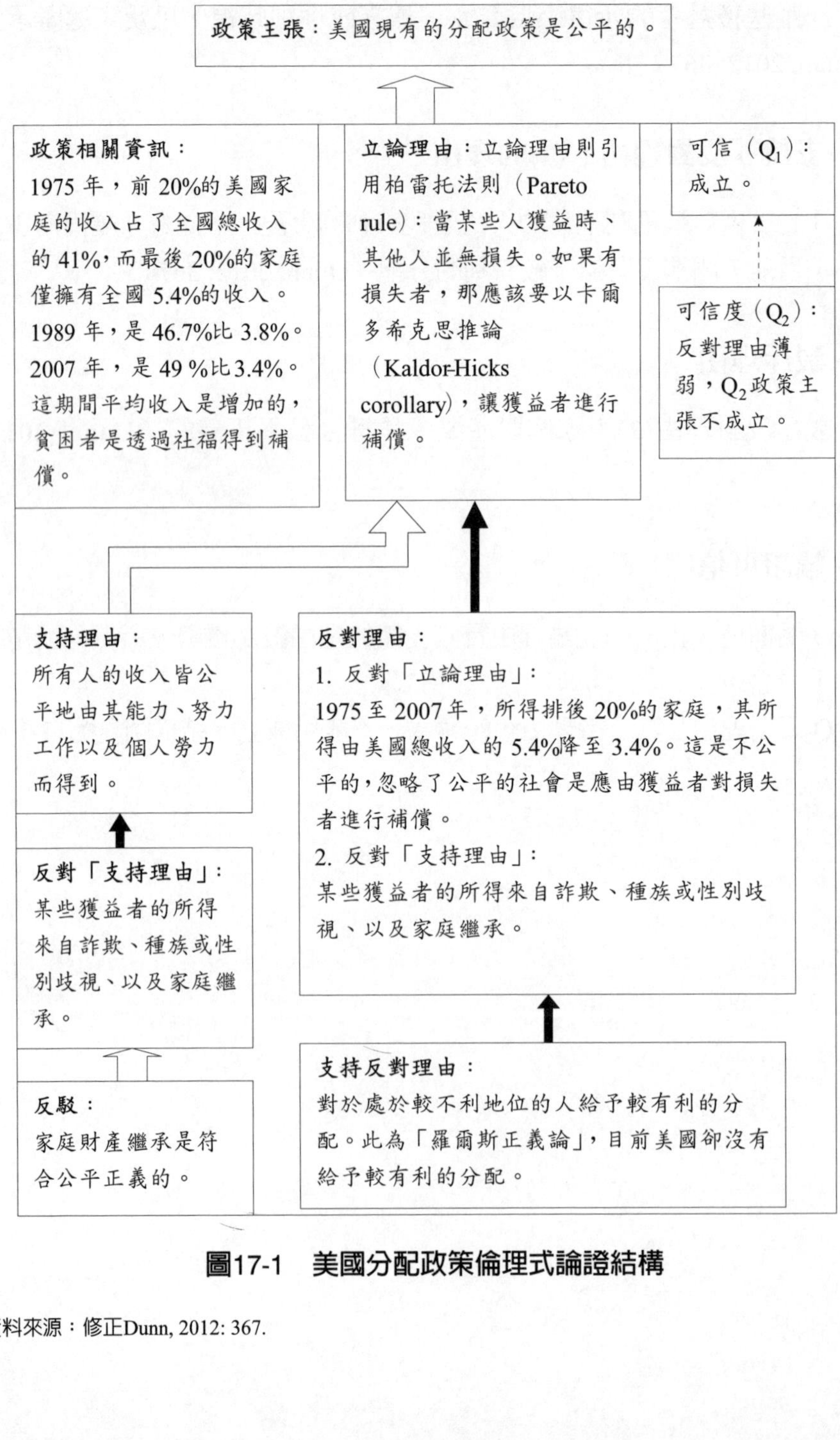

政策主張：美國現有的分配政策是公平的。

政策相關資訊：
1975 年，前 20%的美國家庭的收入占了全國總收入的 41%，而最後 20%的家庭僅擁有全國 5.4%的收入。1989 年，是 46.7%比 3.8%。2007 年，是 49%比 3.4%。這期間平均收入是增加的，貧困者是透過社福得到補償。

立論理由：立論理由則引用柏雷托法則（Pareto rule）：當某些人獲益時、其他人並無損失。如果有損失者，那應該要以卡爾多希克思推論（Kaldor-Hicks corollary），讓獲益者進行補償。

可信（Q_1）：成立。

可信度（Q_2）：反對理由薄弱，Q_2政策主張不成立。

支持理由：
所有人的收入皆公平地由其能力、努力工作以及個人勞力而得到。

反對理由：
1. 反對「立論理由」：
1975 至 2007 年，所得排後 20%的家庭，其所得由美國總收入的 5.4%降至 3.4%。這是不公平的，忽略了公平的社會是應由獲益者對損失者進行補償。
2. 反對「支持理由」：
某些獲益者的所得來自詐欺、種族或性別歧視、以及家庭繼承。

反對「支持理由」：
某些獲益者的所得來自詐欺、種族或性別歧視、以及家庭繼承。

反駁：
家庭財產繼承是符合公平正義的。

支持反對理由：
對於處於較不利地位的人給予較有利的分配。此為「羅爾斯正義論」，目前美國卻沒有給予較有利的分配。

圖17-1　美國分配政策倫理式論證結構

資料來源：修正Dunn, 2012: 367.

肆、實例17-2：身心障礙倫理式論證模式

一、爭論點

身心障礙者的權益是否應予保障？

二、政策主張

身心障礙者之權益應以維護，其平等參與社會、政治、經濟、文化等之機會應以保障，其自立及發展應以充分促進（身心障礙保護法第1條，2014）。

三、政策相關的資訊

台灣以前的社會，身心障礙人口一直是以閉鎖、飄零的方式存在，例如被家庭藏匿或被逐出家門，排除在常態社會之外，使社會產生負面的態度。譬如，對智能障礙者稱「傻瓜、白癡」，對不良於行者稱「跛腳」等等。人們嫌棄與歧視的心態嚇阻身心障礙者走出大門，更是奢談工作權的保障（謝佳蓁，2005：2；張幼慈，2002）。

四、立論理由

身心障礙者也是與一般人一樣，應有其工作權的保障，身心障礙者是弱勢。依據羅爾斯最適法則（Rawlsian optimality）：「對於處於較不利地位的人給予較有利的分配。」又稱羅爾斯正義論。因此，身心障礙者的工作權應予特別保障，以符合社會正義（李國隆，2002：1）。

五、支持理由

進一步補充支持的理由，依據羅爾斯（John Rawls）在1982年修正的正義二原則（Rawls, 1987: 5；李國隆，2002：18）：

第一原則：每個人都享有平等的權利擁有最適度的基本自由，而且大家擁有的自由在程度上是相等的。因此身心障礙者也要有平等的選擇工作的權利。

第二原則：社會與經濟的不平等必須滿足下列兩種狀況：第一，在這些不平等的狀況下所附帶的職務與職位必須在機會公平的狀況下對所有人都開放；其次，這樣的狀況必須使社會中的弱勢族群（處境最不利的人，the least advantaged）獲得最大的利益。因此身心障礙者要受到工作權的保障。

六、反對理由

工作要講求效率，同一工作如果一般人做的比身心障礙者做的更好，這項工作應該給予一般人來做。而不是付出更多的成本，去請身心障礙者來工作。

七、駁斥反對理由

對於身心障礙者來說，他們的身心障礙不是他們本身想要的。是無可奈何的發生在他們身上，沒有選擇的自由。任何人先天的或後天的，均有可能成為身心障礙者，因此不能夠對於身心障礙者歧視、排擠，弱勢族群應予特別保障，不能夠純粹站在效率的觀點去評論。

八、論證可信度

Q_1明顯地，正面的立論理由及其支持的理由較為優勢，身心障礙者權益應給予保障，成立。

Q_2反對理由及其支持理由，較薄弱，不能夠成立。結構圖見圖17-2。

政策主張：身心障礙者之權益應以維護，其平等參與社會、政治、
經濟、文化等之機會應以保障，其自立及發展應以充分促進。

政策相關資訊：
台灣以前的社會，身心障礙
人口一直是以閉鎖、飄零的
方式存在，人們嫌棄與歧視
的心態嚇阻身心障礙者走
出大門，更是奢談工作權的
保障。

立論理由：身心障礙者也
是與一般人一樣，應有其
工作權的保障，身心障礙
者是弱勢。依據羅爾斯最
適法則（Rawlsian
optimality）:「對於處於較
不利地位的人給予較有利
的分配。」又稱羅爾斯正
義論。因此，身心障礙者
的工作權應予特別保障，
以符合社會正義。

可信（Q_1）：
成立。

可信度（Q_2）：
反對理由薄
弱，Q_2政策主
張不成立。

支持理由：
依據羅爾斯（John
Rawls）在 1982 年修
正的正義二原則。

反對理由：
工作要講求效率，同一工作如果一般人做的比
身心障礙者做的更好，這項工作應該給予一般
人來做。而不是付出更多的成本，去請身心障
礙者來工作。

駁斥反對理由：
對於身心障礙者來說，他們的身心障礙不是他們本身想要的。是無
可奈何的發生在他們身上，沒有選擇的自由。任何人先天的或後天
的，均有可能成為身心障礙者，因此不能夠對於身心障礙者歧視、
排擠，弱勢族群應予特別保障，不能夠純粹站在效率的觀點去評論。

圖17-2　身心障礙倫理式論證結構

參考文獻

中文部分

馬群傑譯，2011，《公共政策分析》，台北市：台灣培生教育出版社。
　　譯自William N. Dunn. *Public Policy Analysis: An Introduction* 4th ed.
　　Englewood Cliffs, NJ: Prentice Hall. 2008.
李國隆，2002，《從社會正義看身心障礙者工作權相關法規之保障》，輔
　　仁大學社會工作學系碩士論文。
張幼慈，2002，《我國身心障礙者就業保障之研究-以定額進用制度為
　　例》，政治大學勞工研究所碩士論文。
謝佳蓁，2005，《誰說我做不到：台北市智能障礙者就業與社會資本分
　　析》，東吳大學社會學系碩士班碩士論文。

英文部分

Brown, Peter G. 1976. "Ethics and Policy Research", *Policy Analysis* 2: 332-
　　335.
Dunn, William, N. 2008. *Public Policy Analysis: An Introduction* 4th ed.
　　Englewood Cliffs, NJ: Prentice Hall.
Dunn, William, N. 2012. *Public Policy Analysis*, 5th ed., Upper Saddle River,
　　NJ: Pearson.
Rawls, John. 1987. "The Basic Liberties and Their Priority." In McMurrin,
　　Sterling, M. (Ed.), *Liberty, Equality, and Law: Selected Tanner Lectures on
　　Moral Philosophy*. Salt Lake City, Utah: University of Utah Press: 1-87.

第四篇
實例分析

本篇實例分析，一共有6章，包括：布魯圖斯與安東尼演說的政策論證、九月政爭的政策論證、胡佛院士「黃世銘合法監聽」的政策論證、大法官釋字第709號都市發展的政策論證、中國大陸改革開放的政策論證、科學普及實踐的政策論證。

第十八章

布魯圖斯與安東尼的演說

壹、前言

　　政策論證正反立論的對照，最有名的例子是莎士比亞在《凱撒遇弒記》第三幕第二場中所描寫到的兩段精彩演講。其中，第一段是由參與暗殺凱撒（Julius Caesar）的布魯圖斯（Marcus Brutus），登上講台，對因為凱撒遇刺而哀痛憤怒的群眾演講。第二段是由安東尼（Marcus Antonius）對於群眾的演講。他們兩個人的立論完全相反。本章依照William Dunn的政策論證方法，予以分析。Dunn的政策論證分析方法，並沒有加上聽眾的情緒色彩。但在演講的政策論證過程中，必須對於群眾情緒加以有力的掌控與主導。因此，必須增加群眾情緒的掌握，以利於演講過程中的政策論證之呈現。

貳、群眾情緒的掌握

　　對於群眾情緒的掌握，亞里斯多德（Aristotle, 384-322 B. C.）在《語藝學》（On Rhetoric）一書中，將之分為：倫理面向（ethos或「德」）、邏輯面向（logos或「理」）、情感面向（pathos或「情」）、系絡面向（ecos或「生態環境」）（Aristotle, 1946: 1356a, 1408a）。

　　倫理面向（ethos）指演說者與聽眾之間，所需關切的德性關係，包括：人際之間的權威正當性關係、倫理價值關係（Aristotle, 1946: 1367b）。邏輯面向（logos）指演說者與聽眾之間可以共同接受的用詞遣字的精準度、邏輯推理的嚴謹度、因果關係的明確度、事務之間類比

關係的相似度（Aristotle, 1946: 1397a-1400b）。情感面向（pathos）指演說者與聽眾之間，內心情感可以引起共鳴的情分、心理狀態、心智判斷（Aristotle, 1946: 1356a）。系絡面向（ecos）指演說者與聽眾之間，可以共同認同的世界觀、環境情勢、情境背景、個人的生活狀況（Aristotle, 1946: 1408a）。

　　就以上四個面向而言，演說者都要與聽眾在倫理、邏輯、情感、系絡相互連結與呼應，不能夠與群眾脫離，群眾才能夠聽得懂，才能夠有所感受，才能夠有所深刻地體認，打動群眾的心，激勵群眾新的認識、情感、與行動。如此，演說者才能夠掌控並主導群眾的情緒。以下就舉布魯圖斯與安東尼的演講，做政策論證對比分析。

參、布魯圖斯的演講

　　布魯圖斯所面對的聽眾是一群因凱撒遇刺而哀痛憤怒的群眾。因此，要順著群眾的情緒，發表意見。如何讓群眾靜下來，不要繼續鼓譟，聽他的演講？他採用他與群眾的倫理關係。群眾瞭解布魯圖斯的政治地位及他的為人，有他的名譽、他的話值得相信，大家都可以給予公正的論斷。因此，他說：

　　請耐心聽我講完。各位羅馬人，各位親愛的同胞們！請你們靜靜地聽我解釋。為了我的名譽，請你們相信我；尊重我的名譽，這樣你們就會相信我的話。用你們的智慧批評我；喚起你們的理智，給我一個公正的評斷。

　　群眾靜下來，繼續聽他的演講。他又要怎麼講？他要跟群眾站在同一立場，大家都是凱撒的好朋友，也深深愛著凱撒，並不是跟群眾對立。他說：

　　要是在今天在場的群眾中間，有什麼人是凱撒的好朋友，我要對他說，布魯圖斯也是和他同樣地愛著凱撒。

　　但是，群眾會懷疑，為什麼布魯圖斯參加刺殺凱撒的行動？他必須堅強地、很有震撼力的訴求（claim）。也就是William Dunn認為政策論證必須要有政策主張（policy claim），在演講中面對群眾，將claim譯為訴求，較能夠與當時的情境貼切地連結在一起。他說：

　　要是那位朋友問我為什麼布魯圖斯要起來反對凱撒，這就是我的回答：並不是我不愛凱撒，可是我更愛羅馬。

　　布魯圖斯的這句話「並不是我不愛凱撒，可是我更愛羅馬」（Not that I loved Caesar less, but that I loved Rome More），成為千古名言。群眾聽了這句話，石破天驚，立即改變對布魯圖斯的觀點。到底他如何更愛羅馬？布魯圖斯必須提出他的「立論理由」（warrant），William Dunn所講的立論理由，也就是邏輯面向當中，因果關係的明確度。也就是什麼「因」，會造成他參與刺殺凱撒（果）？他就必須要把「因」說出來，他說：

　　你們寧願讓凱撒活在世上，大家作奴隸而死呢，還是讓凱撒死去，大家作自由人而生？

　　他採用對比的方式，說明凱撒活著跟死去，對大家有什麼不同的差異。因為凱撒活著，大家作奴隸而死；凱撒死去，大家作自由人而生。這就是布魯圖斯「並不是不愛凱撒，可是更愛羅馬」的立論理由。
　　但是，凱撒也並不是一無是處，他曾經對羅馬也有貢獻；不然，群眾不會對凱撒被刺殺而感到憤怒。而布魯圖斯居然參與刺殺凱撒的行動。布魯圖斯必須要繼續補充他的理由，這就是William Dunn所講的「支持理由」（backing）。他的補充理由是：

　　因爲凱撒愛我，所以我爲他流淚；因爲他是幸運的，所以我爲他欣慰；因爲他是勇敢的，所以我尊敬他；因爲他有野心，所以我殺死他。我用眼淚報答他的友誼，用喜悅慶祝他的幸運，用尊敬崇揚他的勇敢，用死亡懲戒他的野心。

　　布魯圖斯的補充理由也是採用鮮明對比的方式，清楚地、明確地，表達出來，他所採用的論證模式是因果論證模式，讓群眾無所選擇，而必須同意並支持布魯圖斯的觀點。

表18-1　布魯圖斯因果論證模式表

愛戴		刺殺	
因爲凱撒愛我	所以我爲他流淚	因爲他有野心	所以我殺死他
因爲他是幸運的	所以我爲他欣慰	我用死亡懲戒他的野心	
因爲他是勇敢的	所以我尊敬他		
我用眼淚報答他的友誼			
我用喜悅慶祝他的幸運			
我用尊敬崇揚他的勇敢			

　　他接著必須再強化他所講理由的正當性，這在William Dunn的政策論證模式裡，是屬於支持理由的再強化。強化的理由，在面對群眾時，不能夠太強勢，反而會引起反感。因此，必須要更謙卑，說出他強化的理由。要控制群眾的情緒，必須要逆向操作，欲「揚」故意示「抑」、欲「強」故意示「弱」。他接著很謙虛地說：

　　這兒有誰願意自甘卑賤，做一個奴隸？要是有這樣的人，請說出來；因爲我已經得罪他了。這兒有誰願意自居化外，不願做一個羅馬人？要是有這樣的人，請說出來；因爲我已經得罪他了。這兒有誰願意自處下流，不愛他的國家？要是有這樣的人，請說出來；因爲我已經得罪他了。我等待著答覆。

　　他一共用了三次「我已經得罪他了」，層次一次一次地提升，從個人一直到國家，「有誰願意自甘卑賤，做一個奴隸？」「有誰願意自居化外，不願做一個羅馬人？」「有誰願意自處下流，不愛他的國家？」「因為我已經得罪他了。我等待著答復」。

　　這種停頓的演講策略，給予聽眾有思考的時間，給群眾反應，激起群眾的情緒。於是，眾市民說：「沒有」。布魯圖斯做一個肯定的結語，說：「沒有」。

　　接著，布魯圖斯必須要做一個結論，對於凱撒蓋棺論定，認為凱撒的伏法受誅也不曾過分誇大。他說：

　　那麼，我沒有得罪什麼人。我怎樣對待凱撒，你們也可以怎樣對待我。他的遇害的經過已經記錄在議會的案卷上，他的彪炳的功績不曾被抹殺，他的錯誤雖使他伏法受誅，也不曾過分誇大。

　　這個時候，安東尼等人抬著凱撒的屍體上到講台。在這種時機下，布魯圖斯見好即收。對他來講，是極為成功的演講。他並且回馬槍，給予後面要演講的人（安東尼），先損一頓，並且對群眾，先打「預防針」，不要片面相信安東尼的偏見與煽動（游梓翔，2000：440）。他接著說：

　　安東尼護送著凱撒的遺體來了。雖然安東尼並不預聞凱撒的死，可是他將要享受凱撒死後的利益，他可以在共和國中得到一個地位，正像你們每一個人都是共和國中的一份子一樣。當我臨去之前，我還要說一句話：為了羅馬的好處，我殺死了我的最好的朋友，要是我的祖國需要我的死，那麼無論什麼時候，我都可以用那同一把刀子殺死我自己。

　　布魯圖斯這段最後的說辭，強調：「為了羅馬的好處，我殺死了我的最好的朋友，要是我的祖國需要我的死，那麼無論什麼時候，我都可以用那同一把刀子殺死我自己。」表示他的演講頭尾一貫。他一開始上台演講，表明：我更愛羅馬，所以我殺死了我最好的朋友。最後結語，他還是

強調：我是愛我的祖國的，「要是我的祖國需要我的死，那麼無論什麼時候，我都可以用那同一把刀子殺死我自己。」這句結尾，極具煽動力。因此，聽眾開始鼓譟。〔眾市民：不要死，布魯圖斯！不要死！不要死！〕〔市民甲：用歡呼護送他回家。〕〔市民乙：替他立一座雕像，和他的祖先們在一起。〕〔市民丙：讓他做凱撒。〕〔市民丁：讓凱撒的一切光榮都歸於布魯圖斯。〕〔市民甲：我們要一路歡呼送他回去。〕

布魯圖斯又開始演說：「同胞們──」，這時候，群眾開始靜下來。〔市民乙：靜！別鬧！布魯圖斯講話了。〕〔市民甲：靜些！〕他接著繼續演說：

善良的同胞們，讓我一個人回去，爲了我的緣故，留在這兒聽安東尼有些什麼話說。你們應該尊敬凱撒的遺體，靜聽安東尼讚美他的功業的演說；這是我們已經允許他的。除了我一個人以外，請你們誰也不要走開，等安東尼講完了他的話。（布魯圖斯走下講台）

他這句回馬槍，表明大家都應該尊敬凱撒的遺體，並且預告安東尼的演講一定是讚美凱撒的功業。並且，很有信心地要群眾，不要走散，好好聽完安東尼的演講。布魯圖斯心裡猜測：安東尼一定會被群眾轟下來。群眾也願意聽安東尼到底要講什麼，再進行下一步動作。〔市民甲：大家別走！讓我們聽安東尼講話。〕〔市民丙：讓他登上講壇；我們要聽他講話。尊貴的安東尼，上去。〕

肆、安東尼的演講

安東尼走上講台，開始他的演講：

安東尼爲了布魯圖斯的緣故，我感激你們的好意。

這個時候，群眾開始懷疑，並且鼓譟，到底安東尼要講什麼話。

安東尼講話的技巧，承接布魯圖斯的好意，為他挽留了群眾，不要群眾走散，也聽聽安東尼的演講，安東尼感謝群眾留下來，願意聽他的演講的好意。群眾的鼓譟內容為：〔市民丁：他說布魯圖斯什麼話？〕〔市民丙：他說，為了布魯圖斯的緣故，他感激我們的好意。〕〔市民丁：他最好不要在這兒說布魯圖斯的壞話。〕〔市民甲：這凱撒是個暴君。〕〔市民丙：嗯，那是不用說的；幸虧羅馬除掉了他。〕〔市民乙：靜！讓我們聽聽安東尼有些什麼話說。〕

安東尼接著怎麼講？在演說的技巧上，他必須讚美群眾。所以他說：

各位善良的羅馬人——

這時候，群眾受到安東尼的讚美。群眾是善良的羅馬人。於是，群眾靜下來要聽安東尼的演講。〔眾市民：靜些！讓我們聽他說。〕安東尼接著演講，他到底要怎麼樣透過第一句話的「定位」，安定群眾的情緒，並且與群眾站在同一邊。他說：

各位朋友，各位羅馬人，各位同胞，請你們聽我說。我是來埋葬凱撒，不是來讚美他。

這句話，極為重要，表明安東尼來到群眾這裡的目的是：「我是來埋葬凱撒，不是來讚美他。」因為，早先布魯圖斯已經先預告安東尼是跟凱撒站在同一邊，是來讚美凱撒的。不要引起群眾的誤會與反感。安東尼演講要警覺到演講當時的群眾系絡關係（Aristotle, 1946: 1408a）。所以，安東尼這句「定位」的話，不僅鑲嵌在群眾的系絡關係裡，並且，具有照顧並安定群眾情緒的作用，正如亞里斯多德的《修辭學》，強調演說要有「情緒」的論證思維（Aristotle, 1946: 1356a）。而且非常明確，是屬於William Dunn（2012: 341）所講的「界定型」（definitive）主張，是什麼，不是什麼，非常明確。接著，安東尼的演說，必須要從「埋葬」切入，他說：

　　人們做了惡事，死後免不了遭人唾罵，可是他們所做的善事，往往隨著他們的屍骨一齊入土；讓凱撒也這樣吧。

　　「埋葬」，一旦一個人死了，他所做的一切惡事與善事通通一起入土，凱撒也是這個樣子。這句話暗示著：凱撒不僅做了惡事，也做了善事。安東尼的演講開始對凱撒的評論有所轉折。因為凱撒做了惡事，也付出了殘酷的代價。但是，凱撒做了善事，又怎麼啦？安東尼的演講技巧，不能夠立即直接說出凱撒所做的善事，必須有所停頓，說出布魯圖斯等一群刺殺凱撒的人，是正人君子，在凱撒的喪禮中說幾句話。安東尼就這麼說：

　　尊貴的布魯圖斯已經對你們說過，凱撒是有野心的；要是真有這樣的事，那誠然是一個重大的過失。凱撒也為了它付出殘酷的代價了。現在我得到布魯圖斯和他的同志們的允許——因為布魯圖斯是一個正人君子，他們也都是正人君子——到這兒來在凱撒的喪禮中說幾句話。

　　安東尼要繼續怎麼說呢？他採用對比的方式。布魯圖斯是正人君子，而布魯圖斯說凱撒是有野心的。重複地強調著。

　　凱撒是我的朋友，對我是那麼地真誠公正；然而布魯圖斯卻說他是有野心的，而布魯圖斯是一個正人君子。

　　安東尼開始細數凱撒的善事，每一件善事都不是野心者的行徑；野心者不會做善事，而凱撒卻做了很多善事。這是屬於邏輯推理（Aristotle, 1946: 1397a-1400b）的部分。

　　凱撒曾經帶許多俘虜回到羅馬來，他們的贖金都充實了公家的財庫；這可以說是野心者的行徑嗎？窮苦的人哀哭的時候，凱撒曾經為他們流淚；野心者是不應當這樣仁慈的。

　　由一件件的善事，反駁布魯圖斯說凱撒是有野心的。並且同時對照布魯圖斯是一個正人君子。並且舉大家記憶猶新的例子，說明凱撒不是有野心的。這個例子是：「你們看見在盧柏克節的那天，我三次獻給凱撒一頂王冠，他三次都拒絕了。」演說的技巧就必須要讓群眾有鮮明、具體、明確、動人的景象。他說：

　　然而布魯圖斯卻說他是有野心的，而布魯圖斯是一個正人君子。
　　你們看見在盧柏克節的那天，我三次獻給凱撒一頂王冠，他三次都拒絕了；這難道是野心嗎？然而布魯圖斯卻說他是有野心的，而布魯圖斯的的確確是一個正人君子。

　　安東尼演說的技巧一直都沒有在貶損布魯圖斯，一再用：尊貴的布魯圖斯、正人君子的布魯圖斯，不是在推翻布魯圖斯所說的話，而只是在呈現安東尼所知道的事實。他說：

　　我不是要推翻布魯圖斯所說的話，我所說的只是我自己所知道的事實。

　　什麼事實呢？「你們過去都曾愛過凱撒」。安東尼演講的論證方式，採用具體的事實，千真萬確的事實，不能夠被否認的事實。可是，現在群眾，為什麼不哀悼凱撒？他直接講出理由。他採用了因果論證的方式（Dunn, 2012: 353-357）。他說：

　　你們過去都曾愛過凱撒，那並不是沒有理由的；那麼，什麼理由阻止你們現在哀悼他呢？唉，理性啊！你已經遁入了野獸的心中，人們已經失去辨別是非的能力了。

　　而安東尼是不是也跟群眾一樣，沒有理性。他自己不能夠很高傲地高於群眾。群眾沒有理性，是因為理性已經遁入了野獸的心中，失去了辨別

是非的能力。而凱撒的心是在凱撒的棺木裡面。他自認為，他如果要恢復理性，必須停頓片刻，等安東尼的心回到安東尼自己的胸腔裡。他說：

　　原諒我；我的心現在是跟凱撒一起在他的棺木之內，我必須停頓片刻，等它回到我自己的胸腔裡。

　　這一停頓，對於群眾非常有效。可以讓群眾有思考、反省的時間。演講不能滔滔不絕。該停頓，就必須停頓，讓群眾多加思考，到底演說者講得對不對。於是，群眾想了之後，提出他們的看法。〔市民甲：我想他的話說得很有道理。〕〔市民乙：仔細想起來，凱撒是有點兒死得冤枉。〕〔市民丙：列位，他死得冤枉嗎？我怕換了一個人來，比他還不如哩。〕〔市民丁：你們聽見他的話嗎？他不願接受王冠；所以他的確一點沒有野心。〕〔市民甲：要是果然如此，有幾個人將要付重大的代價。〕〔市民乙：可憐的人！他的眼睛哭得像火一般紅。〕〔市民丙：在羅馬沒有比安東尼更高貴的人了。〕〔市民丁：現在聽看；他又開始說話了。〕群眾已經回心轉意，開始認同安東尼所講的事實，以及肯定凱撒所做的善事。於是，安東尼的演講開始發揮，他說：

　　就在昨天，凱撒的一句話可以抵抗住全世界；現在他躺在那兒，無論多麼卑賤的人也不肯向他致敬了。

　　安東尼的這句話，又是非常鮮明的對比：凱撒還沒有被刺殺之前，就在昨天，凱撒的一句話可以抵抗住全世界；而現在他已經被刺殺了，躺在那兒。無論多麼卑賤的人，也不肯向他致敬。他明明在煽動群眾，卻故意說，他不能夠對不起布魯圖斯等人，因為他們是正人君子。他寧可對不起凱撒，對不起他自己，對不起群眾，不願意對不起正人君子的布魯圖斯等人。所以他沒有意圖要激動群眾的心靈。這一部分的演講是屬於倫理方面（Aristotle, 1946: 1367b）的論述。他說：

　　啊，諸位！要是我有意想要激動你們的心靈，引起一場叛亂，那我就

要對不起布魯圖斯，對不起卡斯卡；你們大家知道，他們都是正人君子。我不願幹對不起他們的事；我寧願對不起死人，對不起我自己，對不起你們，卻不願對不起這些正人君子。

　　安東尼又再舉出更能夠刺激群眾的事實，就是凱撒的遺囑。他先故賣關子，不立即說出遺囑的內容，而先描述聽到遺囑的內容會有什麼樣的反應。他說：

　　可是這兒有一張羊皮紙，上面蓋著凱撒的印章；那是我在他的臥室裡找到的一張遺囑。只要讓民眾一聽到這張遺囑上的話——原諒我，我現在還不想宣讀——

　　有人就會去吻凱撒屍體上的傷口，用手巾去蘸他神聖的血，還要乞討他的一根頭髮回去作紀念，當他們臨死的時候，將要在他們的遺囑上鄭重提起，作爲傳給後嗣的一項貴重的遺產。

　　安東尼的演說技巧，相當有煽動性。群眾等不及了，急著要知道遺囑內容。〔市民丁：我們要聽那遺囑；讀出來，安東尼。〕〔眾市民：遺囑，遺囑！我們要聽凱撒的遺囑。〕

　　安東尼故意不趕快說出凱撒遺囑的內容，要先描述遺囑大要的涵義。他說：

　　耐心吧，善良的朋友們；我不能讀給你們聽。你們不應該知道凱撒多麼愛你們。你們不是木頭，你們不是石塊，你們是有血性的人；既然是有血性的人，聽見了凱撒的遺囑，一定會激起你們心中的火焰，一定會使你們發瘋。你們還是不要知道你們是他的遺產繼承人；要是你們知道了，啊！那將會引起一場什麼亂子來呢？

　　這一部分的演說是屬於Aristotle（1946: 1356a）所認爲操弄群眾的情緒。於是，群眾又不耐煩了。〔市民丁：讀那遺囑！我們要聽，安東尼；你必須把那

遺囑讀給我們聽，那凱撒的遺囑。〕安東尼繼續操弄群眾的情緒，說明為什麼他不能夠立即說出凱撒遺囑的內容，因為他得罪不起布魯圖斯等正人君子。他說：

你們不能忍耐一些嗎？你們不能等一會兒嗎？是我一時失口告訴了你們這件事。我怕我對不起那些用刀子殺死凱撒的正人君子；我怕我對不起他們。

於是，群眾聽到「布魯圖斯等人是正人君子」，便極為反感。群眾又開始鼓譟。〔市民丁：他們是叛徒；什麼正人君子！〕〔眾市民：遺囑！遺囑！〕〔市民乙：他們是惡人、兇手。遺囑！讀那遺囑！〕安東尼宣讀凱撒的遺囑，是應群眾要求的，是被迫的，不是故意要利用凱撒的遺囑去煽動群眾。這種情況屬於 Aristotle（1946: 1408a）所認為演講必須存在於群眾的系絡之中。安東尼只好說：

那麼你們一定要逼迫我讀那遺囑嗎？好，那麼你們大家環繞在凱撒屍體的周圍，讓我給你們看看那寫下這遺囑的人。我可以下來嗎？你們允許我嗎？

群眾又開始叫嚷。〔眾市民：下來。〕〔市民乙：下來。〕安東尼走下講台。〔市民丙：我們允許你。〕〔市民丁：大家站成一個圓圈。〕〔市民甲：不要挨著棺材站著；不要挨著屍體站著。〕〔市民乙：留出一些地位給安東尼，最尊貴的安東尼。〕〔安東尼：別這樣擠著我，站開一點。〕〔眾市民：向後面站！讓開！後退！〕接著，安東尼生動地、具體地報告凱撒被刺殺的經過：

要是你們有眼淚，現在準備流吧。你們都認識這件袍子；我記得凱撒第一次穿上這件袍子，是在一個夏天的晚上，在他的營帳裡，就在他征服納維人的那一天。瞧！卡斯卡的刀子是從這地方穿過的；瞧那狠心的卡斯卡割開了一道多深的裂口；他所深愛的布魯圖斯就從這兒刺了一刀進去，

當他拔出他那萬惡的武器的時候，瞧凱撒的血是怎樣汩汩不斷地跟著它出來，好像急於湧到外面來。

安東尼對於布魯圖斯刺殺凱撒的行動，有安東尼自己的詮釋，加深群眾痛恨布魯圖斯的情緒。安東尼是這樣的詮釋：

凱撒想要知道究竟是不是布魯圖斯下這樣無情的毒手；因爲你們知道，布魯圖斯是凱撒心目中的護身天使。神啊，請你們判斷判斷凱撒是多麼愛他！這是最無情的一擊，因爲當尊貴的凱撒看見布魯圖斯行刺的時候；凱撒感受到：布魯圖斯忘恩負義的行爲，比叛徒的武器還要鋒銳，就直接刺進了他的心臟。那時候，偉大的凱撒的心就碎了。凱撒的臉被他的袍子蒙著，他的血不停地流著，就在龐貝雕像下，倒下了。

安東尼又繼續詮釋凱撒倒下來的意義：不只是凱撒倒下，而是我們都跟著一起倒下來。他說：

啊！那是一個多麼驚人的殞落，我的同胞們；我、你們，我們大家都隨著他一起倒下，殘酷的叛逆卻在我們頭上耀武揚威。

這時候，群眾都非常傷心，一直在流眼淚。安東尼就非常寫實地加以描述，他在鼓動群眾的情緒。他說：

啊！現在你們哭了，我看見你們已經良心發現；這些是眞誠的眼淚。善良的人們，怎麼！你們只看見我們凱撒衣服上的傷痕，就哭起來了嗎？瞧這兒，這才是他自己，你們看，凱撒給叛徒們傷害到這個樣子。

群眾的情緒，非常傷心，又非常憤怒，開始激動起來。〔市民甲：啊，傷心的景象！〕〔市民乙：啊，尊貴的凱撒！〕〔市民丙：啊，不幸的日子！〕〔市民丁：啊，叛徒！惡賊！〕〔市民甲：啊，最殘忍的慘劇！〕〔市民乙：我們一定要復仇。〕〔眾市民：

復仇！——動手！——捉住他們！——燒！放火！——殺！——殺！不要讓一個叛徒活命。〕

安東尼看到群眾的情緒已經沸騰了。他又火上澆油。他說：

且慢，同胞們！

群眾只好靜下來，聽聽安東尼又要講什麼。〔市民甲：靜下來！聽尊貴的安東尼講話。〕〔市民乙：我們要聽他，我們要跟隨他，我們要和他死在一起。〕安東尼接著演講，不僅要群眾有忿怒不平的情緒，而且要有討回公道的具體行動。如何激發群眾，更進一步的行動？就是要群眾去向布魯圖斯等正人君子問個清楚，到底這些正人君子與凱撒有什麼私人怨恨。他繼續說：

好朋友們，親愛的朋友們，不要讓我把你們煽起這樣一場暴動的怒潮。幹這件事的人都是正人君子；唉！我不知道他們有些什麼私人的怨恨，使他們幹出這種事來，可是他們都是聰明而正直的，一定有理由可以答覆你們。

然後，安東尼又把他自己與布魯圖斯做鮮明的對比。布魯圖斯是能言善辯的人，而安東尼是沒有智慧、沒有口才、沒有本領的一個老老實實、愛他的朋友的人。他所講的只是一些事實，又更激起群眾大受感動，奮身而起，向叛徒們抗爭。他說：

朋友們，我不是來偷取你們的心；我不是一個像布魯圖斯那樣能言善辯的人；你們大家都知道我不過是一個老老實實、愛我的朋友的人；他們也知道這一點，所以才允許我為他公開說幾句話。因為我既沒有智慧，又沒有口才，又沒有本領，我也不會用行動或言語來激動人們的血性；我不過照我心裡所想到的說出來；我只是把你們已經知道的事情向你們提醒，給你們看看親愛的凱撒的傷口，可憐的、可憐的無言之口，讓它們代替我說話。可是假如我是布魯圖斯，而布魯圖斯是安東尼，那麼那個安東尼一定會激起你們的憤怒，讓凱撒的每一處傷口裡都長出一條舌頭來，即使羅

馬的石塊也將要大受感動，奮身而起，向叛徒們抗爭了。

於是，群眾真的要暴動了。〔眾市民：我們要暴動！〕〔市民甲：我們要燒掉布魯圖斯的房子！〕〔市民丙：那麼去！來，捉那些奸賊們去！〕安東尼的演講技巧「欲揚故抑」。叫群眾慢點行動，聽聽凱撒的遺囑。他說：

聽我說，同胞們，聽我說。

這時候，群眾的情緒已經被安東尼完全掌握住。安東尼要群眾且慢，群眾就且慢。安東尼要群眾靜下來，群眾就靜下來。〔眾市民：靜些！——聽安東尼說——最尊貴的安東尼。〕安東尼繼續說：

唉，朋友們，你們不知道你們將要去幹些什麼事。凱撒在什麼地方值得你們這樣愛他呢？唉！你們還沒有知道，讓我來告訴你們吧。你們已經忘記我對你們說起的那張遺囑了。

群眾才突然想起原本就要知道凱撒的遺囑。〔眾市民：不錯。那遺囑！讓我們先聽聽那遺囑。〕安東尼就宣布凱撒的遺囑：

這就是凱撒蓋過印的遺囑。他給每一個羅馬市民75羅馬金幣。

群眾一聽到每一個市民都有75羅馬金幣，頓時非常感謝凱撒，認為凱撒最尊貴。凱撒非常了不起，群眾要為他報仇。〔市民乙：最尊貴的凱撒！我們要為他的死復仇。〕〔市民丙：啊，偉大的凱撒！〕安東尼接著說：

請耐心聽我說。

眾市民又靜下來。〔眾市民：靜些！〕安東尼繼續宣布凱撒的第二項遺囑：

　　而且，他還把台伯河這一邊的他的所有步道、他的私人園亭、他的新闢花圃，全部贈給你們，永遠成為你們世襲的產業，供你們自由散步遊憩之用。這樣一個凱撒！幾時才會有第二個同樣的人？

　　於是，群眾的情緒激昂到最高點。〔市民甲：再也不會有了，再也不會有了！來，我們去，我們去！我們要在神聖的地方把他的屍體火化，就用那些火把去焚燒叛徒們的屋子。抬起這屍體來。〕〔市民乙：去點起火來。〕〔市民丙：把凳子拉下來燒。〕〔市民丁：把椅子、窗門———什麼東西一起拉下來燒。〕

　　極為憤怒的群眾去追殺布魯圖斯等人。布魯圖斯等人瘋狂地逃出了羅馬的城門。

伍、結語

　　布魯圖斯的演講與安東尼的演講都非常精彩，具有很好的政策論證。政策論證必須要有中心主旨，一以貫之；也就是朝向政策主張或政策訴求。他們兩個人的政策主張非常鮮明，而且差異很大。布魯圖斯主張「我愛凱撒，但我更愛羅馬」。安東尼主張「我是來埋葬凱撒，不是來讚美他〔暗示：講一些事實」〕。論證的過程，兩者都用對比法。布魯圖斯採用因果論證模式的對比法，如表18-1。而安東尼採用事實逐漸加重呈現的因果論證對比法，激起民眾情緒的逐漸轉變，改為支持凱撒，而痛恨布魯圖斯等人，到最後要追殺他們，如表18-2。

表18-2　凱撒因果論證對比表

凱撒的貢獻	凱撒的野心	群眾的反應
人們所做的善事〔因〕，往往隨著他們的屍骨一齊入土〔果〕。	人們做了惡事〔因〕，死後免不了遭人唾罵〔果〕。	群眾靜下來要聽安東尼的演講。

表18-2　凱撒因果論證對比表（續）

凱撒的貢獻	凱撒的野心	群眾的反應
凱撒是安東尼的朋友，對安東尼是那麼地真誠公正。	凱撒是有野心的。要是真有這樣的事，那誠然是一個重大的過失。	讓群眾多加思考，到底演說者講得對不對。於是，群眾想了之後，提出他們的看法。
凱撒曾經帶許多俘虜回到羅馬來，他們的贖金都充實了公家的財庫。	布魯圖斯說凱撒是有野心的，而布魯圖斯是一個正人君子。	
窮苦的人哀哭的時候，凱撒曾經為他們流淚；野心者是不應當這樣仁慈的。	布魯圖斯卻說凱撒是有野心的，而布魯圖斯的的確確是一個正人君子。	
在盧柏克節的那天，安東尼三次獻給凱撒一頂王冠，他三次都拒絕了。		群眾已經回心轉意，開始認同安東尼所講的事實，以及肯定凱撒所做的善事。
	〔凱撒沒有野心（因），卻遭受到刺殺（不應當的果）〕 當尊貴的凱撒看見布魯圖斯行刺的時候；凱撒感受到：布魯圖斯忘恩負義的行為〔因〕，比叛徒的武器還要鋒銳，就直接刺進了他的心臟。那時候，偉大的凱撒的心就碎了〔果〕。凱撒的臉被他的袍子蒙著，他的血不停地流著，就在龐貝雕像下，倒下了。	群眾的情緒，非常傷心，又非常憤怒，開始激動起來。

表18-2　凱撒因果論證對比表（續）

凱撒的貢獻	凱撒的野心	群眾的反應
凱撒蓋過印的遺囑。他給每一個羅馬市民75羅馬金幣。		群眾一聽到每一個市民都有75羅馬金幣，頓時非常感謝凱撒，認爲凱撒最尊貴。凱撒非常了不起，群眾要爲他報仇。
凱撒還把台伯河這一邊的所有步道、他的私人園亭、他的新闢花園，全部贈給羅馬市民，永遠成爲羅馬市民世襲的產業，供羅馬市民自由散步遊憩之用。		群眾的情緒激昂到最高點。極爲憤怒的群眾去追殺布魯圖斯等人。

資料來源：作者自製。

參考文獻

中 文部分

游梓翔，2000，《演講學原理：公眾傳播的理論與實際》，二版，台北：五南。

英 文部分

Aristotle, 1946, *Rhetorica*. Trans. by W. Rhys Roberts. Oxford: The Clarendon Press.

Shakespeare, William, 1599, *The Tragedy of Julius Caesar*, Kindle Edition, England: Kindle. 中文有各種翻譯版本，本文加以綜合。

第十九章

九月政爭的政策論證

壹、案例1：王金平黨員資格存在事件

一、背景

2013年9月11日，中國國民黨召開考紀會之前，黨主席馬英九在國民黨黨部召開記者會，聲明王金平已因司法關說案不適任立法院院長，要求開除他的黨籍。馬主席同時取消接見外賓，在中國國民黨中央黨部等待考紀結果出爐。王金平至考紀會遞交陳情書後離開，考紀會一致決議開除王金平黨籍。

中國國民黨宣布開除王金平黨籍後，王金平院長隨即向法院提起「確認國民黨員資格存在」的民事訴訟，9月13日獲法院裁准保留黨籍的假處分，暫保國會議長的資格。

2014年3月19日，台北地院一審對王金平確認黨籍存在訴訟案做出判決，審判長張瑜鳳、受命法官梁夢迪、陪席法官陳靜茹等三位合議庭法官，以不符合比例原則等理由，判決王金平勝訴，保有中國國民黨黨籍。5月5日，中國國民黨提起上訴，高等法院由法官王怡雯負責承辦。

9月26日，高等法院二審宣判，王金平勝訴。10月22日，中國國民黨上訴最高法院。

二、政策相關資訊

王金平為中國國民黨之黨員，隸屬於高雄市路竹區黨部，並當選為第八屆不分區立法委員及立法院院長。中國國民黨於2013年9月11日以王金

平涉嫌為訴外人即立法委員柯建銘所涉司法案件，向訴外人即前法務部長曾勇夫及前台灣高等法院檢察署檢察長陳守煌關說為由，成立黨員違反紀律案件，召開中央考核紀律委員會審議會議，並於當日以王金平上開行為對中國國民黨聲譽有損、對社會公益有害，違反中國國民黨黨章第35條第1項第2款規定為由，依第36條第1項第4款規定為撤銷王金平黨籍處分之決定。

三、政策主張

王金平主張：「開除黨籍無效」，屬於指示型政策主張（designative claim），指出王金平之黨籍即未喪失。請法院確認：王金平之國民黨黨籍存在。

四、立論理由

（一）依人民團體法（下稱人團法）第14條、第15條、第27條第2款及民法第50條第2項第4款等規定，人民團體中會員除名或社團中開除社員事項，應經會員大會或總會決議，中國國民黨逕以其中央考紀會決議為開除王金平黨籍，已違反前開強制規定，復中央考紀會之組成、決議方式及過程亦有違人團法第49條所定民主原則，則開除黨籍依民法第71條，應屬無效。此項立論理由屬於因果式論證模式，沒有因就沒有果，沒有會員大會決議開除黨籍的因，就不會產生開除黨籍的果。開除黨籍的過程沒有符合人團法的民主原則（因），就不會產生開除黨籍的果。

（二）中國國民黨黨員違反黨紀處分規程（下稱處分規程）係由國民黨黨章第38條第4款後段規定授權訂定，而為中國國民黨章程之一，依處分規程第12條、第15條、第16條、第18條第1項第3款規定，黨員違紀案件應由所屬黨部審議層報中央考紀會議決，中央考紀會並應進行調查且予受處分人充分答辯機會，詎中國國民黨均未行前開程序而逕由中央考紀會決議為開除黨籍，顯已違反中國國民黨章程，類推適用民法第56條第2項規定，開除黨籍亦屬無效。此項立論理由屬於因果式論證模式，沒有充分答

辯的因，就不會產生開除黨籍的果。

五、支持理由

中國國民黨作成開除黨籍係為達撤換立法院院長之目的，又王金平並無關說司法之事實，亦未涉及任何刑事重罪，中國國民黨竟於本件黨員違紀案件作顯然不同於其他案件之處分，顯有動機不當、恣意認定事實、違反平等原則、比例原則等制裁權濫用之情事，依民法第72條規定，開除黨籍自屬無效。此項支持理由屬於因果式論證模式，有背於公共秩序及善良風俗者（因），則無效（果）。

六、反對理由

中國國民黨的反對理由：

（一）依人團法第58條第3項規定，對政黨之處分以警告、限期整理及解散為限，解散並應移送憲法法庭審理，顯見就政黨作成撤銷黨籍處分之效力如何，普通法院並無審查權，復政黨除名處分亦屬政黨內部自治事項，王金平如對開除黨籍不服，應循處分規程第24條第1項申訴程序救濟，是王金平提起本件民事訴訟顯不合法。此項反對理由屬於因果式論證模式，未有遵循處分規程之申訴程序（因），不能逕提民事訴訟，因此王金平提起本件民事訴訟為不合法（果）。

（二）人團法第49條、第12條第7款明定，政治團體選任職員之選任、解任、會議等事項，於章程另定之，復會員除名為章程必要記載事項，顯見會員除名或解任，均屬政黨自治事項，而應優先適用章程。況人團法第14條既係規定會員「得」由會員大會決議除名，依反面解釋，除名自不以會員大會決議為限。是中國國民黨依章程即國民黨黨章第38條第3款、第39條規定，由中央考紀會議開除黨籍之處分，自屬適法。再由人團法第58條第3項可知，人團法第27條第2款由會員大會予以除名之規定，僅為取締規定，開除黨籍縱有違反該規定亦非屬無效。又中央考紀會成員係依國民黨各級黨部考核紀律委員會遴派辦法（下稱考紀會遴派辦法）第3

條所選任，對審議之程序均按章辦理，並無不符民主原則或不當之處。另人團法為民法之特別規定，本件自無民法第50條第2項第4款規定之適用。此項反對理由，屬於因果式（解釋式）論證模式，解釋考紀會開除黨籍之決議，並不違反人團法之規定。

（三）本件黨員違紀案件，影響司法公信並重創中國國民黨形象，中國國民黨爰依處分規程第18條第2項規定由中央考紀會直接審議處理，並將最高法院檢察署特別偵查組就本件事件發布之新聞稿、監聽譯文列為會議附件，且予王金平答辯機會，確已踐行相關調查程序，自無違反中國國民黨章程或處分規程。又王金平係中國國民黨提名之不分區立法委員，並進而獲選出任為立法院院長，竟仍以院長之身分對司法案件進行關說，對中國國民黨聲譽損害甚鉅，中國國民黨僅撤銷王金平黨籍而未予開除處分，已屬從輕，自無裁量權濫用之情事等語，資為抗辯。此項反對理由為動機型論證模式，符合務實之動機。

七、駁斥理由

依據正反兩方所提出的理由，歸納出法律爭論點如下，以便法院提出駁斥理由。

（一）民事法院對本件爭議是否具有審查權？

1. 王金平以開除黨籍無效為由，起訴確認其中國國民黨黨籍存在，乃社員身分因社團法人內部處置行為而發生變動之爭訟，亦即兩造間因黨員身分而生之法律關係、權利義務，核屬民事訴訟所得審理之私權範疇，復中國國民黨既否認王金平之黨員身分，則王金平之黨籍存否不明確，而致王金平私法上地位有受侵害之危險，並得以確認判決除去，當具確認利益，揆諸前揭說明，王金平提起本件訴訟，自屬合法。此項駁斥理由，屬於因果式論證模式，有維護其王金平私權之因，所以法院得以審理（果）。

2. 依人民團體法第58條第3項規定，對政黨之處分以警告、限期整理

及解散為限，解散並應移送憲法法庭審理，既係就「行政主管機關與社團法人」間行政管制處分之限制，自與本件「社團法人與社員」間權利義務爭議無涉，亦無從單以前開將解散處分專責由憲法法庭審理之規定，而據以認定民事法院在政黨就黨員除名事項之私法處分行為，毫無審查權。此項駁斥理由，屬於因果式（解釋式）論證模式，解釋為何民事法院得以審理此案的理由。

3. 人民團體法第49條既已揭示政黨應以民主自治為組織原則，政黨「黨職人員」之選任、解任等事項違反民主自治之規定。損害黨員權利，黨員自得提起民事訴訟。地方法院有管轄權。此項駁斥理由，屬於因果式論證模式。有損害黨員權益（因），因而自得提起民事訴訟（果）。

（二）中國國民黨以中央考紀會決議作成撤銷黨籍處分，是否違反民法、人團法及中國國民黨黨章，而屬無效？

1. 政黨黨紀處分涉及開除（撤銷、除名）事項，則因攸關黨員（社員）資格之喪失，更應於章程明定事由。故民法第50條第2項第4款、人民團體法第12條、第14條、第27條，均係基於此原則所定，其規範意義在於，除章程規定外，若經總會決議開除該社員，則須以有正當理由為限，屬於不得恣意違反之強制規定。此件駁斥理由為因果式論證模式，開除社員，以有正當理由為限（因），未有正當理由則為無效（果）。

2. 中國國民黨既為依據人民團體法所設立登記並報備之政黨，即屬人民團體之一種，又人民團體法第27條第2款規定，係本於民法第50條第2項第4款就社員開除應經總會決議之意旨，而於會員（或會員代表）大會之出席及表決權數提高其門檻條件，其目的顯然在於更縝密地保障參加人民團體之社員權，不致被輕易地剝奪。此項駁斥理由屬於因果式（解釋式）論證模式，解釋為何人團法與民法規定開除社員要有較高門檻條件。

3. 中國國民黨黨章之黨員除名程序，仍應適用人民團體法第14條之規定，而無從逕以黨章規定排除。我國民法及人團法並非一律不允許政黨或社團自行規定章程內涵或成立各種內部組織，但仍須在法定之範圍內，亦即不能以章程自行規定之方式、刻意排除法律強制規定，達到規避法律

的效果。此項駁斥理由屬於因果式（解釋式）論證模式，解釋為何政黨章程不能夠排除法律強制規定。

4. 人民團體法第14條係以「違反法令、章程或不遵守會員（會員代表）大會決議而致危害團體情節重大」為除名之條件，其性質乃在除章程所明定之除名事項外，若會員有其他違反章程及法令之情事致危害團體、情節重大者，方【得】經會員大會以決議除名，亦即將除名之重大事項，訴諸社團最高權力機關即意思決定機關之決議為之，而屬保護會員權之規定，使會員免受非正當程序而被剝奪社員權之違法對待，自非授予人民團體得自行選擇是否召開會員（會員代表）大會決議之權利。中國國民黨誤解【得】的內涵。此項駁斥理由屬於因果式（解釋式）論證模式，解釋中國國民黨誤解【得】的內涵。

5. 中國國民黨抗辯社員除名事項，「應優先適用黨章而排除人團法、民法等規定」，法院：無論從成文法條之解釋、立法體系之安排、立法意旨之探究，以及法律強制規定之目的等，均無法提出足以維持法秩序統一性之理由，是其所辯，自不足採。此項駁斥理由屬於因果式（解釋式）論證模式，解釋中國國民黨抗辯社員除名事項，均無法提出足以維持法秩序統一性之理由。

6. 中國國民黨中央考紀會委員既僅由秘書長簽報主席核定聘派，而非由會員或會員大會所選舉產生，亦經證人即本屆中央考紀會主任委員黃昭元到庭證述屬實。違背「政黨組織民主原則」。此項駁斥理由屬於因果式（解釋式）論證模式，解釋中國國民黨中央考紀會組織不符合民主原則。

（三）中國國民黨得否以王金平有關說行為致損害黨譽，而據以作成撤銷黨籍處分？開除黨籍是否有制裁權濫用、違反比例原則之情事？

1. 王金平關說行為至今未受非難，台灣台北地方院亦認開除黨籍無效。

2. 因黨員身分而連結的不分區立委資格之得喪變更，乃公職人員選

舉罷免法衍生之公法領域問題，非民事法院所能置喙。

3. 法院不適宜直接以裁判者的角色去判定某位社員是否應離開該社團，法院只能審核的是，社團的章程規定事項與法律規定是否有違背。

此項駁斥理由屬於因果式（解釋式）論證模式，解釋中國國民黨開除王金平不符比例原則。

八、論證可信度

Q_1正面的立論理由及其支持的理由，明顯地較為優勢，王金平的主張成立。

Q_2反對理由及其支持理由，不能夠成立。

貳、案例2：黃世銘檢察總長違法監聽疑案（一審）

一、背景

《台灣台北地方法院刑事判決（102年度矚易字第1號）》

黃世銘公務員因職務持有依通訊保障及監察法之規定監察通訊所得應秘密之資料，而無故洩漏、交付，共2罪，各處有期徒刑5月，如易科罰金，均以新台幣1,000元折算1日；又公務員因職務持有依通訊保障及監察法之規定監察通訊所得應秘密之資料，而無故洩漏，處有期徒刑6月，如易科罰金，以新台幣1,000元折算1日。應執行有期徒刑1年2月，如易科罰金，以新台幣1,000元折算1日。

人物介紹如下：

黃世銘（最高法院檢察署檢察總長）

楊榮宗（特偵組檢察官組長）

鄭深元（特偵組檢察官）

陳守煌（高檢署檢察長）

林秀濤（高檢署檢察官）

陳正芬（高檢署檢察官）

二、政策主張

黃世銘公務員因職務持有依通訊保障及監察法之規定監察通訊所得應秘密之資料，而無故洩漏、交付。判決有罪。此項政策主張屬於倡導型政策主張（advocative claim），判決有罪，就要服刑。

三、政策相關資訊

（一）黃世銘為最高法院檢察署檢察總長，指揮監督最高法院檢察署檢察官及高等法院以下各級法院及分院檢察署檢察官，行使法院組織法所定檢察官之職權，以及最高法院檢察署特別偵查組（下稱特偵組）檢察官偵辦法院組織法所列之案件。

（二）於偵辦財產來源不明案期間，特偵組檢察官鄭深元另發覺立法委員柯建銘等人涉嫌關說某假釋案件且與相關人士有資金往來關係之嫌疑，於102年5月15日以柯建銘涉犯貪污治罪條例等罪嫌，向台北地方法院聲請對柯建銘及其助理等於上開涉嫌關說過程中所使用之特定電話號碼，實施通訊監察。

（三）於偵辦該假釋關說案期間，特偵組檢察官鄭深元於實施通訊監察過程中，發現柯建銘於102年6月28日、29日，與立法院長王金平之通話內容。內容：提及高檢署檢察長陳守煌、法務部長曾勇夫、高檢署檢察官林秀濤。鄭深元即向組長楊榮宗及檢察總長黃世銘報告，黃世銘指示繼續調查。

（四）黃世銘明知全民電通更一審關說案正在偵查中，依通訊保障及監察法實施監聽所得之應秘密之監察通訊所得資料及依刑事訴訟法就犯罪偵查所得應秘密之消息，不得洩漏、交付之。102年8月31日，黃世銘將監察通訊所得資料告知馬英九總統。

（五）102年9月4日上午，黃世銘因總統馬英九致電告知其應依行政

體制將此事向行政院院長江宜樺報告，黃世銘與行政院院長辦公室秘書聯繫後，於該日下午5時許依約前往行政院院長辦公室，向行政院長江宜樺報告，洩漏監察通訊所得資料。

（六）黃世銘指示楊榮宗於102年9月6日上午，在特偵組召開記者會將上開有關洩漏監察通訊所得資料新聞稿之內容公告周知。

四、立論理由

黃世銘於全案仍在偵查階段，以專案報告交付通聯紀錄及監聽譯文、開記者會公布的行為，違反偵查不公開原則，觸犯洩密罪並違反通訊保障及監察法。因為黃世銘於：

（一）102年8月31日向總統馬英九報告並交與「專案報告一」洩漏並交付偵查所得及監察通訊所得之應秘密資料。

（二）9月4日向行政院長江宜樺報告並交與「專案報告二」洩漏並交付偵查所得及監察通訊所得之應秘密資料。

（三）9月6日召開記者會洩漏偵查所得及監察通訊所得之應秘密資料等。

上開黃世銘所為，均係犯通訊保障及監察法第27條公務員洩漏、交付監察通訊所得應秘密資料罪與刑法第132條第1項公務員洩漏國防以外機密罪。

此項立論理由屬於因果論證模式，因有其違反偵查不公開原則，所以判刑（果）。

五、支持理由

黃世銘於102年8月31日、9月4日、9月6日洩漏偵查所得及監察通訊所得之應秘密資料等，均有充分證據。此項立論理由屬於因果論證模式，因有其違反偵查不公開原則詳細事實，所以判刑（果）。

六、反對理由

（一）黃世銘辯稱：他向總統報告有必要性。係因高檢署檢察官林秀濤有情緒上的反應，說要向高檢署檢察長陳守煌報告，並在接受特偵組檢察官鄭深元訊問時，表示自己跟高檢署檢察官陳正芬很要好，會跟陳正芬講，黃世銘依特偵組檢察官組長楊榮宗、鄭深元之報告，研判林秀濤極有可能會出去講，所以認為有必要性向總統報告。此項反對理由屬於因果式（解釋式）論證模式，解釋其為什麼要向總統報告。

（二）黃世銘又辯稱：鄭深元晚間8時26分至35分離開偵訊室之時間，係林秀濤閱覽筆錄之時間，鄭深元於8時35分回到偵訊室等待林秀濤閱覽筆錄完成後，於8時45分就離開，後面的9分鐘並不是在問筆錄，而是在等待林秀濤閱覽筆錄之時間。上開時間林秀濤閱覽筆錄時鄭深元已經結束訊問，故鄭深元第三次進入偵訊室是要求林秀濤提供陳正芬的電話及安撫林秀濤情緒。此項反對理由屬於因果式（解釋式）論證模式，解釋已經結束訊問，不在偵查範圍。

（三）黃世銘另辯稱：專案報告一關於證人王○○係另外一個案子的判決可能有違法，與本件林秀濤不上訴之關說案無關，屬於違法個案救濟之問題，應該跟偵查秘密無關。此項反對理由屬於因果式（解釋式）論證模式，解釋與關說案無關。

（四）黃世銘辯稱向總統馬英九報告全民電通更一審關說案核屬行政不法事項，不以案件業經偵查終結者為限，本件不是偵查秘密，所以不適用刑法第132條第1項規定。此項反對理由屬於因果式（解釋式）論證模式，解釋與偵查秘密無關。

七、駁斥理由

（一）針對反對理由（一），法院提出駁斥理由：然林秀濤係以倘不於8月31日即時訊問，即應符合刑事訴訟法規定發與傳票，否則將依行政程序向長官即陳守煌報告，業已認定如前，且林秀濤嗣後當日接受訊問後，亦允諾不將8月31日之偵查過程告知他人，甚至連陳正芬也是相同等

語明確。

　　而黃世銘並未等待鄭深元訊問林秀濤結束後，全盤瞭解林秀濤之情緒反應過程與變化及其與鄭深元之問答過程，即僅憑其主觀臆測認為林秀濤必定將案情洩漏，而據此認為符合偵查不公開之必要性原則，實屬偏頗且其所據亦與上開事實不符，不足採認。此項駁斥理由屬於因果式（解釋式）論證模式，解釋何者符合偵查不公開之必要性原則。

　　（二）針對反對理由（二），法院提出駁斥理由：惟查，鄭深元第二次暫停訊問離開偵查庭時，並非當庭諭知林秀濤已經偵查結束，而是以如廁為由離開偵查庭，林秀濤之所以會閱覽筆錄，並非筆錄已經列印供其核對，而係因林秀濤利用休庭之際，自行觀看放置於其面前顯示筆錄內容之電腦螢幕逐字核對，此與一般實務訊問完後，將筆錄列印出來供受訊問人之作法迥然不同，足見當時鄭深元尚未結束對林秀濤之訊問程序，且鄭深元嗣後進入偵查庭訊問林秀濤之內容以觀，其亦非單純安撫林秀濤之情緒，已如前述，黃世銘上開所辯，並無理由。此項駁斥理由屬於因果式（解釋式）論證模式，解釋其不符合偵查不公開之必要性原則。

　　此外，黃世銘甚至辯稱因為陳正芬筆錄有提及在工作上沒有看見林秀濤抓狂，但是在家事上會抓狂的字眼，故伊覺得有必要向總統報告等語，然依前述之案發時序即可明瞭，黃世銘聯繫總統隨行秘書準備向總統馬英九報告時，陳正芬根本尚未到達特偵組接受訊問，黃世銘何以能知悉上情，進而據以為向總統馬英九報告之理由，令人費解。

　　綜上，黃世銘辯稱林秀濤於接受檢察官鄭深元訊問時情緒激動，並揚言欲報告陳守煌及告知陳正芬，為免案情洩密，以此作為向總統馬英九報告之理由，不足為採。此項駁斥理由屬於因果式（解釋式）論證模式，解釋其不符合偵查不公開之必要性原則。

　　（三）針對反對理由（三），法院提出駁斥理由：部分案情並非如黃世銘所辯與全民電通更一審關說案無關，實係攸關該案高等法院更一審有無在判決階段受到關說疑義之偵查計畫，始在「專案報告一」中敘明。故經黃世銘修改後所交與總統之「專案報告一」既已論及上情，黃世銘顯係無故洩漏此部分之偵查計畫，洵堪認定。黃世銘上開所辯，不足憑採。此

項駁斥理由屬於因果式（解釋式）論證模式，解釋其無故洩漏此部分之偵查計畫。

（四）針對反對理由（四），法院提出駁斥理由：然查，黃世銘於8月31日係將涉及特偵組檢察官鄭深元仍在偵辦中之案件偵查計畫與筆錄內容、相關通訊監察譯文等應秘密之資料及消息，洩漏、交付總統馬英九，業已認定如前，故其所為已非單純處理行政不法之程序，此部分所辯，無可採信。此項駁斥理由屬於因果式（解釋式）論證模式，解釋其非單純處理行政不法之程序。

八、論證可信度

Q_1正面的立論理由及其支持的理由，明顯地較為優勢，台北地方法院的主張成立。

Q_2反對理由不能夠成立。

參、案例3：王金平與馬英九對話政策論證

一、前言

本事件起因於檢察總長黃世銘於2013年8月31日自己認為立法院長王金平涉及對法務部長及檢察長進行司法關說，並已促使辦案檢察官不對民進黨立法院總召柯建銘涉嫌背信詐騙案繼續上訴。因事關國家大局，而直屬長官又已涉案之情況，黃總長遂向馬英九總統報告。馬總統知道王院長涉及「關說司法事件」後，即於9月1日召黃總長確認案情。馬總統於9月8日在總統府召開記者會，說明王院長涉及「司法關說」，應知所進退。

王金平院長當時正在泰國為他的女兒辦理婚事，未能立即回國說明；9月10日晚上才回抵桃園機場，舉行記者會，答覆馬總統的指責，並不是關說，而是關切柯建銘司法案件的情形。9月11日早上，馬總統在國民黨

中央黨部，在考紀會會議之前，召開記者會，回應王院長的聲明。接著，考紀會開會撤銷王金平院長黨籍。其後，憲政爭論不斷，行政院長江宜樺不能上台進行施政報告。後來，經兩黨協商，行政院長江宜樺終於可以在10月18日上台報告，柯建銘是日進行30分鐘的獨白，說明他也不是關說的觀點。整個事件構成「九月政爭」。本文依照William Dunn的政策論證分析方法、亞里斯多德「修辭學」的觀點，予以分析。

二、馬英九總統2013年9月8日總統府記者會

本文依據中央社記者黃名璽台北9月8日電，總統馬英九在總統府召開記者會，對9月6日發生的疑似司法關說案發表談話的全文，加以分析。

馬英九總統發表談話的場所是在總統府，當時有吳副總統、江院長，分別坐在兩旁。因此，他開場白的稱呼是：

> 吳副總統、江院長、各位媒體女士先生、各位電視機前的國人同胞大家好。

接著，他說明為什麼要舉行記者會，因為「立法院長為了最大在野黨的黨鞭的司法案件，關說法務部長及台高檢檢察長，這是侵犯司法獨立最嚴重的一件事，也是台灣民主政治發展、民主法治發展最恥辱的一天」，他說：

> 自從最高檢特偵組揭發立法院長關說司法個案以來，已經進入第三天，經過三天的思考，我決定發表這份沉痛的聲明。立法院長為了最大在野黨的黨鞭的司法案件，關說法務部長及台高檢檢察長，這是侵犯司法獨立最嚴重的一件事，也是台灣民主政治發展、民主法治發展最恥辱的一天，如果我們不能嚴正面對這樣的弊案，台灣將走上無限沉淪的處境。

他的政策主張是：立法院長為最大在野黨的黨鞭，進行司法案件關

說，是對民主法治發展最大恥辱。這種主張是屬於William Dunn（2012: 341）所講的「界定型」的政策主張。說明是什麼，或不是什麼，就是屬於界定型的政策主張。給聽觀眾清楚地明白「大是大非」的界定。聽觀眾一定急著要知道到底這樣的界定，有什麼具體內容。接著，他用對比法，說明對方不認為是關說，只是安慰與幫忙。他說：

> 昨天我呼籲王金平院長儘快回國說明之後，人在國外的王院長打電話給我，除了說明他無法立刻回國的原因外，也解釋他並沒有關說司法個案；他說他只是在安慰柯建銘總召，並請曾勇夫部長幫忙處理，這個做法談不上關說。

馬英九總統的論述，提出兩造對同一件事情，有不同的界定，觀眾一定想要知道到底誰的界定才是正確的。馬總統在論證上，必須強調，他的界定才是正確的。因此，他用了一種斬釘截鐵的強勢表達：「如果這不是關說，那什麼才是關說？」他說：

> 我們每個人都可以問自己，如果這不是關說，那什麼才是關說？

接著，馬總統開始他的政策論述，也就是說明他的第一個理由。第一個理由必須要有震撼性，讓大家認同並支持。哪一種理由會具有震撼性？大都是屬於William Dunn（2012: 366-368）所說的「價值批判」模式。他提出：司法必須保障公平正義，不分有權勢的人和一般平民，一視同仁。他說：

> 如果有權勢的人都可以關說影響司法，那一般平民要如何期待司法保障公平正義？

接著，他又說第二個理由，也是屬於「價值批判」模式，「政治關說本來就是台灣民眾深惡痛絕的行為」。他說：

　　有人説，政治關説的文化存在已久，但政治關説本來就是台灣民衆深惡痛絕的行爲，尤其是當關説的事情是司法個案的時候，我們更應該堅守這條紅線，在抗拒政治力量關説司法案件的這件事情上，沒有任何灰色的地帶，也不容我們猶豫妥協。

　　再接著，他採用William Dunn（2012: 353-357）的「因果模式」，「因」是上位者立法院長起了帶頭作用，其結「果」，可以推論下位者紛紛跟進，司法關説將沒完沒了。他説：

　　如果這件事情沒有一個交代，那豈不是意謂著立法院長關説司法個案沒有關係？如果立法院長可以關説司法，那麼立法委員、縣市議員，乃至於行政官員等等，是不是也都可以關説司法？

　　一提到司法關説將沒完沒了，於是，他轉變「論理」（logos）的方式，改為「論情」（pathos）的方式。他説他的心情沈重無比。並又加以「界定」（Dunn, 2012: 341）台灣已經到了一個價值選擇的關鍵時刻，要藉由這件事情樹立一個典範。他説：

　　此刻我的心情沉重無比，我充分瞭解這是台灣民主法治何去何從的關鍵選擇，此時此刻的台灣，已經站在一個價值選擇的關鍵時刻，這件事情接下來的發展，對台灣未來民主發展，將會有巨大而深遠的影響，我們是要讓關説司法成爲常態，還是要遏止關説司法？我們要眼睜睜的看著台灣的司法淪入有權判生、無權判死的情境，還是要藉由這件事情樹立一個典範，讓後人知道我們堅持民主法治的價值？

　　他又加以界定：「如果立法院長涉入司法關説，妨害司法公正，將是民主政治非常嚴重的恥辱，足以擊毀國人對司法的信心」。這樣的界定有一層一層推進的作用，也就是「立法院長涉入司法關説」→「妨害司法公正」→「民主政治非常嚴重的恥辱」→「擊毀國人對司法的信心」。他説：

　　這件事情沒有和稀泥的空間，如果立法院長涉入司法關說，妨害司法公正，將是民主政治非常嚴重的恥辱，足以擊毀國人對司法的信心，在這個關鍵的時刻，全體台灣人民必須選擇，我們要沉默以對，繼續容忍這樣的行為，還是要站出來勇敢的說，我們站在拒絕關說司法文化的一方？

　　用這樣的推論，他訴諸於「全體台灣人民必須選擇」，這時候聽觀眾怎麼想？會不會懷疑有這麼嚴重嗎？馬英九是不是瘋了？接著，他又強調「全國民眾〔必須〕（作者插入）堅定地捍衛台灣的民主法治」。

　　身為總統，我無從迴避，必須挺身而出，也呼籲全國民眾堅定地捍衛台灣的民主法治。謝謝大家。

　　馬總統的記者招待會從政策論證的觀點加以評論是失敗的。第一，馬英九總統有必要一開始就親上火線嗎？可不可以由有關的權責單位先提出，逐漸醞釀王金平院長有關疑似司法關說的行為是錯誤的。這一點違反了Aristotle所認為演說必須鑲嵌在群眾的「情感氛圍」（pathos）裡，怪不得馬總統記者招待會完畢之後，非常多的民眾認為不曉得馬英九究竟在講什麼？（見9月9日各報記載）

三、王金平院長9月10日晚上機場記者會

　　本文依據報紙所登的全文，加以分析：
　　首先王金平在表達上，以「嚴肅沉重的心情」表示要爭取民眾的同情、認同、與支持，不得不宣讀以下聲明。

　　金平現在以嚴肅沉重的心情，宣讀以下聲明：

　　接著，直接講到主題「檢查官濫權上訴」，說明人民對「司法不信任」，必須要改革，與檢察官對於法院判決，不相信法院的判決，濫權上

訴。直接與柯建銘訴訟案連接在一起，法院已對柯建銘訴訟案判決，檢察官要不要再上訴，經王金平「關切」，不要再濫權上訴，是否構成「關說」？王金平開始就破題，這麼說：

1.司改會近年來每年都會公布一批檢察機關濫權上訴的案例，由於檢察官的草率失職，當事人的名譽、家庭、工作等等皆因此毀滅難以挽回。人民的痛苦，政府知道嗎？人民對司法的不信任，政府有感覺嗎？人民期待司法改革，政府瞭解嗎？

這一段表現出演說的「感覺」（feeling），強烈要求人民期待司法改革，政府「瞭解」（understanding）嗎？演說要訴諸於感情，要讓聽觀眾有所感受，有所瞭解。接著，王金平所要表達的是關切，而不是關說。為什麼要關切，不是個人的行為，而是立法院的要求。因為立法院已於今年的中央政府預算時，作成決議，解決檢察官濫權上訴問題。

2.立法院於審查今年中央政府總預算時，曾作成決議，為解決檢察官濫權上訴問題，建請法務部高檢署等相關單位，應就上訴情形，定期向立法院提出改善專案報告，所以有關濫權上訴的問題，是立法院通案關切的議案，並非針對個案。因為有此決議，本人打電話給法務部長曾勇夫及高檢署陳守煌檢察長，目的是要提醒法務部及高檢署依法不要有濫權上訴的情形，沒有要求不要上訴，所以本人與曾部長及陳檢察長的通話，並非關說。

其次，王金平界定清楚，特偵組只能查五院院長的貪瀆案件，而本案並不是貪瀆案件，特偵組無權調查。依照Dunn（2012）對於政策主張的分類，其中一類是界定型的主張。界定型的主張是指講明白、說清楚，什麼是什麼，什麼不是什麼，給予對方當頭棒喝。並且檢察總長對於立法院並無行政監督權。特偵組在王金平未有說明之前片面認定事實，趁王金平出國期間，召開記者會，等同未審先判，違反程序正義，真正表現濫權。

3.依據法院組織法第六十三條之一第一項規定,特偵組可偵查五院院長的部分只限於貪瀆案件,本件不是貪瀆案件,特偵組並無調查權。再依法院組織法第一百十一條第二款規定,最高法院檢察署檢察總長的行政監督權限,僅限於監督該檢察署,對於其他機關,並沒有行政監督權,亦即最高檢對立法院並無行政監督權。特偵組在未有本人說明的情形下,片面認定事實,趁本人出國期間,召開記者會,指控本人涉及司法關說之行政不法事件,等同未審先判,根本違反程序正義,特偵組實屬濫權。

接著,王金平再出拳頭,重重加以打擊:特偵組違法、違憲,洩漏監察通訊資料,對我國保障人民自由權利的努力造成莫大傷害。

4.憲法第十二條保障人民的秘密通訊自由,刑事訴訟法第二百四十五條第三項明定「偵查不公開原則」,檢察官偵查中因執行職務知悉的事項,不得公開或揭露。通訊保障及監察法第十八條也規定,監察通訊資料不得提供給其他機關或個人。無故洩漏或交付監察通訊所得的資料,法律亦明文規定應處三年以下有期徒刑。而且我國已通過人權兩公約,保障人民自由權利,本次特偵組提供監聽資料,顯然違法又違憲,對我國保障人民自由權利的努力,更是造成莫大的傷害。

其次,先表明堅定立場,立法院長必須維持民主法治和國會的尊嚴,責無旁貸。然後,語氣稍微和緩,王金平也是明辨大是大非,捍衛民主法治的決心比馬總統的決心同樣強烈。這句話與馬英九總統先前對王金平院長的指責都是要明辨大是大非,捍衛民主法治。同樣的目標,卻是針鋒相對,相互對抗。馬英九要王金平明辨大是大非、捍衛民主法治。王金平也要馬英九明辨大是大非、捍衛民主法治。在演講的藝術上,可以說棋逢敵手,精彩可期。王金平又解釋,為什麼到現在才加以澄清,因為當時人在國外,忙於女兒婚事,只是遲延而非默認,追求和諧不代表軟弱。並結語表達「非法的指控,我不能接受」。

　　5.金平是中華民國立法院院長，必須維持民主法治和國會的尊嚴，當然不能接受由少數不肖司法人員依照違法偵查、片面認定為關說行為的報告來定罪。但是，金平也能明辨大是大非，捍衛民主法治的決心更與馬總統的決心同樣強烈。先前因為女兒婚事未能及時澄清，只是遲延而非默認，追求和諧不代表軟弱，非法的指控，我不能接受。

　　最後一段，表達王金平作為國民黨的一份子，盡心盡力完成黨主席的交代任務，大家要團結一致，不要喪失了全黨團結的契機，對於近期召開考紀會，先做期許的告白。有如曹植的七步詩中的兩句話：本是同根生，相煎何太急。作為警語，留下未來發展的想像空間。從這段話，聽觀眾是否已經知道了：王金平知道馬英九下一步的動作是什麼？

　　6.金平是中國國民黨的黨員，從政多年以來，不論黨遇到多大的挑戰和險阻，金平始終與黨同舟共濟，不離不棄。任何一任黨主席交代的任務，不管有再大的杯葛，或許有時間的落差，但金平一定會設法完成目標。今天，如果因為片面認定金平違法，錯失了全黨團結的契機，甚至造成黨的分崩離析，而導致執政優勢完全失去，支持本黨之民眾將無法接受此一後果。據聞本黨將在近期召開考紀會，金平希望勿重蹈特偵組片面認定事實之惡例。

　　王金平在機場的發表聲明，在演說的藝術表達上是不是很高明？最後他還是感謝各界的關心，作為結束。

　　最後，金平出國這段時間，連榮譽主席及各界朋友的關心，金平深表感謝。

四、馬英九總統2013年9月11日上午在黨部記者會

　　政治演說要爭取認同與支持。讓聽觀眾覺得所講的很有道理。其演說的技巧，要從「順」的觀點進行。也就是順著民眾的認識與感情，進行演說。不可「逆」著群眾的觀點與情緒，進行演說。這樣才能夠使得群眾想要聽進去。從亞里斯多德的觀點，演講一開始要與民眾有共同的情感（pathos）。有了共同的情感才能夠講道理（logos），民眾才會聽進去。所以，馬總統一開始就必須是肯定王金平院長在立法院有他的貢獻，然後因為王金平院長涉入所謂的司法關說案，他感到痛心不捨。但是在表達技巧上，馬總統不能夠開門見山，肯定王金平院長的貢獻。必須對於觀眾想要知道他為什麼要舉行記者招待會，作為破題。所以他必須先說：「看到王金平院長涉入司法關說案，英九比誰都感到痛心不捨」。

　　曾副主席、各位媒體朋友、各位電視機前的觀眾大家好：
　　看到王金平院長涉入司法關說案，英九比誰都感到痛心不捨。英九從政以來許多重大的選舉，王院長可以說是無役不與，每每在關鍵的時刻，給予英九溫暖的支持，而在立法院他為法案預算常常通宵協調不遺餘力，為國家、為國民黨做出貢獻。

　　接著，馬英九認為王金平在機場的記者招待會應該把有關司法關說案件，講清楚說明白，向社會大眾交待。可是，王金平的記者招待會的重點在說明「違法司法監聽」與「特偵組無權干預立法院」，而對於所謂「司法關說」，他認為只是司法關切，避免檢察官濫權上訴（李勝峯，2014：37），並未說明到底有沒有司法關說。王金平與馬英九各自的記者招待會，可以說是各說各話（蔡志方，2014b），雞同鴨講，沒有共同的交集。到底有沒有司法關說，應該由誰判定？馬英九總統可以未審先判嗎？就這一點，馬英九的演講，並不會引起共鳴。不符合演講的技巧。他說：

　　然而，不管英九內心有多麼不忍，但是看到王院長涉入關說司法案件，英九必須說，站在大是大非的面前，我別無選擇、必須挺身而出。

　　昨天晚上看到王金平院長的機場記者會，英九感到相當失望與遺憾。從上禮拜五到今天，經過五天的沉澱，我相信全國的民眾跟我一樣，都希望看到、聽到王院長針對他為民進黨立法院黨鞭柯建銘委員的司法案件關說法務部與高檢署的部分，能有完整而清楚的交代，但是，我們卻看到王院長對關說司法關說案件的部分，完全避而不答，沒有回應，甚至於連一句道歉都沒有，這一點我相信全國的民眾都沒有辦法接受。

　　馬英九總統的說理的方式，從演講學來看，是失敗的。他沒有先澄清：誰可以判定有沒有司法關說（李勝峯，2014：18）？在還沒有先澄清這個問題，他直接咬定王金平院長有司法關說，一直發揮下去，越講越偏離主題，越講越不能被聽觀眾接受。馬英九總統演講技巧，應該把這個問題交由司法機關處理就可（蔡志方，2014b，不同意見，認為是憲政問題不是刑事問題），不必自己跳出來，站在第一線（蔡志方，2014a、2014b，不同意見，認為總統是「積極的、事前的、完全的」憲法維護者），直接向王金平院長挑戰。聰明的政治人物，不用自己的刀子殺人，可以借刀殺人。可以由黨籍職務相關的政治人物，或立法委員直接向王金平院長挑戰，不勞馬總統親上火線，讓愛護馬總統的粉絲們直跳腳，質疑馬總統的聰明才智到底在哪裡？也令支持馬英九總統的聽觀眾質疑馬總統的優良幕僚人才在哪裡？讓人家很容易相信馬總統很不會用人，連一個優良的幕僚人員都沒有？

　　英九認為，王院長不能迴避一個最核心、最關鍵的問題。就是王院長為柯建銘委員關說司法案件的事實。這個鐵一般的事實放在眼前，不管我再痛心、再不忍、也不管我與王院長有多深厚的公誼私交，英九不能坐視國民黨的國會議長，如此赤裸裸地介入司法？英九豈能眼睜睜的看著國民黨這個百年政黨，因為執政黨籍的立法院長關說司法而蒙受不可承受的莫大的羞辱？

　　演說一開始，必須要把握正確的觀念與資料（李勝峯，2014：44），

如果一開始弄錯，失之毫釐，最後越講越離譜，後來便是謬以千里，難以收拾。令人惋惜！

　　如果立法院長關說司法個案沒有關係，那不就說明政府長期推動的司法獨立、司法紀律的改革，全部都白費了嗎？如果立法院長關說司法案件可以不受譴責、不負責任，那麼以後所有政治人物都可以用自己的影響力去干預司法。我們的國家的司法還有希望嗎？我們的民眾能夠接受嗎？

　　如果經過司法機關已經判斷王金平院長司法關說成立，馬英九總統當然可以接著這麼講，可是呢？前提目前尚未存在，後面的推論與引申，便令人不知所云。

　　各位同胞，這是關鍵的歷史的時刻，全國人民要對司法干預勇敢拒絕、大聲說不，這才能樹立一個典範：就是任何政治人物都不可以把手伸進司法，這樣以後的政治人物才知所警惕，全世界也才看得到台灣為了捍衛民主法治所展現的決心。

　　馬英九總統之所以以這種方式推論，蔡志方（2014a、2014b）可以解釋。總統是維護憲政，而司法關說是屬於憲政問題，不是司法問題。總統具有「積極的」、「事前的」、「完全的」憲法維護者的角色。而司法機關只是「消極的、被動的、嗣後的與局部的」憲法維護者。但這樣的觀點仍有其不足的地方。誰可以判定總統是在憲法維護？而不是政治鬥爭（李勝峯，2014）？這個問題的解決仍要歸結於司法機關來處理？這個爭論點，到底是誰，低估了大家的智慧與判斷力。馬總統自己這麼說：

　　各位同胞，事實只有一個，真相也只有一個。如果王院長認為全國民眾都看不清其中的真相，那恐怕是低估了大家的智慧與判斷力。

　　另外，馬總統又對於王金平一再訴求黨的團結，加以回應。認為黨的

團結是建立在「清廉、勤政、愛民」的基礎上。從「道理」來說，非常正確。可是套在這裡來說，聽觀眾會認為：牛頭與馬嘴，湊不在一起。因為司法機關還沒有判定王金平院長司法關說。

　　此外，王院長在機場的談話中，一再訴求黨的團結。我必須說，國民黨是一個有理念、有道義、有感情的團體。但是黨的團結，要建立在「清廉、勤政、愛民」的核心價值之上。而要做到清廉，就必須要做到「選舉不買票、執政不貪污、問政不腐化」這三個要求。今天，當我們看到國民黨籍的立法院的院長，為民進黨黨鞭的柯建銘委員向法務部長、台高檢的檢察長進行關說，而且成功的阻止了承辦檢察官的上訴，讓這個案件達到無罪定讞的關說目的。我請問大家，在這種動搖國本關說疑雲中，黨員能夠團結嗎？我們能夠向百萬黨員交代嗎？真正的團結要靠「清廉、勤政、愛民」，團結不能建築在摧毀司法公信力的基礎上，否則如何取信於民，否則實踐國民黨的核心價值還有機會嗎？

　　最後，馬英九對於王金平所謂司法關說疑案，其目的就是要逼迫王金平院長辭去立法委員、辭去立法院院長。並且認為：如果王金平院長這麼做，才能夠「為國會、為國民黨保留最後一絲尊嚴」。這樣的演講詞，是不是令聽觀眾覺得是「圖窮匕見」，是不是太早洩漏了底（目的）。令後世的研究者，認為是一篇拙劣的演講詞。

　　關說案發生這幾天，英九雖然發表了措辭強烈的聲明，來表達英九對於司法正義的堅持，但英九始終不願意說出，「請王金平院長知所進退！」，為的就是，希望王院長在最後關頭，可以主動辭去立法院長及不分區立委，為國會、為國民黨保留最後一絲尊嚴。但我看完王院長機場記者會後，英九非常的失望、完全不能接受，王院長把砲口對著特偵組的調查程序，但是對自己涉入司法關說卻是絕口不提，對這些明確的事證，避而不談。

政策論證最大的忌諱是只考慮自己的理，而不想一想對方也可能有他的理。要將對方的理仔細的思考，不要陷於各說各話，沒有共同交集。論證沒有共同交集，很難以說服對方。馬總統記者招待會失敗的地方，就是只認為自己有理，自己代表真理，別人所講的不同意見，都聽不進去。沒有辦法在演講的交互論證中有充分溝通的機會。於是，一著錯，全盤輸。對於以後相關的訴訟案，馬總統一連敗、敗到底，留下伏筆。

當王院長決定不請辭的時候，歷史的責任，就又回到國民黨的身上。身為國民黨主席，我只有明確表達我的態度，我認為王院長已經不適任立法院長，國民黨如果不能夠做出撤銷黨籍以上的處分，解除王院長不分區立委的資格，讓王院長離開立法院。我們等於是選擇默許司法尊嚴被繼續的踐踏。

今天是台灣民主法治發展的關鍵時刻，我相信黨員同志們會站在歷史大是大非的這一邊，一起為捍衛司法公信力而努力。一起為捍衛國民黨的黨譽而努力！

謝謝大家！

五、民進黨立委柯建銘2013年10月18日質詢江揆

（本節是餘波蕩漾，作為探討政策論證後果的參考資料，提供讀者更能夠瞭解整體的全貌）

（一）柯建銘質詢獨白　江揆沒機會答

民進黨籍立委柯建銘2013年10月18日，質詢行政院長江宜樺，30分鐘的質詢時間，柯建銘批江宜樺背離民意，完全未給江宜樺答覆機會。6度上台受阻的江宜樺，上午第7度到立法院順利完成施政報告；下午的施政

總質詢，第一位上台質詢的是柯建銘（中央社，2013）。

柯建銘表示，民進黨有3項原則，分別是終結特務治國、捍衛憲政體制、讓國家重建；「台灣人民已經準備好沒有江宜樺的行政院」。他說，江宜樺是有史以來最破壞憲政體制的行政院長且民調最低，應該道歉下台以謝國人，倒閣結束就是全民倒馬的開始，2014年、2016年選舉，人民會百倍奉還（中央社，2013）。

（二）江揆會後向王金平致謝

行政院長江宜樺今總算順利上台施政報告，報告結束後，江宜樺還特地前往立法院長王金平議場休息室拜會，離去時則微笑未受訪（中央社，2013）。

蘋果日報報導，王金平受訪表示，江院長來致意、致謝一下，王也說，原本台聯計畫在江揆報告時站在江揆講台上，但經過事先溝通，請他們在台前表達態度，台聯委員也依照約束，過程算起來平順（中央社，2013）。

（三）江揆報告　籲行政立法同舟共濟

行政院長江宜樺2013年10月18日，表示：台灣2300萬人同在一條船上，福禍相倚，希望行政立法發揮同舟共濟精神，加速推動各項改革（中央社，2013）。

江宜樺在施政報告表示，近日社會各界對最高法院檢察署特別偵查組執行通訊監察情況提出很多意見，事實上總統馬英九一再要求執法機關杜絕非法監聽，若違法一定依法究辦。依規定，絕對不容許非法監聽；即使是合法監聽，也須符合比例原則，不得浮濫監聽（中央社，2013）。

他表示，國人對檢察官執行通訊監察業務普遍存有疑慮，政府有責任進一步檢討現制。由於通訊監察的執行涉及行政院、司法院，因此行政院將朝建立兩院合作平台方式，從法律面與執行面等角度全面檢討現行監聽制度（中央社，2013）。

在這段歷時25分鐘的報告中，江宜樺提到自由經濟示範區、兩岸服務

貿易協議、軍事審判修法等相關外界關注議題。他也提到，本月起實施第二階段電價調整，行政院穩定物價小組也密切監控，防杜社會因預期心理甚至人為炒作造成物價短期波動（中央社，2013）。

江宜樺最後表示，行政院已選出37項優先法案，及台紐經濟合作協定、服貿協議等兩項協定（議）案，與103年度中央政府總預算案一起送到立法院審議。他希望行政、立法兩院能發揮同舟共濟精神，行政院快馬加鞭把各項施政工作做好，也需要立法部門協助通過相關法案與預算，加速推動各項改革（中央社，2013）。

（四）向王鞠躬　江揆抗議聲中上台報告

國民黨九月政爭以來的朝野僵局暫告解除，行政院長江宜樺經過6度院會報告受阻，民進黨倒閣失利後，江揆2013年10月18日上午11時50分第7度叩關終於步上立法院議場發言台，展開本會期施政報告（中央社，2013）。

蘋果日報報導，江揆在上台前向立法院長王金平鞠躬，第一句就是稱呼「王院長」，場內國民黨立委以掌聲歡迎，台聯3位立委舉牌「監聽國會、無法無天」等軟性杯葛，遭藍委攔阻，江揆不為所動繼續報告，民進黨團則在江揆上台報告前，集體退席抗議（中央社，2013）。

立法院長王金平稍早受訪時表示，今天（2013年10月18日）等於是一個新民意的展現，非常感謝民進黨能夠尊重局勢，完全遵守民主精神（中央社，2013）。

肆、案例4：黃世銘檢察總長違法監聽疑案（二審）

一、背景

《台灣高等法院刑事判決103年度矚上易字第1號》
2013年的9月政爭黃世銘因涉及洩密案，於2014年3月21日，遭台北地

方法院判處涉洩密等三罪；三次洩密犯行分別判處5月、5月、6月有期徒刑，應執行1年2個月有期徒刑，得易科罰金42萬元。有期徒刑1年2個月。黃世銘隨即發表辭職聲明。4月3日總統府公布總統令，准予辭職，回任最高檢察署主任檢察官。在申請退休獲准後，於2015年1月退休。

　　2015年2月12日，高等法院合議庭認定黃世銘向總統及行政院長洩露偵辦中的偵辦內容與通聯記錄等機密事項，依違反《通訊保障及監察法》及洩密罪判黃世銘1年3月徒刑，得易科罰金，全案定讞。

二、政策主張

　　高等法院主張（判決），屬於倡導型政策主張：

　　1. 原判決（一審）撤銷。

　　2. 黃世銘犯通訊保障及監察法第27條第1項之罪，共3罪，分別處有期徒刑6月、5月、6月，如易科罰金，均以新台幣1仟元折算1日。

　　3. 黃世銘應執行有期徒刑1年3月，如易科罰金，以新台幣1仟元折算1日。

三、政策相關資訊

　　高等法院調查，黃世銘不只向馬總統報告柯建銘司法關說案，另洩漏檢方偵辦前法官陳榮和貪汙案、柯建銘涉犯假釋關說行賄案件、全民電通更一審證人涉嫌偽證案等案；黃世銘第二次報告馬總統，多交付「各方通話時間內容」附件，第二次報告的洩密內容增加，應構成犯罪，但兩次犯行屬接續犯，僅論一罪，但刑度要加重。

四、立論理由

1. 原判決（一審）撤銷理由

　　(1)黃世銘於102年8月31日、9月1日、9月4日所為，另洩漏偵查中陳榮和涉犯90萬元貪污罪案件、柯建銘涉犯關說假釋行賄案件、全民電通更

一審案證人○○○涉嫌偽證案件，於9月6日所為，亦另洩漏陳榮和涉犯90萬元貪污案件、柯建銘涉犯假釋關說行賄案件，此與已起訴經高等法院判決被告有罪部分，有想像競合犯裁判上一罪之關係，應併予審判，原審漏未審酌被告此部分洩密之內容，容有未洽。

　　(2)黃世銘於9月1日再度向總統馬英九報告係為向總統馬英九洩漏原未告知之偵查中對何人實施通訊監察、對何人僅調閱通聯紀錄之偵查中應祕密偵查作為，交付「專案報告二」之內容亦有增加，自仍應構成犯罪，與102年8月31日所為，係屬接續犯，而論以一罪，原審認被告於102年9月1日所為不成立犯罪，有所違誤。

　　(3)被告利用職務上之權力，於102年8月31日、9月1日、9月4日及9月6日所為，另均違反個人資料保護法第16條之公務機關未於執行法定職務必要範圍內利用柯建銘個人資料且不符蒐集之特定目的，係犯個人資料保護法第41條第1項、第44條之罪，且與檢察官起訴部分有裁判上一罪關係，經檢察官移送併案審理，自應在法院審判之範圍內，原審就此部分退由檢察官另為適法之處理，容有未洽。

　　此項立論理由屬於因果式（解釋式）論證模式，解釋其理由。

2. 黃世銘犯罪理由

　　(1)黃世銘於102年8月31日傳喚全民電通更一審關說案件關鍵證人林秀濤前數日，偵查結果尚未明悉，即起意要將偵查內容向總統馬英九洩露而命檢察官著手製作偵查計劃書面報告，預備交付與總統馬英九。

　　(2)102年8月31日林秀濤所知悉之內容，僅係前高等法院檢察署檢察長陳守煌所告知之內容及其被特偵組傳訊之事實，承辦檢察官並未透露王金平、曾勇夫等人之相關通訊監察資料，林秀濤尚無可能於偵訊後對外洩密，（且經高等法院勘驗林秀濤接受訊問時並無引發情緒激動之反應）當日晚間承辦檢察官尚在訊問林秀濤，組長以電話聯繫傳喚陳正芬時，承辦檢察官鄭深元及組長楊榮宗二人並無該案應即向總統報告之意，被告竟一人主觀決定，急於聯繫總統馬英九，其於102年8月31日、9月1日報告總統馬英九、9月4日報告時任行政院長江宜樺（此部分經被告黃世銘供稱原無

意告知江宜樺，亦不知總統已於8月31日轉知江宜樺，係於102年9月4日依總統馬英九之電話指示，於當日另行起意而為）。

（3）黃世銘於102年9月6日指示組長對外召開記者會時，上開案件尚在偵查中，並無優越於無罪推定、公平審判的公共利益維護必要性或合法權益之保護必要性之情形，亦無避免國家或人民遭遇緊急危難或應付財政經濟上重大變故之緊急情狀，且無危害繼續擴大，影響社會大眾生命、身體、自由、財產之安全，或對社會治安有重大影響，而有對外部行政機關、公眾告知之必要，對於偵查中案件，竟假借職務上之權力，對總統馬英九、時任行政院長江宜樺洩露並交付相關通訊監察所得資訊，並對外召開記者會，除洩露上開全民電通更一審關說案外、尚洩漏全民電通更一審案證人○○○涉嫌偽證案，及專案報告所未記載之特偵組偵查中之陳榮和涉嫌貪污案不法收受90萬元、監聽柯建銘涉嫌假釋關說行賄案件，利用柯建銘之個人資料，非於執行法定職務必要範圍內為之，且與蒐集之特定偵查目的不符，亦無增進公共利益之必要，損害偵查祕行效益、檢察官之司法獨立性及柯建銘等人之隱私等權益。

此項立論理由屬於因果式（解釋式）論證模式，解釋其理由。

3. 罪數及量刑理由

（1）黃世銘於102年8月31日及9月1日接續向總統馬英九洩漏並交付「專案報告一」、「專案報告二」偵查所得應祕密資訊及監察通訊所得之應祕密資料及非於執行法定職務必要範圍內，與蒐集之特定目的不符，利用柯建銘個人資料，為接續犯，論以一罪。

（2）黃世銘於9月4日向行政院長江宜樺洩漏並交付「專案報告三」，依被告供稱係因接獲總統馬英九來電指示始另行起意。

（3）黃世銘於102年9月6日指示楊榮宗召開記者會發布其所修改之新聞稿，均係犯通訊保障及監察法第27條第1項公務員無故洩漏、交付監察通訊所得應祕密資料罪、刑法第132條第1項公務員洩漏國防以外機密罪及個人資料保護法第41條第1項、第44條公務員假借職務上之權力違反16條規定之公務機關未於執行法定職務必要範圍內利用個人資料且不符蒐集之特

定目的之罪。

(4)黃世銘上開各次所犯三罪均有一行為觸犯數罪名之想像競合關係，各從重論以通訊保障及監察法第27條第1項罪。其上開三次犯行，犯意各別，行為互殊，應予分論併罰。

(5)考量黃世銘之動機，係於偵查中偶然發現司法關說事件，為捍衛司法獨立不容許擁有政治資源之立法委員進行關說影響，疏未慮及程序規定，而貿然依其主觀信念衝動為本件犯行，其立意良善而非惡性重大。

此項立論理由屬於因果式（解釋式）論證模式，解釋其理由。

五、支持理由

在判決文中，強調：黃世銘在上開案件尚在偵查中，

1. 「並無優越於無罪推定、公平審判的公共利益維護必要性或合法權益之保護必要性之情形」。

2. 「亦無避免國家或人民遭遇緊急危難或應付財政經濟上重大變故之緊急情狀」。

3. 「且無危害繼續擴大，影響社會大眾生命、身體、自由、財產之安全，或對社會治安有重大影響，而有對外部行政機關、公眾告知之必要」。

4. 黃世銘對於偵查中案件，「竟假借職務上之權力，對總統馬英九、時任行政院長江宜樺洩露並交付相關通訊監察所得資訊，並對外召開記者會」。

此項支持理由屬於因果式（解釋式）論證模式，解釋其理由。

六、反對理由

（一）不應只對黃世銘起訴，仍有其他共犯。

（二）黃世銘於103年12月11日辯稱：「檢察機關偵辦社會矚目或重要人物案件，於偵結前，有陳報行政院院長、總統之不成文慣例。總統應享有國家重大資訊包括重大刑事案件的權利，縱令刑事不法案件也應該向

行政部門的法務部長報告偵查中刑事重大案件，總統、行政院長均有權知悉偵查案件之內容，並未違反偵查不公開，其向總統、行政院長報告，合於公務員服務法忠誠義務之要求。」

此項反對理由屬於因果式（解釋式）論證模式，解釋其理由。

七、駁斥理由

（一）高等法院駁斥有共犯的理由：

在上開行為，均係黃世銘一人獨自起意為之。

1. 黃世銘「利用屬下楊榮宗、鄭深元製作偵查計畫報告，查無無故洩密之犯意聯絡情形。」

2. 黃世銘於「103年8月31日報告總統時，獨自起意於103年9月6日召開記者會，於當日原亦由其獨自召開，於是日臨時改指示屬下楊榮宗依被告所修改後之新聞稿對外發布新聞，亦難認定事先有犯意聯絡，核無共犯之情形。」

3. 黃世銘「利用屬下楊榮宗信任其依法有權發布新聞稿而不知情，依黃世銘修正之新聞稿內容召開記者會之洩密等行為，應論以間接正犯。」

此項駁斥理由屬於因果式（解釋式）論證模式，解釋其理由。

（二）高等法院駁斥黃世銘「偵查重要案件有陳報行政院長、總統義務」的理由：

1. 「特偵組檢察官依法院組織法第63條之1規定，係偵辦涉及總統、副總統、五院院長、部會首長或上將階級軍職人員之貪瀆案件。」

2. 黃世銘於「99年3月8日及15日至立法院接受審查其為總統提名為檢察總長之同意權時，提出報告，稱：其個人將來如能榮幸獲立法院同意任何擔任此項重要職務，凜於身為『國家的檢察總長』、『人民的檢察總長』所擔負的時代使命，一定全力以赴，領導全國檢察官依據法律、本於良知、超越黨派、公正獨立行使職權，澈底擺脫任何政治或外力之介入與干預，絕不因任何施壓而退縮或改變立場，建立檢察體系的使命感與光榮

感，更要贏得全民的支持與信賴。其全力推動重點工作，其中之一：落實『偵查不公開』原則，對於檢、警、調人員於偵辦刑事案件時，無法貫徹偵查不公開原則，迭為社會各界所詬病，今後將要求檢、警、調機關切實依照「檢察、警察暨調查機關偵查刑事案件新聞處理注意要點」規定發布新聞，如有違反者，定儘速查明依法追究刑事及行政責任，落實偵查不公開原則等語（詳見立法院公報第99卷第23期院會紀錄第22、23頁）。」

　　3. 黃世銘於高等法院審理中仍稱：「檢察一體最高層級僅到檢察總長，不及於行政院長或總統。」

　　4. 黃世銘「自降其身為獨立於行政機關外檢察一體之最高位階，認應忠誠提供資訊服務於總統、行政院長。其於偵查中未依法定程序向權責機關告發偵查中發現涉嫌關說司法之事，急於洩漏偵查祕密與監察通訊所得祕密，並對於大眾發布新聞稿，無故揭露上開無公開必要性之偵查祕密資訊及柯建銘個人資料，損害檢察官長久以來捍衛檢察官具備司法權性格之獨立形象，並侵害人民通訊祕密之自由，且使人民對檢察官之合法偵查作為產生質疑與不信任，破壞司法威信，行為可訾。」

　　此項駁斥理由屬於因果式（解釋式）論證模式，解釋其理由。

八、論證可信度

　　高等法院論證可信度，社會可以接受，本案定讞。

伍、案例5：中國國民黨前主席馬英九聲明

　　本案例，依照政策論證分析的方式，分別分析其1.背景；2.政策主張；3.政策相關資訊；4.立論理由；5.支持理由；6.反對理由；7.駁斥理由；8.論證可信度。

一、背景

　　2015年2月25日，國民黨主席朱立倫宣布，不承接立法院長王金平黨籍官司的三審訴訟，馬英九總統傍晚以個人身分發出強烈聲明。馬總統表示，對朱立倫主席實質決定撤回對王金平黨籍案的上訴，他必須嚴正表示失望與不能認同。聲明中，馬總統表示：「中國國民黨朱立倫主席今天實質決定撤回對王金平院長黨籍案的上訴，本人必須嚴正表示失望與不能認同。」是為其聲明的背景（近因）。而其遠因是「102年9月11日，國民黨考紀會因王院長涉及為民進黨立法委員柯建銘的司法案件關說，決定依據黨紀相關規定，撤銷王院長的黨籍。王院長當天以國民黨為被告，向台北地方法院提出確認黨籍存在之訴，並以假處分定暫時狀態，訴訟至今。」（馬英九聲明）

二、政策主張

　　針對馬總統的政策主張，分析如表19-1，其政策主張是：

　　我一向認為，國民黨是一個有是非、講道義的開國政黨，面對大是大非的司法關說爭議，國民黨不能鄉愿，也不能和稀泥，必須捍衛黨的核心價值，否則無以對百萬黨員交代。

表19-1　馬總統的政策主張分析表(1)

類型	內容	主要問題	馬總統的政策主張
界定型	斬釘截鐵，明確地提出政策主張。	問題的看法不明確。對於問題的爭議，加以明確地界定，掃除疑慮（澄清）。	國民黨是一個有是非、講道義的開國政黨。
指示型	對政治現象指出某些事實的存在、或發展的狀況與結果。	問題的狀況如何？該問題是否存在於現在與未來？（事實）。	面對大是大非的司法關說爭議，國民黨不能鄉愿，也不能和稀泥。

類型	內容	主要問題	馬總統的政策主張
評估型	對政治現象或政治作為,提出具有價值觀點的評論。	對問題,各有不同的價值觀念?應該提出何種評估的看法(價值)。	司法關說是大是大非的爭議。
倡導型	對於未來,應如何行動或作為,提出主張,以解決該公共問題。	對於問題,必須採取何種行動?(行動)。	必須捍衛黨的核心價值,否則無以對百萬黨員交代。

資料來源:作者自製。

馬總統再進一步提出政策主張,其政策主張是:

今天(2015.02.25)朱主席與中常會的決定,等於放棄上訴最高法院,全盤接受高等法院不合理的見解。

表19-2　馬總統的政策主張分析表(2)

類型	內容	主要問題	馬總統的政策主張
界定型	斬釘截鐵,明確地提出政策主張。	問題的看法不明確。對於問題的爭議,加以明確地界定,掃除疑慮(澄清)。	今天(2015.02.25)朱主席與中常會的決定,等於放棄上訴最高法院。
指示型	對政治現象指出某些事實的存在、或發展的狀況與結果。	問題的狀況如何?該問題是否存在於現在與未來?(事實)。	〔朱主席與中常會的決定等於〕全盤接受高等法院不合理的見解。

資料來源:作者自製。

三、政策相關資訊

人民團體法第9章規定政治團體,其中第49條規定「政治團體應依據

民主原則組織與運作，其選任職員之職稱、名額、任期、選任、解任、會議及經費等事項，於其章程中另定之。」，第52條規定「內政部設政黨審議委員會，審議政黨處分事件。政黨審議委員會由社會公正人士組成，其具有同一黨籍者，不得超過委員總額二分之一；其組織由內政部定之。」

四、立論理由

馬總統提出的立論理由，均屬於動機式論證模式，其內容是：

1. 高等法院的判決，完全昧於政黨實際的運作。他說：

高等法院的判決，完全昧於政黨實際的運作，忽略「人民團體法」對政黨的監督管理採取「低度管理，高度自治」原則。

2. 高等法院的判決破壞政黨的考紀制度。他說：

同時也徹底否定國民黨的考紀制度，變相縱容黨員違紀，對日後每一次重大選舉都會產生不利影響，也對黨的公信力及制度造成無可回復的傷害。

3. 向最高法院提出上訴是維護黨的整體利益與發展。他說：

本人擔任黨主席期間，考量黨的整體利益與發展，對高等法院的判決，向最高法院提出上訴，本人有必要在此鄭重說明本人的看法，將當初上訴以及不撤告的理由，完整地向所有黨員及國人報告。

五、支持理由

馬總統在聲明中，進一步提出其支持理由，也是屬於動機式論證模式：

1. 上訴是為了維護黨的制度及長遠利益。他說：

本人必須強調，國民黨當初決定根據律師的建議上訴最高法院，絕不是「馬王之爭」，而是為了維護黨的制度及長遠利益，因為一、二審法院對本案實質問題——有無司法關說——並無著墨，反而對國民黨的黨紀制度，嚴加批評。

2. 不上訴會影響未來整個黨的運作與紀律。他說：

眾所周知法院第一、二審是事實審，第三審是法律審，第三審正可以讓最高法院的法官，對下級法院有關黨員除名的法律見解，作出改變，以謀解決。

否則黨的考紀制度毀壞，影響的將是未來整個黨的運作與紀律，尤其對即將展開提名作業的立委選舉，影響更大。

3. 上訴不影響王院長目前的職位與黨內權益。他說：

事實上，王院長有假處分的保護，上訴最高法院完全不影響王院長目前的職位與黨內權益，對黨務實質運作，更未造成扞格。在九合一選舉當中，王院長與我就曾多次同台輔選，並無問題。

4. 上訴是無可奈何，本案至今無法在黨內解決。他說：

本人也必須說明，前年9月考紀會撤銷王院長黨籍後，黨內大老也曾嘗試在黨內解決問題的可能，包括王院長對廉能會提出申訴，以及建議本人與王院長共同召開記者會，共同向社會大眾說明道歉。然王院長在102年10月1日發表「等待黎明，迎向藍天」聲明，堅持本案以司法解決，因此本案至今無法在黨內解決。

六、反對理由

　　法院的反對理由，屬於因果式（解釋式）論證模式，誠如馬總統在聲明中所說的：

　　103年3月19日，地方法院判定王院長勝訴。法官認為，依據民法與「人民團體法」的規定，社團凡涉及會員「除名」事項，必須「加開會員代表大會，由會員代表過半數之出席，出席人數三分之二以上同意」，始為適法。高等法院去年9月也維持了這個判決。

七、駁斥理由

　　馬總統在聲明中，駁斥法院的反對理由屬於動機式論證模式為：
　　1. 開除黨籍的規定不合理。他說：

　　如果不上訴最高法院，無異於要求本黨接受高等法院不合理的見解，「每處理有除名的黨紀案件，就必須召開全國代表大會，在有二分之一的出席與出席代表三分之二以上同意之下，才能通過。」

　　2. 高等法院的判決事實上不可行，他說：

　　這種類似修改黨章的高門檻要求，對於黨員超過百萬、一年開一次黨代表大會的國民黨，根本緩不濟急，事實上並不可行。此例一開，所有未來、現在、與過去違紀的黨員，都可以宣稱考紀委員會的決定未經黨代表大會通過、所作黨紀處分無效，而不予理會。

八、論證可信度

　　論證可信度，具有說服力，本書作者認為已仁至義盡。誠如馬總統在其聲明的結論所說：

　　本人已辭去中國國民黨主席，目前的身分只是一個黨齡47年的資深黨員。本人必須再次強調，國民黨是一個有是非、講道義的開國政黨，始終以「清廉、勤政、愛民」為核心價值。面對大是大非的司法關說爭議，國民黨不能鄉愿，也不能和稀泥，必須捍衛黨的核心價值，否則無以對百萬黨員交代。本人必須在此做以上嚴正的聲明。

參考文獻

中文部分

中央社政治新聞中心，2013，〈民進黨立委柯建銘10月18日質詢江揆〉，中央社，http://webcache.googleusercontent.com/search?q=cache:ReKcfia9fbUJ:www.my-formosa.com/article.aspx%3Fcid%3D5%26id%3D49561+&cd=21&hl=zh-TW&ct=clnk&gl=tw，下載日期：2013年10月30日。

王金平，2013，〈王金平院長9月10日晚上機場記者會〉，中央社，http://www.ettoday.net/news/20130911/268797.htm#ixzz2jBXANJpH，下載日期：2013年10月30日。

丘福隆，2013，〈9月政爭回頭看　誰壞了事？〉，世界新聞網，http://webcache.googleusercontent.com/search?q=cache:05RlKAOBt2wJ:www.worldjournal.com/view/full_news/23768410/article-9%25E6%259C%258 8%25E6%2594%25BF%25E7%2588%25AD%25E5%259B%259E%25E9%25A0%25AD%25E7%259C%258B-%25E8%25AA%25B0%25E5%25A3%259E%25E4%25BA%2586%25E4%25BA%258B-+&cd=7&hl=zh-

TW&ct=clnk&gl=tw，下載日期：2013年10月30日。

李勝峯，2014，〈道理：剖析2013　九月政爭理在何方〉，台北：白象文化。

馬英九，2013a，〈馬英九總統9月8日總統府記者會〉，中央社，http://www.ettoday.net/news/20130911/268797.htm#ixzz2jBXANJpH，下載日期：2013年10月30日。

馬英九，2013b，〈馬英九總統9月11日上午在黨部記者會〉，中央社，http://www.ettoday.net/news/20130911/268797.htm#ixzz2jBXANJpH，下載日期：2013年10月30日。

馬英九，2015，〈馬英九聲明〉，蘋果日報，2015年2月26日，第一版。

台灣高等法院，2014，〈台灣高等法院民事判決　103年度上字第491號〉（9月26日）。

台灣台北地方法院，2014a，〈台灣台北地方法院民事裁定　102年度訴字第3782號〉（3月19日）。

台灣台北地方法院，2014b，〈台灣台北地方法院刑事判決　102年度囑易字第1號〉（3月21日）。

蔡志方，2014a，〈論王金平院長等之司法關說疑案與衍生之法律問題〉，《國政研究報告－憲政（研）》，103（1），2月13日。

蔡志方，2014b，〈論處理關說司法之正當法律程序—兼評台灣台北地方法院102年度囑易字第1號刑事判決〉，《國政研究報告－憲政（研）》，103（2），4月11日。

第二十章

胡佛院士「黃世銘合法監聽」的政策論證

　　立法院長王金平與民進黨立委總召柯建銘向高檢署檢察長陳守煌及檢察官林秀濤關說的司法關說案，在社會喧騰一時，非常引起主張司法革新人士的關注（胡佛，2014）。對於黃世銘是否合法監聽，本文提出胡佛院士的觀點，加以分析。分為一、William Dunn政策論證分析；二、政策主張；三、爭論點；四、論證的模式，敘述之。

壹、William Dunn政策論證分析

　　William Dunn（2012: 338-380）認為政策論證分析，至少要分析政策主張的類別，政策論證模式的類別。政策主張分為四類：界定型（definitive）、指示型（designative）、評估型（evaluative），以及倡導型（advocative）。政策論證模式有11種類型。本文在分析胡佛〈光天化日陷人於罪〉的政策主張以及其論證模式。

貳、政策主張

　　胡佛（2014）主張：「目前的發展，竟成為關說者及接受關說者並未受到嚴正的處理，反而負責偵查除弊的檢察總長黃世銘卻受到極不公平的對待與攻訐，甚至面臨司法機關的制裁。」他加以引申：「這不僅在我國

歷史上極為罕見，也會使台灣多年來所推動的民主法治，成為笑談。台灣的政風為何敗壞到這樣的田地，非常值得深思。」（胡佛，2014）。胡佛的政策主張是屬於評估型。評估型的政策主張必須包括，先行界定、指示、評估，然後再加以倡導。胡佛的政策主張，一路下來，他界定：「檢察一體、包括總統在內」，指示：「檢察總長要向總統負責」、「不法、不能拒絕合法監聽」，提出評估觀點：「光天化日 陷人於罪」，最後倡導：「放過立法院長關說？」

參、爭論點

爭論一：總統與檢察總長是否為一體。
爭點二：檢察總長黃世銘是否洩密。
爭點三：檢察總長黃世銘監聽是否合法。

肆、論證的模式

一、總統與總檢察長為一體

胡佛對於黃世銘是否涉及「非法監聽」的問題，先對於「總統與總檢察長為一體」加以澄清，採用「歸類分析」（classification analysis）的建構。歸類分析是指一種用以澄清（clarifying）觀念的技術，可以對問題情境進行界定（define）與分門別類（classify）（Dunn, 2012: 92）。當政策分析人員感知到某項問題情境時，必定以其經驗進行分類。例如貧窮（或犯罪、或汙染）概念，是藉由經歷某些具體的事項，經由邏輯判斷所形成，什麼是貧窮（或犯罪、或汙染），什麼不是貧窮（或犯罪、或汙染），加以類別化。同一種事項只能歸類於某一類，便排斥於歸於另外一類。屬於貧窮（或犯罪、或汙染）這一類，便不能歸於「非貧窮」（或

「非犯罪」、或「非汙染」）這一類。

歸類分析以兩種主要程序作為基礎：邏輯區分（logical division）以及邏輯歸類（logical classification）。邏輯區分是指建立各種不同的類別，每一個類別各有其構成要件，具有不同性質。邏輯歸類是指將特定的事項，依其具體的實況，歸之於其所符合的類別。例如：人的生活分為「貧窮」與「非貧窮」兩類；貧窮的性質，生活拮据，要什麼沒什麼。如果某人有電冰箱、電話、汽車等，生活充裕，便不是「貧窮」，而是「非貧窮」。

胡佛的歸類分析，將「特偵組的設立及檢察總長的任命，皆出於總統為執行打擊特殊刑案的政策所特設的措施」歸於同一類（胡佛，2014），總統與總檢察長是屬於同一政策任務，而不是分割的。其立論理由（warrant）為：

我國憲法經過7次修訂，使得總統掌握極大的政治權力，成為政府決策及執行體制的中樞；不僅任命行政院長不再須經立法院的同意，凡是經立法院同意任命人員之任免命令及解散立法院之命令亦皆不再須經行政院院長的副署（參見：憲法增修條文第2條第2項）。憲法經過這樣的修訂後，在民國95年進而修訂法院組織法，主要目的是為了貫徹政府防制高級官員的貪瀆、全國性的選舉舞弊及重大犯罪案，特別在最高檢察署設立特別偵查組，且使最高檢署的檢察總長由總統提名，經立法院同意後，直接任命，且明定任期4年，不得連任（參見：法院組織法第63-1條及第66條第8項）。

胡佛以「類別分析」，建構「司法監聽」的問題，接著以類別（classification）論證模式，提出其立論理由，**澄清**總統與檢察總長之關係為：

檢察總長的任命是總統的政策性任命，相互之間具有行政上的特別權力關係，檢察總長當然要向總統負政策執行的責任（胡佛，2014）。

　　胡佛在自己的「立論理由」站得住之後,便去駁斥（rebuttal）「向總統洩密」的觀點。類別論證模式,具有一刀兩刃的作用,一刃澄清自己的立論理由,是屬於哪一類;便由此成為另一刃,駁斥另外一類的說詞。胡佛指出:

　　現再看上述的司法關說案,這是一件特殊重大的不法案件,不僅牽涉到立法院長、法務部部長、高檢署檢察長及檢察官,且影響到司法的獨立。檢察總長黃世銘在確認案情後,立即向總統提出報告,並接受總統的諮詢,這在職務的履行上,是非常盡責的作法,如何談得上向總統洩密呢（胡佛,2014）?

　　政策論證人員自認為「駁斥理由」講得不夠清楚,必須再輔之以「駁斥理由」的「支持理由」（backing）,他說:

　　我國的法制,在審檢分立後,檢察體系更明確地專屬於行政權的管轄,而在職權的行使上,則採行所謂的「檢察一體」。法院組織法即明定檢察總長可依法「指揮監督」各層級的檢察官（參見第63條）。現總統不僅掌握最高的行政權,而且與檢察總長具有前述的特別權力關係,這使得「檢察一體」包括最高的總統在內,而成為「行政一體」,也就是總統對檢察總長的指揮監督是體制內的職權互動關係（胡佛,2014）。

　　強調總統與總檢察長的關係是一體的,再進一步,引申到**澄清**檢察總長對於總統的報告是屬於「公開」或「不公開」,在政策論證上,也採用了類別政策論證模式,胡佛說:

　　在這樣的關係下,檢察總長在偵查特殊重大的案件時,如何能對總統不「公開」?這正如特偵組的主任檢察官不能對所偵查的案件向檢察總長不「公開」,所以偵查不公開的原則,並不適用體制內的指揮監督關係,何況刑事訴訟法也明定:在必要時,為維護公共利益仍得公開（參見:第

245條第2項）。由此可見，檢察總長黃世銘向總統報告司法關說的案情，當然與偵查不公開的原則無涉（胡佛，2014）。

二、檢察總長黃世銘未洩密

胡佛也採用「類別論證模式」，將所提供通訊資料的對象分為「本機關（或機構、或團體、或個人）」與「其他機關（或機構、或團體、或個人）」兩類，再把提供通訊資料的理由分為「基於職權」與「無故」兩類，加以澄清。他說：

首先這個法禁止將監察通訊的資料提供「其他機關（構）、團體或個人」，另規定公務員將上述「應秘密之資料，而無故洩漏或交付之者」，可處以3年以下有期徒刑、拘役或罰金（參見第18及27條）。試問體制內的總統是「其他機關、團體或個人」嗎？檢察總長向總統報告案情是「無故」洩密或交付嗎？這些當然皆是否定的，不需贅說。既然如此，檢察總長黃世銘又何罪之有呢（胡佛，2014）？

三、總檢察長合法監聽：不法，不能拒絕合法監聽

胡佛的立論模式，從「監聽不法立委」不等於「監聽國會」切入，仍然採用「類別論證模式」，監聽對象的類別分為「不法立委」與「國會」，這兩個類別截然不同。胡佛所澄清的是監聽不法立委，而不是監聽國會。他的理由是：

特偵組的檢察官是依據通訊保護及監察法的規定向法院聲請通訊監察書，經過核發後，才開始執行（參見第5條），所以監聽過程基本上是合法的。但特偵組檢察官在實際操作時，將立法院的小總機誤為柯建銘總召的手機，這種對通訊符號的誤識，充其量也不過是執行技術上的錯失，但真正的問題卻在：「監聽不法立委」不等於「監聽國會」，特偵組為何不

能透過立法院的總機合法監聽涉嫌不法立委的通訊呢？

　　一位潔身自愛的立委又何懼特偵組的合法監聽呢？

　　又何必將檢評會都已確認的不法關說，扭曲爲一般所謂的「關心」呢？

　　從嚴格的法治觀點看：無論任何涉嫌不法者，包括立法委員在內，皆無拒絕檢察機關合法監聽的特權，更不可尋找種種藉口誣指檢察官越權監聽，那豈不成爲以不法維護不法了嗎（胡佛，2014）？

伍、結語

　　胡佛對於其政策主張，在結論時，再加強申論。他說：

　　當前的台灣政局，在族群撕裂、金權交易、派閥牽引、民粹操弄及藍綠惡鬥的情況下，整個社會變成無是無非，甚至以假當眞，不但缺乏正確的價值觀與發展方向，且令人對民主法治喪失信心。這些在近日發生的司法關說案中，表露無遺，眞是十分慨嘆！

　　現不禁要問：在光天化日之下，全世界都注目民主、法治的時代，要將一位奮力追查司法關說的檢察總長，加以撤職與入罪，而對非法關說司法的立法院長及民進黨總召不予處置，再輕縱接受關說的高檢署檢察長與檢察官，果如此，法理能恕嗎？天理能容嗎？

　　再有一問：代表最高民意機關的司法關說者及受到關說者關愛的受惠者，究竟要在歷史上留下怎樣的名聲呢？

　　我要向從不相識的檢察總長黃世銘及特偵組的檢察同仁致以敬意（胡佛，2014）。

參考文獻

中 文部分

胡佛，2014，〈光天化日 陷人於罪〉，中國時報，1月7日，第A2版。

胡佛，2014，〈光天化日 陷人於罪〉，中國時報電子報，網址：http://www.chinatimes.com/newspapers/20140107000509-260109，檢索日期於2014年7月11日。

英 文部分

Dunn, William N. 2012. *Public Policy Analysis*. 5th Ed. New York: Pearson.

第二十一章

大法官釋字第709號都市發展的政策論證[1]

壹、前言

一、研究背景

　　政策論證在民主法治的社會，非常重要。政策制定在民主政治，要有充分的論理基礎。司法院大法官於2013年4月26日對於都市更新條例是否牴觸憲法，作成釋字第709號解釋〔都市更新事業概要與計畫審核案〕。本論文以大法官釋字第709號進行政策論證分析。

二、研究目的

　　有關大法官的釋憲解釋，法學專家從法理學探討的相當多，法律論證方式與政策論證方式差異很大。法律方式注重在法學實證論，而其論證過程因個案而異，由邏輯推論之。本論文特地從公共政策William Dunn的政策論證（參見本書第4章），加以分析，必將更為具有說服力、可信度的觀點，拓展大法官釋憲文的研究方法。

　　本論文採用William Dunn的政策論證研究方法，包括大法官的政策主張？政策論證的模式？政策論證的結構？政策論證的結構圖？

---

[1]　本文改寫自「法官釋字第709號都市發展政策探討」，於2013年台灣政治學會年會，12月1日，高雄：國立中山大學。

三、名詞界定

（一）政策論證

　　本論文接受William Dunn（2012）政策論證的定義。政策論證在辨認（identify）與調查（probe）政策主張的基本假定（assumption），認識（recognize）並評估（evaluate）該政策主張的反對意見（objection），以及綜合（synthesize）不同來源的政策資訊。由此政策論證必須先確定對於該問題解決的政策主張為何？該政策主張的基本假定是什麼？有哪些反對意見？對反對意見的評估？以及如何綜合（synthesize）不同來源的政策資訊（Dunn, 2012: 18）。

（二）大法官會議

　　大法官會議，為我國「解釋憲法及統一解釋法律與命令」之司法機關，相同於西方民主國家之「憲法法院」。依我國憲法第78條規定：「司法院解釋憲法，並有統一解釋法律及命令之權。」再依憲法第171條規定：「法律與憲法牴觸者，無效（第一項）。法律與憲法有無牴觸發生疑義時，由司法院解釋之（第二項）。」第172條規定：「命令與憲法或法律牴觸者，無效。」是為大法官會議確認公共政策之憲法的依據。

四、分析架構

　　本文分析架構圖，如圖21-1，依據Dunn（2012）探討政策論證的方式，先要有政策論證的環境或背景，產生必須要進行政策論證。為了進行政策論證，必須要有論證者的政策主張。政策主張到底屬於哪種類型，必須要釐定清楚政策主張及其基本假定。然後尋找具有說服力的政策模型，並將其論證的結構予以嚴謹化，最後對於所建構的政策論證是否符合論證的要求加以評估。評估之後，如果覺得政策論證未能具有充分說服力，就再配合政策論證的環境，加以修正或調整，由此循環，直到政策論證能為大家所接受為止。

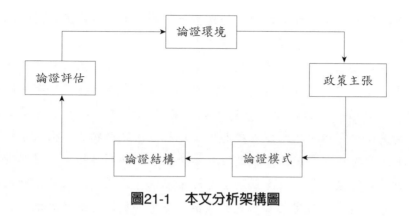

圖21-1　本文分析架構圖

貳、大法官釋字第709號說明

　　2013年4月26日，大法官作出釋字第709號，對於「都市更新事業概要與計畫審核案」作出解釋。該案主要是士林文林苑拆遷引發都更爭議。文林苑王家人及因地震而須辦理重建的新北市土城區大慶信義福邨5層樓集合住宅等4個個案，分別於行政訴訟敗訴後，聲請大法官釋憲，大法官併案審理（台灣環境與土地法學雜誌，2013：1）。

　　司法院大法官會議做出第709號解釋，指都市更新條例第10條第1、2項及第19條第3項前段不符正當行政程序，宣告違憲。大法官認為，都更條例第10條第1、2項及第19條第3項前段均不符憲法要求的正當行政程序，第10條第2項也有為憲法保障人民財產權與居住自由的意旨，宣告違憲，相關機關應於1年內檢討修正（台灣環境與土地法學雜誌，2013：1）。釋憲文內容如下：

　　中華民國八十七年十一月十一日制定公布之都市更新條例第十條第一項（於九十七年一月十六日僅為標點符號之修正）有關主管機關核准都市更新事業概要之程序規定，未設置適當組織以審議都市更新事業概要，且未確保利害關係人知悉相關資訊及適時陳述意見之機會，與憲法要求之正

當行政程序不符。同條第二項（於九十七年一月十六日修正，同意比率部分相同）有關申請核准都市更新事業概要時應具備之同意比率之規定，不符憲法要求之正當行政程序。九十二年一月二十九日修正公布之都市更新條例第十九條第三項前段（該條於九十九年五月十二日修正公布將原第三項分列為第三項、第四項）規定，並未要求主管機關應將該計畫相關資訊，對更新單元內申請人以外之其他土地及合法建築物所有權人分別為送達，且未規定由主管機關以公開方式舉辦聽證，使利害關係人得到場以言詞為意見之陳述及論辯後，斟酌全部聽證紀錄，說明採納及不採納之理由作成核定，連同已核定之都市更新事業計畫，分別送達更新單元內各土地及合法建築物所有權人、他項權利人、囑託限制登記機關及預告登記請求權人，亦不符憲法要求之正當行政程序。上開規定均有違憲法保障人民財產權與居住自由之意旨。相關機關應依本解釋意旨就上開違憲部分，於本解釋公布之日起一年內檢討修正，逾期未完成者，該部分規定失其效力。

九十二年一月二十九日及九十七年一月十六日修正公布之都市更新條例第二十二條第一項有關申請核定都市更新事業計畫時應具備之同意比率之規定，與憲法上比例原則尚無牴觸，亦無違於憲法要求之正當行政程序。惟有關機關仍應考量實際實施情形、一般社會觀念與推動都市更新需要等因素，隨時檢討修正之。

九十二年一月二十九日修正公布之都市更新條例第二十二條之一（該條於九十四年六月二十二日為文字修正）之適用，以在直轄市、縣（市）主管機關業依同條例第七條第一項第一款規定因戰爭、地震、火災、水災、風災或其他重大事變遭受損壞而迅行劃定之更新地區內，申請辦理都市更新者為限；且係以不變更其他幢（或棟）建築物區分所有權人之區分所有權及其基地所有權應有部分為條件，在此範圍內，該條規定與憲法上比例原則尚無違背。

參、文獻探討

　　《台灣環境與土地法學雜誌》於2013年6月2日在台灣大學法學院霖澤館舉辦「後大法官解釋第709號時代的都市更新正當程序與制度建議」座談會，邀請楊松齡教授、陳立夫教授主持，何彥陞助理教授、蔡志揚律師引言，及金家禾教授、鄭安廷助理教授、戴秀雄助理教授、黃昭閔理事長、丁致成執行長、林明鏘教授、趙子元助理教授、陳玉霖名譽理事長等專家學者擔任與談人，針對都市更新事業概要及都市更新事業計畫，分為兩場次探討此二本書件審核之正當程序應如何設計，以供政府參酌（台灣環境與土地法學雜誌，2013：1）。並於2013年7月發表於《台灣環境與土地法學雜誌》第1卷第6期，包括會議紀錄、林明鏘、何彥陞的兩篇論文。

　　其立論方式，首先說明解釋文提出三個違憲重點：

　　一、都更條例第10條第1項規定：核准都更事業概要程序，未設置適當組織加以審議，且為確保利害關係人知悉該資訊及事實陳述意見之機會，與憲法上之正當行政程序要求不合（林明鏘，2013：52；何彥陞，2013：22）；

　　二、都更條例第10條第2項規定：有關申請都更事業概要核准之權利人同意比率，亦不符合憲法正當行政程序之要求（林明鏘，2013：52；何彥陞，2013：22）；

　　三、都更條例第19條第3項前段規定：一方面未規定主管機關應將更新事業計畫資訊，對更新單元之內其他土地及合法建物所有權人分別送達，另一方面亦未規定主管機關應舉辦公開聽證，故不符合憲法上正當程序之要求（林明鏘，2013：52）。

　　前三者違憲條文，至遲應於2014年4月25前檢討修正，否則將逾期失效。（即一年落日條款）（林明鏘，2013：52；何彥陞，2013：22）。

　　然後，再提出4個討論的議題：

　　一、第一個議題，主管機關該如何設置適當的組織來審議都市更新事業概要。

　　二、第二個議題，利害關係人陳述意見的方法，必須符合行政程序法

關於陳述意見的相關規範,陳述意見的公聽與公告,應有更周延的規範,作成行政處分,應說明其理由。

三、第三個議題,如何確保利害關係人知悉相關資訊的可能性。

四、第四個議題,都市更新事業概要的同意比例過低,應該視其所涉及的重要性而定,依照重建、整建與維護的不同情況而有不同的比例。

其論證方式較為薄弱、零散、缺乏有系統的整合。大多是依法論法。因此要採用William Dunn論證的方式,較具有系統性、完整性、說理性以及針對性。

肆、分析與討論

一、論證環境

2013年4月26日,司法院大法官會議,對於「都市更新事業概要與計畫審核案」士林文林苑拆遷引發都更爭議,作出釋字第709號解釋。文林苑王家人及因地震而須辦理重建的新北市土城區大慶信義福邨5層樓集合住宅等4個個案,分別於行政訴訟敗訴後,聲請大法官釋憲,大法官併案審理。

該號解釋,指都市更新條例第10條第1、2項及第19條第3項前段不符正當行政程序,宣告違憲;認為,都更條例第10條第1、2項及第19條第3項前段均不符憲法要求的正當行政程序,第10條第2項也有為憲法保障人民財產權與居住自由的意旨,宣告違憲,相關機關應於1年內檢討修正(台灣環境與土地法學雜誌,2013:1)。

二、政策主張

大法官釋字第709號解釋的政策主張,係針對都市更新條例第10條第1項第10條第2項第19條第3項前段,提出政策主張,屬於倡導型政策主張:

　　上開規定均有違憲法保障人民財產權與居住自由之意旨。相關機關應依本解釋意旨就上開違憲部分,於本解釋公布之日起一年內檢討修正,逾期未完成者,該部分規定失其效力。

　　倡導型政策主張,必須要提出**行動**,釋憲文提出的行動是:「於本解釋公布之日起一年內檢討修正」,並說明為什麼要行動,因為要符合**規範**性要求:「上開規定均有違憲法保障人民財產權與居住自由之意旨」,「相關機關應依本解釋意旨就上開違憲部分,逾期未完成者,該部分規定失其效力」。

　　要支持倡導型政策主張,必須要有**界定**型政策主張,哪些錯了,界定其為錯誤,所以要採取行動改正。釋憲文的政策主張為:

　　都市更新條例第十條第一項有關主管機關核准都市更新事業概要之程序規定,未設置適當組織以審議都市更新事業概要,且未確保利害關係人知悉相關資訊及適時陳述意見之機會,與憲法要求之正當行政程序不符。

　　同條第二項有關申請核准都市更新事業概要時應具備之同意比率之規定,不符憲法要求之正當行政程序。

　　都市更新條例第十九條第三項前段規定,並未要求主管機關應將該計畫相關資訊,對更新單元內申請人以外之其他土地及合法建築物所有權人分別為送達,且未規定由主管機關以公開方式舉辦聽證,使利害關係人得到場以言詞為意見之陳述及論辯後,斟酌全部聽證紀錄,說明採納及不採納之理由作成核定,連同已核定之都市更新事業計畫,分別送達更新單元內各土地及合法建築物所有權人、他項權利人、囑託限制登記機關及預告登記請求權人,亦不符憲法要求之正當行政程序。

三、政策論證模式

　　第709號釋憲文的政策論證模式是屬於因果模式。因果模式，以因果為基礎，即解釋模式，探討原因與其結果之間的關係。也就是目前都市更新條例第10條第1項、第2項，第19條第3項前段的規定，是「因」，會導致「果」，即「有違憲法保障人民財產權與居住自由之意旨」。茲謹舉其中第10條第1項為例的「因果」推論說明，第10條第2項以及第19條第3項前段，也類似，不再舉例：

　　（一）主管機關對私人所擬具之都市更新事業概要所為之核准，以及對都市更新事業計畫所為之核定，是行政處分。

　　主管機關對私人所擬具之都市更新事業概要所為之核准，以及對都市更新事業計畫所為之核定，乃主管機關依法定程序就都市更新事業概要或都市更新事業計畫，賦予法律上拘束力之公權力行為，其法律性質均屬就具體事件對特定人所為之行政處分。

　　（二）上述行政處分是均屬限制人民財產權與居住自由之行政處分。

　　主管機關核定都市更新事業計畫之行政處分，涉及建築物配置、費用負擔、拆遷安置、財務計畫等實施都市更新事業之規制措施。且於後續程序貫徹執行其核准或核定內容之結果，更可使土地或建築物所有權人或其他權利人，乃至更新單元以外之人之權利受到不同程度影響，甚至在一定情形下喪失其權利，並被強制遷離其居住處所。

　　（三）限制人民財產權與居住自由之行政處分，缺乏正當行政程序，即產生（果）「有違憲法保障人民財產權與居住自由之意旨」。

　　本條例除〔未〕規定主管機關應設置公平、專業及多元之適當組織以行審議外，並〔未〕按主管機關之審查事項、處分之內容與效力、權利限

制程度等之不同，規定應踐行之正當行政程序，包括應規定確保利害關係人知悉相關資訊之可能性，及許其適時向主管機關以言詞或書面陳述意見，以主張或維護其權利…

本條例並〔未〕規定由主管機關以公開方式舉辦聽證，使利害關係人得到場以言詞為意見之陳述及論辯後，斟酌全部聽證紀錄，說明採納及不採納之理由作成核定，

〔即有〕違於憲法保障人民財產權及居住自由之意旨。

四、政策論證結構

Dunn（2012, 21）認為政策論證結構，應包括以下七個要素：

（一）政策主張

釋字第709號解釋的政策主張，係針對都市更新條例第10條第1項第10條第2項第19條第3項前段，提出政策主張，屬於倡導型政策主張：「上開規定均有違憲法保障人民財產權與居住自由之意旨。相關機關應依本解釋意旨就上開違憲部分，於本解釋公布之日起一年內檢討修正，逾期未完成者，該部分規定失其效力。」

（二）政策相關資訊

釋字第709號所依據的政策相關資訊包括：

1. 釋字第400號解釋引申：「憲法第十五條規定人民財產權應予保障，旨在確保個人依財產之存續狀態行使其自由使用、收益及處分之權能，並免於遭受公權力或第三人之侵害，俾能實現個人自由、發展人格及維護尊嚴。」

2. 釋字第443號解釋引申：「憲法第十條規定人民有居住之自由，旨在保障人民有選擇其居住處所，營私人生活不受干預之自由。」

3. 釋字第596號、第454號解釋引申：「國家為增進公共利益之必要，於不違反憲法第二十三條比例原則之範圍內，非不得以法律對於人民

之財產權或居住自由予以限制。」

4. 經濟社會文化權利國際公約第11條第1項規定引申：「都市更新為都市計畫之一環，乃用以促進都市土地有計畫之再開發利用，復甦都市機能，改善居住環境，增進公共利益。都市更新條例即為此目的而制定，除具有使人民得享有安全、和平與尊嚴之適足居住環境之意義，並作為限制財產權與居住自由之法律依據。」

5. 「都市更新之實施涉及政治、經濟、社會、實質環境及居民權利等因素之考量，本質上係屬國家或地方自治團體之公共事務，故縱使基於事實上需要及引入民間活力之政策考量，而以法律規定人民在一定條件下得申請自行辦理，國家或地方自治團體仍須以公權力為必要之監督及審查決定。」

（三）立論理由

主管機關對私人所擬具之都市更新事業概要所為之核准（本條例第10條第1項規定），以及對都市更新事業計畫所為之核定（本條例第19條第1項規定）均屬限制人民財產權與居住自由之行政處分，必須要有正當法定程序。本項立論理由屬於因果式（解釋式）論證模式。

1. 屬於限制人民財產權與居住自由之行政處分的說明

(1)「依本條例之規定，都市更新事業除由主管機關自行實施或委託都市更新事業機構、同意其他機關（構）實施外，亦得由土地及合法建築物所有權人在一定條件下經由法定程序向直轄市、縣（市）主管機關申請核准，自行組織更新團體或委託都市更新事業機構實施（本條例第9條至11條規定）。」

「而於土地及合法建築物所有權人自行組織更新團體或委託都市更新事業機構實施之情形，主管機關對私人所擬具之都市更新事業概要（含劃定更新單元，以下同）所為之核准（本條例第10條第1項規定），以及對都市更新事業計畫所為之核定（本條例第19條第1項規定），乃主管機關依法定程序就都市更新事業概要或都市更新事業計畫，賦予法律上拘束力

之公權力行為，其法律性質均屬就具體事件對特定人所為之行政處分（行政程序法第92條第1項規定）。」

(2)「其中經由核准都市更新事業概要之行政處分，在更新地區內劃定可單獨實施都市更新事業之更新單元範圍，影響更新單元內所有居民之法律權益，居民如有不願被劃入更新單元內者，得依法定救濟途徑謀求救濟。」

(3)「主管機關核定都市更新事業計畫之行政處分，涉及建築物配置、費用負擔、拆遷安置、財務計畫等實施都市更新事業之規制措施。且於後續程序貫徹執行其核准或核定內容之結果，更可使土地或建築物所有權人或其他權利人，乃至更新單元以外之人之權利受到不同程度影響，甚至在一定情形下喪失其權利，並被強制遷離其居住處所（本條例第21條、第26條第1項、第31條第1項、第36條第1項等規定）。」

2. 所必須要有的正當法定程序

(1)「憲法上正當法律程序原則之內涵，應視所涉基本權之種類、限制之強度及範圍、所欲追求之公共利益、決定機關之功能合適性、有無替代程序或各項可能程序之成本等因素綜合考量，由立法者制定相應之法定程序（大法官釋字第689號解釋）。」

(2)「都市更新之實施，不僅攸關重要公益之達成，且嚴重影響眾多更新單元及其週邊土地、建築物所有權人之財產權及居住自由，並因其利害關係複雜，容易產生紛爭。為使主管機關於核准都市更新事業概要、核定都市更新事業計畫時，能確實符合重要公益、比例原則及相關法律規定之要求，並促使人民積極參與，建立共識，以提高其接受度」，本條例應規定〔法定程序〕：

A.「主管機關應設置公平、專業及多元之適當組織以行審議。」

B.「應按主管機關之審查事項、處分之內容與效力、權利限制程度等之不同，規定應踐行之正當行政程序，包括應規定確保利害關係人知悉相關資訊之可能性，及許其適時向主管機關以言詞或書面陳述意見，以主張或維護其權利。」

C.「本條例應規定由主管機關以公開方式舉辦聽證，使利害關係人得到場以言詞為意見之陳述及論辯後，斟酌全部聽證紀錄，說明採納及不採納之理由作成核定。」

（四）立論依據

都市更新條例第10條第1項「雖有申請人或實施者應舉辦公聽會之規定，惟尚不足以保障利害關係人適時向主管機關陳述意見，以主張或維護其權利。」且未要求「主管機關應設置適當組織以審議都市更新事業概要」，又未「確保利害關係人知悉相關資訊可能性」，「與前述憲法要求之正當行政程序不符，有違憲法保障人民財產權與居住自由之意旨。」

（五）可信程度

由上述政策相關資訊、立論理由、立論依據等所呈現的政策論證相當充實，可以支持政策主張，但是政策論證的過程必須考慮到有否任何反對理由，然後予以駁斥，以符合政策論證的過程。

（六）反對理由

反對理由屬於因果式（解釋式）論證模式，認為：人民依法申請行政機關為特定行政行為時，行政機關可以依據實際情形，為便民措施，不需要有法定程序要件，也不需要審查，以節省行政成本。

（七）駁斥理由

駁斥理由屬於因果式（解釋式）論證模式，指出：人民依法申請行政機關為特定行政行為時，應規定具體法定程序，方足以保障人民權益。

1. 應規定人民申請之正當行政程序

「人民依法申請行政機關為特定行政行為時，行政機關須就其申請是否符合法定程序要件予以審查，於認為符合法定程序要件後，始據以作成行政處分，故人民申請之要件亦屬整體行政程序之一環，法律有關人民申請要件之規定，自亦應符合正當行政程序之要求。」

2. 應規定較高同意比率門檻

　　「依都市更新條例第十條第二項規定，申請核准都市更新事業概要之同意比率，不論土地或合法建築物所有權人，或其所有土地總面積或合法建築物總樓地板面積，僅均超過十分之一即得提出合法申請，其規定之同意比率太低，形成同一更新單元內少數人申請之情形，引發居民參與意願及代表性不足之質疑，且因提出申請前溝通協調之不足，易使居民顧慮其權利可能被侵害，而陷於價值對立與權利衝突，尤其於多數人不願參與都市更新之情形，僅因少數人之申請即應進行行政程序（行政程序法第三十四條但書規定），將使多數人被迫參與都市更新程序，而面臨財產權與居住自由被侵害之危險。」應依重建、整建、維護不同情形，提高其同意比率。

3. 應規定公開舉行聽證程序

　　「都市更新條例第十九條第三項前段並未要求主管機關應將該計畫相關資訊，對更新單元內申請人以外之其他土地及合法建築物所有權人分別為送達。且所規定之舉辦公聽會及由利害關係人向主管機關提出意見，亦僅供主管機關參考審議，並非由主管機關以公開方式舉辦聽證，使利害關係人得到場以言詞為意見之陳述及論辯後，斟酌全部聽證紀錄，說明採納及不採納之理由作成核定，連同已核定之都市更新事業計畫，分別送達更新單元內各土地及合法建築物所有權人、他項權利人、囑託限制登記機關及預告登記請求權人。」

五、論證評估

　　釋字第709號的論證只限於因果模式。因果模式，以因果為基礎，即解釋模式，探討原因與其結果之間的關係。也就是目前都市更新條例第10條第1項、第2項，第19條第3項前段的規定，是「因」，會導致「果」，即「有違憲法保障人民財產權與居住自由之意旨。」，缺乏程序的正當性。經由William Dunn的政策論證分析架構，加以組合，呈現出較為有系統且周全的政策論證圖，見圖21-2。

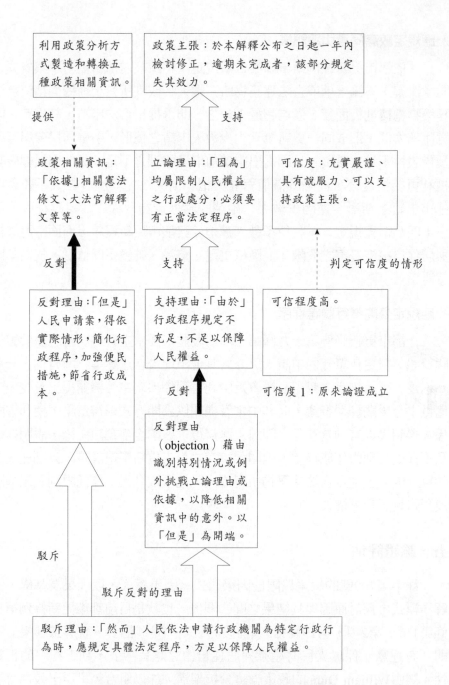

圖21-2 第709號釋憲文政策論證結構圖

伍、結語

　　由以上政策論證過程產生政策論證結構圖，如圖21-2，相當完整，而有系統。

　　其層次井然，先有政策主張，再找出相關的政策資訊，如何從政策相關資訊引導至政策主張的成立。其過程必須要有立論理由與支持立論理由的立論依據，再檢討其可信度程度，必須考慮有哪些反對理由，針對這些反對理由，提出駁斥理由加以鞏固其政策主張。

　　因此，其論證過程分為三方面：第一是立論理由與立論依據，並檢討其立論的可信度，提出第二的反對理由。然後再針對反對理由，提出第三的駁斥理由，以鞏固政策主張。

參考文獻

中 文部分

台灣環境與土地法學雜誌，2013，「後大法官解釋第709號時代的都市更新正當程序與制度建議」座談會，《台灣環境與土地》，1（6）：1-21。

何彥陞，2013，〈都市更新事業概要之正當程序之制度建議〉，《台灣環境與土地》，1（6）：22-33。

林明鏘，2013，〈都更條例何去何從？──評大法官釋字第709號解釋〉，《台灣環境與土地》，1（6）：52-56。

邱紀碩，2006，〈政策分析的涵義〉，載於張世賢（編）《公共政策分析》，台北：五南，頁97-107。

蔡志揚，2013，〈都市更新事業計劃正當程序之制度建構──以釋字第709號解釋為中心〉，《台灣環境與土地》，1（6）：109-119。

英文部分

Dunn, William, N. 2012. *Public Policy Analysis*, 5th ed, New York: Pearson.

第二十二章
中國大陸改革開放的政策論證

壹、前言

　　在政治的大改革中，政治領導人要有強而有力的說服力，說服人民接受其改革的大政方針，讓人民覺得其政策主張很有道理、很合理、具有可行性、有效性，符合人民的需求、社會的需要、時代的潮流、國際的趨勢。在探討強而有力的說服力，人們一定想起亞里斯多德（Aristotle）的「語藝學」（Rhetorica），其為探討政策論證最經典的著作，也是最有價值、最有用的政策論證、說服力的分析方法（游梓翔，2000：441）。

　　亞里斯多德就將語藝定義為：「在各種問題上，尋求可用說服方法的藝術」（Aristotle, 1946: 1355b）。政策論證是說服方法最主要的基礎。政治領導人可以運用的三項說服的武器或訴求，分別是：「說之以理」、「動之以情」與「服之以德」（游梓翔，2000：441）。其間的結構如圖22-1。

圖22-1　一般語藝結構圖

　　理、情、德之間的結構關係是正三角形。剛開始，說之以理（logos），在三角型的左下角；然後，再動之以情（pathos），於三角型的右下角；最後，再服之以德（ethos），在三角型的正上方。他們之間的比重相同，以正三角形呈現。理、情、德，在論證的過程中，表現其次序的先後。論證的過程，打先鋒的是「說之以理」（logos），對方沒辦法接受，只能進一步，「動之以情」（pathos）；對方對於理與情，無法體認與感受，則只能靠「服之以德」（ethos）。

貳、改革開放政策論證分析

一、改革開放由鄧小平提出

（一）鄧小平三落三起

　　鄧小平，出生於1904年8月22日，四川廣安市。逝世於1997年2月19日，北京市。鄧小平改變中國，在1977年復出時，已73歲。開創【改革開放】。

　　一生之中三落三起，更瞭解中國當時的情勢，知道中國社會需要什麼，在第三次復出時，敢於大膽提出改革開放政策。

1. 第一次下台

　　1932年，鄧小平擔任江西省委第一書記，積極推行毛澤東「富農路線」，李維漢等左傾勢力抨擊羅明、鄧小平政治路線，實質是批評毛澤東戰略方針，稱之為「鄧（鄧小平）、毛（毛澤覃）、謝（謝維俊）、古（古柏）」事件。1933年，鄧小平被一步步剝奪權力，從省黨委書記被撤職。並迫於壓力，做出自我批評，被關進拘留所。此時，太太金維映提出離婚，隨後改嫁於李維漢。不久，鄧小平從拘留所放出來，並被派到處於前線南村擔任觀察員。半個月後又被調回紅軍總政治部（維基百科，鄧小平）。

2. 第二次下台

　　1966年，文化大革命，10月16日，政治局擴大會議，總書記鄧小平批評文化大革命，遭到批判，他的書記處被架空。從1967年，鄧小平就不公開露面。3月底，中央政治局常委會免去了鄧小平總書記的職務。之後，紅衛兵對他進行了一系列的批判和攻擊。鄧小平下台有 5 年之久。1971年9月，林彪乘飛機出走，失事。1973年2月，在周恩來的力薦和支持下，鄧小平離開江西，回到北京。3月，恢復國務院副總理職務（維基百科，鄧小平）。

3. 第三次下台

　　1976年1月8日，周恩來去世。4月5日，北京發生天安門群眾貼出大字報要鄧小平接班。毛澤東害怕其死後，鄧小平會對文化大革命翻案。4月7日，中共中央政治局決議：「撤銷鄧小平黨內外一切職務，保留黨籍，以觀後效」。1976年9月9日，毛澤東逝世。10月6日，華國鋒、汪東興、葉劍英發動懷仁堂事變，逮捕四人幫，結束文化大革命。1977年7月的中共十屆三中全會，恢復鄧小平撤職前的一切黨政軍職務（中共中央副主席、國務院副總理、中共中央軍委副主席兼解放軍總參謀長）（維基百科，鄧小平）。

（二）鄧小平推動改革開放時的職位

　　1977年，中共十屆三中全會後，鄧小平復任中國共產黨中央委員會副主席和國務院副總理等職。1978年，在中共十一屆三中全會上確認領導地位。1978年至1983年任全國政協主席，1981年至1989年任中國共產黨中央軍事委員會主席，1983年至1990年任中華人民共和國中央軍事委員會主席，1982年至1987年任中國共產黨中央顧問委員會主任（維基百科，鄧小平）。

　　鄧小平推動改革開放政策，能否對以前毛澤東錯誤的政策，例如文化大革命，加以大力批判？作者認為：鄧小平不能以【赫魯雪夫批判史達林】方式，批判毛澤東；否則，性命不保，更不可能復出。大改革，一定

要在強人去世之後。歷史上，政策大翻轉，有漢武帝，對竇太后百依百順。等到竇太后去世，政策便大翻轉。清末，光緒皇帝在慈禧太后未死之前，即想要政策大翻轉，結果在慈禧太后將死之前，被毒死，智慧較差。

（三）鄧小平立論的文獻資料

本文探討改革開放的政策論證，是以鄧小平的〈解放思想，實事求是，團結一致向前看〉（1978年12月13日，中共中央工作會議閉幕講詞）為主，佐以〈「兩個凡是」不符合馬克思主義〉（1977年5月24日）、〈黨和國家領導制度的改革〉（1980年8月18日中央政治局擴大會議講話）、〈堅持四項基本原則〉（1979年3月30日）等。

二、說之以理

（一）人人都會犯錯，毛澤東也會犯錯，沒有兩個凡是。

1977年2月7日，《人民日報》、《紅旗》雜誌、《解放軍報》同時發表的社論卻提出「兩個凡是」的指導方針即：「凡是毛主席做出的決策，我們都堅決維護，凡是毛主席的指示，我們都始終不渝地遵循。」鄧小平以〈「兩個凡是」不符合馬克思主義〉加以批判。鄧小平（1977）說：

> 毛澤東同志自己多次說過，他有些話講錯了。他說，一個人只要做工作，沒有不犯錯誤的。又說，馬恩列斯都犯過錯誤，如果不犯錯誤，為什麼他們的手稿常常改了又改呢？改了又改就是因為原來有些觀點不完全正確，不那麼完備、準確嘛。……馬克思、恩格斯沒有說過「凡是」，列寧、史達林沒有說過「凡是」，毛澤東同志自己也沒有說過「凡是」（兩個凡是）。

他的說理的方式，是以毛澤東的話來證明沒有「兩個凡是」，屬於運用Dunn（2012）**權威**的論證模式，也就是運用毛澤東的權威，來說明沒有「兩個凡是」。「兩個凡是」是被四人幫所利用，作為濫權的依據。並

且，鄧小平（1978）在〈解放思想，實事求是，團結一致向前看〉，再補
充：

> 當然，毛澤東同志不是沒有缺點、錯誤的，要求一個革命領袖沒有缺
> 點、錯誤，那不是馬克思主義。

這一句話的補充，是運用Dunn（2012）**因果**的論證模式，也就是人
人都會犯錯，毛澤東是人，所以也會犯錯。

（二）解放思想才能實現民主集中制

鄧小平（1978）認為：

> 因為民主集中制受到破壞，黨內確實存在權力過分集中的官僚主義。
> 這種官僚主義常常以「黨的領導」、「黨的指示」、「黨的利益」、「黨
> 的紀律」的面貌出現，這是真正的管、卡、壓。許多重大問題往往是一兩
> 個人說了算，別人只能奉命行事。這樣，大家就什麼問題都用不著思考
> 了。

鄧小平的論證是採用Dunn（2012）**因果**的論證模式，探討出為什麼
思想不能解放，因為「黨內確實存在權力過分集中的官僚主義」，由「一
兩個人說了算，別人只能奉命行事」，就不用思考了，所以必須要解放思
想。

（三）民主是解放思想的重要條件

民主的表現就是要讓大家勇於做主人，表達自己的意見。如果不讓群
眾開放思想，表達自己的觀點，就不是民主。鄧小平（1978）在〈解放思
想，實事求是，團結一致向前看〉說：

> 群眾提了些意見應該允許，即使有個別心懷不滿的人，想利用民主鬧

一點事，也沒有什麼可怕。要處理得當，要相信絕大多數群眾有判斷是非的能力。一個革命政黨，就怕聽不到人民的聲音，最可怕的是鴉雀無聲。

　　鄧小平（1978）的理由是「要相信絕大多數群眾有判斷是非的能力」。這樣的政策論證是符合Dunn（2012）的事實**分析**的論證模式。並且他進一步說明：民主是有紀律的，不是毫無紀律的。兼顧了紀律與自由、統一意志與個人心情，不會妨礙民主，更能實現民主。鄧小平（1978）繼讀說：

　　有了又有集中又有民主，又有紀律又有自由，又有統一意志、又有個人心情舒暢、生動活潑的政治局面，小道消息就少了，無政府主義就比較容易克服。

　　鄧小平（1978）又再強調其理由：民主就要相信人民有做主人的能力，能夠顧大局、識大體、守紀律。鄧小平（1978）說：

　　我們相信，我們的人民是顧大局、識大體、守紀律的。我們各級領導幹部，特別是高級幹部，也要注意嚴格遵守黨的紀律，保守黨的秘密，不要搞那些小道消息和手抄本之類的東西。

　　依照Dunn（2012）的政策論證分析，鄧小平上述的論證模式是屬於事實**分析**的論證模式。

（四）為了保障民主必須加強法制

　　鄧小平（1978）主張「為了保障人民民主，必須加強法制」，他的政策論證是民主必須是制度化與法律化，才能夠穩定發展，不能夠隨著領導人不同的意見而改變，成為「人治化」，而不是「法制化」。鄧小平（1978）繼續說：

　　爲了保障人民民主，必須加強法制。必須使民主制度化、法律化，使這種制度和法律不因領導人的改變而改變，不因領導人的看法和注意力的改變而改變。現在的問題是法律很不完備，很多法律還沒有制定出來。往往把領導人說的話當作「法」，不贊成領導人說的話就叫做「違法」，領導人的話改變了，「法」也就跟著改變。所以，應該集中力量制定刑法、民法、訴訟法和其他各種必要的法律。

　　鄧小平的立論模式是符合Dunn（2012）政策論證分析中的**因果**模式。因是制度化、法律化，果是穩定的民主。如果是隨著領導人所說的話，就會產生領導人改變，所說的話不同，人民莫衷一是。

（五）研究新情況、解決新問題

　　鄧小平（1978）主張「要向前看」，不要老是檢討過去的錯誤，「研究新情況、解決新問題」，鄧小平（1978）說：

　　要向前看，就要及時地研究新情況和解決新問題，否則我們就不可能順利前進。各方面的新情況都要研究，各方面的新問題都要解決，尤其要注意研究和解決管理方法、管理制度、經濟政策這三方面的問題。

　　鄧小平（1978）的理由：

　　這次會議，解決了一些過去遺留下來的問題，分清了一些人的功過，糾正了一批重大的冤案、錯案、假案。這是解放思想的需要，也是安定團結的需要。目的正是爲了向前看，正是爲了順利實現全黨工作重心的轉變。

　　鄧小平的政策論證模式是採用了動機（實用）的政策模式（Dunn, 2012）。

三、動之以情

　　亞里斯多德認為：民眾接受立論者的主張，也不是完全基於理性，經常混雜著情緒。情緒經常會感人，理性與情緒在政策主張上也不是全然分割。鄧小平在演說詞裡頭也要動之以情（Aristotle, 1946: 1378a）。例如：

（一）自信的話：很好、很成功、有重要意義、生動活潑

　　鄧小平在〈解放思想，實事求是，團結一致向前看〉說：

　　這次會議開得很好，很成功，在黨的歷史上有重要意義。我們黨多年以來沒有開過這樣的會了，這一次恢復和發揚了黨的民主傳統，開得生動活潑。我們要把這種風氣擴大到全黨、全軍和全國各族人民中去。

（二）自信的話：敞開思想、暢所欲言、偉大進步、促進作用

　　鄧小平又說：

　　這次會議討論和解決了許多有關黨和國家命運的重大問題。大家敞開思想，暢所欲言，敢於講心裡話，講實在話。大家能夠積極地開展批評，包括對中央工作的批評，把意見擺在桌面上。一些同志也程度不同地進行了自我批評。這些都是黨內生活的偉大進步，對於黨和人民的事業將起巨大的促進作用。

（三）訴諸我們的共同感

　　鄧小平對於過去錯誤的檢討，先建立起我們的共同感（Aristotle, 1946: 1381b），動之以情，才會有說服力，他說：

　　毛澤東思想培育了我們整整一代人。我們在座的同志，可以說都是毛澤東思想教導出來的。沒有毛澤東思想，就沒有今天的中國共產黨，這也絲毫不是什麼誇張。毛澤東思想永遠是我們全黨、全軍、全國各族人民的

最寶貴的精神財富。我們要完整地準確地理解和掌握毛澤東思想的科學原理，並在新的歷史條件下加以發展。

（四）訴諸友好態度，大家都會犯錯，克服各種錯誤思想、促進安定團結

鄧小平在動之以情上，訴諸友好態度（Aristotle, 1946: 1378a），大家都會犯錯，只要能夠克服各種錯誤思想，向前看，便可促進安定團結。他說：

對於犯錯誤的同志，要促進他們自己總結經驗教訓，認識和改正錯誤。要給他們考慮思索的時間。在大是大非問題上有了認識，檢討了，就要表示歡迎。對於人的處理要十分慎重。對過去的錯誤，處理可寬可嚴的，可以從寬；對今後發生的問題，要嚴些。對一般黨員處理要寬些，對領導幹部要嚴些，特別是對高級幹部要更嚴些。

四、服之以德

亞里斯多德認為：美德表現出良好的道德性格（good moral character），也會釋出善意（goodwill），給人感受到具有良好的見識（good sense）（Aristotle, 1946: 1378[a]），而令人信服。

鄧小平具有哪些良好的道德性格，對於人民能夠釋出善意（goodwill）？依據傅高義（2012）研究鄧小平改變中國，歸納出有下列幾點：

（一）鄧小平具有勇敢的美德

亞里斯多德說：勇敢是一種美德，具有勇敢美德的人在危險關頭，勇於承擔責任，做出高尚的事情。政治領導人的勇敢是最受人尊敬的，因為面對政治混亂，勇敢對人民是最有益的、也是最需要的（Aristotle, 1946: 1366[b]）。鄧小平三次下台、三次上台，表現出他勇敢地堅持他的路線，縱使被迫下台，也在所不惜，後來又因黨與群眾需要他，又再上台。鄧小平第三次上台，在國際上面對一個開放的世界貿易體系，勇敢地使其他

國家願意與中國分享資本、技術和管理，並歡迎中國加入國際體系（傅高義，2012：912）。在國內上面對十多年來，林彪、「四人幫」大搞禁區、禁令、製造迷信。他必須提出勇於思考、勇於探索、勇於創新，促進群眾解放思想（鄧小平，1978）。

（二）鄧小平具有見識的美德

　　亞里斯多德認為：見識是屬於智力的美德，對於事情審慎仔細判斷考量，使人對於事情做出聰明的判斷，以促進幸福（Aristotle, 1946: 1366b），令人信賴。鄧小平具有見識的美德，他贊成給各種專家足夠的自由，如科學家、經濟學家、管理者和知識份子，使他們能夠做好自己的工作；但是當他擔心脆弱的社會秩序可能遭破壞時，也會限制其自由（傅高義，2012：912）。鄧小平在任何工作都具有見識：採用世界最先進的科學技術與最有效的管理方式，帶給中國帶來最大進步（傅高義，2012：911）。

（三）鄧小平具有領導能力的美德

　　鄧小平在中國共產黨具有長久的歷練與功業，與各方面的關係良好，能夠提供轉型過程中的全面領導（傅高義，2012：912）。據傅高義（2012：912）的綜合觀察，鄧小平在最高層提供穩定領導，使人們能夠在經歷劇變時保持信心。鄧小平的領導能力，能夠選拔和指導幹部，齊心協力開創並落實各項改革。基於他的領導能力，人民相信他能夠解決難題，努力找出有利於國內外相關者的解決方案。鄧小平的領導能力建立強而有力的統治結構。讓人民能夠相信他有能力適應迅速變化的新環境而保有控制，在確定問題的輕重緩急、制定戰略以達成最重要的目標上發揮領導作用（傅高義，2012：912）。

（四）鄧小平具有實用主義的美德

　　鄧小平不會放言高論，針對事實的需要，用民眾聽懂的話，淺顯地向民眾解釋政策，例如：漸進主義以「摸著石頭過河」、實用主義以「黑貓

白貓會捉老鼠的貓就是好貓」。據傅高義（2012：912）的綜合研究，當面對幹部之間出現爭議時，他就是裁決者，盡量將可能導致國家分裂的分歧化小；並且提供切實可行的方案，以免日後失望。

（五）鄧小平具有協調能力的美德

鄧小平所面對的是：1.文革中受迫害者與迫害者之間的深刻裂痕；2.驕狂的軍隊幹部隊裁軍和減少軍費的抵制；3.民眾對帝國主義和外國資本家的敵視；4.城鄉社會保守的社會主義結構；5.城鄉居民對接受兩億農民工的抗拒，以及6.因部分人依然窮困而另一些人先富起來所引發的紛爭（傅高義，2012：912），他把各種想法進行梳理和總結，用他的團隊和群眾所能接受的步調和方式呈現（傅高義，2012：912）。人民相信鄧小平具有協調能力的美德，能夠處理各方面壓力與衝突，而相信他的政策主張與政策論證。

參、結語

本文利用亞里斯多德的語藝學中的政策論證，對鄧小平的改革開放之政策論證，從「說之以理」、「動之以情」、「服之以德」三方面分析之，能夠說明清楚，是很好的分析方法。

傅高義（2012：912）研究「鄧小平改變中國」認為：「鄧小平有其個人素質，使他得以引領中國的改革開放轉型。」可見，鄧小平能夠服人以德，並且他能夠成功地組合「權威、豐富經驗、戰略意識、自信心、人際關係和領導中國轉型所需的政治判斷力」（傅高義，2012：912）。鄧小平具有說之以理、動之以情的能力，使其改革開放，將「全黨工作的重心轉到實現四個現代化上來的根本指導方針，解決了過去遺留下來的一系列重大問題」（鄧小平，1978）。

參考文獻

中 文部分

游梓翔，《演講學原理：公眾傳播的理論與實際》，台北：五南，2000。

傅高義，馮克利譯，《鄧小平改變中國》，台北：遠見天下文化出版公司，2012。

羅念生譯，《修辭學》，亞里斯多德著，北京：三聯書店。譯自Aristotle, 1947, *Rhetorica*, Cambridge: Harvard University Press, 1991.

維基百科，2014，鄧小平。http://zh.wikipedia.org/wiki/%E9%82%93%E5%B0%8F%E5%B9%B3#.E7.AC.AC.E4.BA.8C.E6.AC.A1.E4.B8.8B.E5.8F.B0，下載日期：2014年3月18日。

鄧小平，解放思想，事實求是，團結一致向前看（1978年12月13日），新華資料，http://news.xinhuanet.com/ziliao/2002-03/04/content_2550275.htm，下載日期：2014年3月18日。

鄧小平，「兩個凡是」不符合馬克思主義（1977年5月24日）。

鄧小平，黨和國家領導制度的改革（1980年8月18日中央政治局擴大會議講話）。

鄧小平，堅持四項基本原則（1979年3月30日）。

英 文部分

Aristotle, 1946, *Rhetorica*. Translated by W. Rhys Roberts. In *The Works of Aristotle*, Translated into English under the Editorship of W. D. Ross, volume XI. Oxford: The Clarendon Press.

Dunn, William N, 2012, *Public Policy Analysis*. 5th ed. New York: Pearson.

Toulmin. Stephen, 2013, *The Uses of Argument*. 2nd ed. Cambridge : Cambridge University Press.

第二十三章

科學普及實踐的政策論證[*]

壹、研究背景

科學普及化是指「利用各種傳媒以淺顯的方式向普通大眾普及科學技術知識，倡導科學方法、傳播科學思想、弘揚科學精神的活動」（維基百科，科學普及，網站資料）。對照於科學新聞（science journalism），科學普及化，集中於出版最新科研成果。科學普及化的作品，比科學新聞的內容，更為廣泛。科學普及化的作品則多由科學家以及傳媒從業員編撰，經由不同媒介展示，以書本、電視紀錄片、雜誌文章和網頁呈現（維基百科，科學普及）。

科學普及化的作品，其角色主要在充當專業科學論文（scientific literature）與大眾文化之間的橋樑（維基百科，科學普及）。科學普及化的作品，其主要目的是要用淺白的言辭去表達準確的科學數據和研究，讓大眾更容易接受。

但是，科學普及化不是一件容易的事情。因為科學講求專業知識、艱深理論、嚴謹客觀正確；可是一般人有濃厚的情緒、感情、價值偏好，甚至意識形態作祟，不僅沒辦法接受科學知識，甚且故意扭曲、排除、拒絕科學知識。科學普及化要求科學容易受到一般人的喜歡、欣賞、與接受，與科學論文不同。正如葉闖（1996：43）所認為的：「科學不再被抽象化為一個邏輯的程式，而變成伽利略、牛頓、愛因斯坦這些活生生的人，以及他們所在的那個群體，從事充滿複雜曲折故事的社會事件和心理事件」

---

[*] 本章原為：〈科學普及的實踐：溝通、對話與說理〉發表於警察通識創刊號，2013年10月，頁135-149。

（葉闖，1996：43）。本論文有必要探討艱深的科學知識，如何透過公共政策的溝通、行銷、與說理，將專業的科學知識普及於一般大眾。

貳、研究目的

　　本章的研究目的是探討如何將科學知識與一般大眾連結起來。採用公共政策的觀點，透過公共政策的學理，包括：政策溝通、政策行銷、與政策說理（論證），運用到科學普及化的實踐。因為，公共政策與科學知識都是相當深奧，一般民眾不易瞭解。就公共政策言，公共政策不僅深奧難懂，並且影響巨深。一般民眾缺乏對公共問題的深思熟慮，對公共政策不瞭解，經常產生疑惑。

　　孔子曾經說過：「民可使由之，不可使知之。」對於這句話雖然是有各種的解讀，本論文基於政策深奧的觀點，認為這句話的意義，是指：一般老百姓不容易瞭解公共政策，政府機關雖然費盡口舌，講半天，老百姓不懂還是不懂，甚至越聽越糊塗。所以，老百姓聽得不耐煩，說出他們心裡的話：「乾脆，只要告訴我們怎麼做就好，不要講一大堆廢話，這些廢話我們聽也聽不懂。」充分表現「民可使由之，不可使知之」。

　　現在是科學民主時代，雖然政策艱深難懂，政府機關也必須要有耐心地，透過溝通、行銷與論證，讓民眾容易瞭解與接受。科學普及化的情形與政策普及化的情形，可以說很類似。因此，本章的研究目的，就可以利用公共政策學理的觀點，應用到科學普及化的實踐。

參、文獻探討

一、艱深知識如何深入淺出，易於溝通

　　艱深知識如何深入淺出，易於溝通？就以警政的知識為例，美國警政

學者Micheal A. Caldero和John P. Crank（2011: 10）指出，面對多元社會、多元種族、多元文化、多元價值觀念、社會內部多元衝突的21世紀，警政工作已不是以嚴刑峻法，而是必須藉由溝通來建立社會秩序。以強制力為主的警政工作，都必須要倚賴溝通，方能成事；何況其他的知識傳遞，更需要靠溝通。

　　科學知識不能夠勉強民眾一定要接受，英文稱為「Science is not to be asserted」，必須要淺顯易懂，容易瞭解。公共政策亦然，政策溝通的目的在爭取民眾瞭解，並支持政府的政策；政府為了要獲取民眾的支持，也要瞭解民眾的需求與感受，以便回應民眾的需求與感受。Dunn（2012）探討公共政策，在國際上公認為政策溝通的翹楚。本章將他的觀點應用到科學普及化的溝通探討。

二、專業知識如何對話

　　專業知識的溝通、對話與說理，可以以政策行銷的觀點來說明。政策行銷在行銷政策方案，能夠受到大眾肯定、接受，並能夠執行。類似於專業知識也要經過溝通、對話、說理，也就是專業知識的行銷，受到一般民眾的瞭解與接受。1991年，K. Snavely以美國國稅局為對象，將Kotler所建構的企業行銷觀念，予以轉化與修正，建構出一個適用於政策研究的行銷模式（1991：311-326）。至此，由於行銷概念的擴大化，行銷始得正式邁入「政策行銷」的研究途徑。

　　繼Snavely之後，Altman與Petkus（1994）則應用社會行銷的觀點，提出了以利害關係人為基礎的政策過程模式，將社會行銷的策略應用於政策制訂過程之中。至此，行銷的觀念亦正式成為政策科學領域中的重要研究議題。本章則將「政策行銷」的意涵與實質，加以應用到科學普及化的行銷，包括溝通、對話與說理的探討。

三、科學知識如何易於論證

　　科學與人文在過往的許多觀點中，是兩種不同的文化脈絡。1959年C.

P. Snow在其著名的Rede講座演講中，即曾經提出科學與人文的兩種相異文化區隔：科學強調客觀、中立、求真求實；人文則強調主觀、價值與想像的創造。Snow指出此兩種典範彼此間具有衝突性，且長期具有彼此互相懷疑或對立的態勢。政策溝通，相關當事人必須彼此都能懂，並且相互接受對方的意見，從而改變原來的心意、看法，最後願意降低彼此的要求（亦即退讓），以便達成協議（張世賢，1994：17-25）。至於對方是否願意接受，則要看論證（argument）是否持之有物、言之成理了。

　　由於現今社會的日益多元化，每個人可以有不同的想法、觀點與利益。在溝通、行銷的過程之中，相關當事人往往堅持自己的主張。但為了要共同解決問題，則又必須瞭解對方不同的立場與觀點；而是否能讓對方接受，端賴是否言之有理，能以理服人（Dunn, 2012: 338-380）。為了達到科學知識的普及化，運用政策說理（論證），以說服社會大眾能夠接受這樣的觀點是必須的。因此，本章以Dunn（2012: 338-380）的政策論證觀點，應用在科學普及化的說理上。

肆、分析與討論

一、科學知識的溝通

　　科學知識的溝通，其目的在使一般民眾瞭解科學的知識。因此，要讓一般民眾瞭解科學知識，必須先瞭解一般民眾為什麼要知道科學知識。因為一般民眾認為科學知識對他的生活與人際關係的促進，有所幫助。一般民眾獲得較高深的科學知識，對處理其日常生活會比較平順與舒服；而與親友交談之中，會感覺到受到尊敬。對於科學知識涉入深淺不同的民眾，科普人員在進行溝通時宜採取不同的溝通策略。吾人可將科學普及化轉化成為民眾可以接受的知識，然後再將這些知識利用溝通、對話與說理的方式，爭取民眾的瞭解與支持，以形成一個循環的過程，如圖23-1所示。

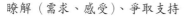

瞭解（需求、感受）、爭取支持

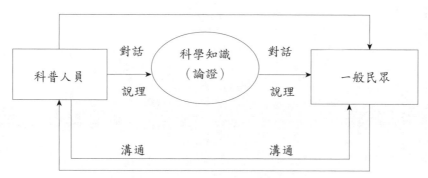

圖23-1　科學普及化溝通圖

資料來源：張世賢，2012：21-22。

　　本章對於科學知識的溝通，係採用Micheal M. Harmon的「行動理論」（1981），從現象學、詮釋論、批判論等的觀點，加以立論。現象學指現象的狀況由觀察者的內心所認定。每一個人內心情境不同，所看到的現象狀況也就不相同；詮釋論指當事人所呈現的意義及內涵，要站在當事人所處情境，來加以解讀；批判論是指對於社會上的所謂公是公非，要由大眾平等地、自由地、開放地，對話、討論、批判，據以形成共識，不受現有主流意識與價值觀念的扭曲與掌控。

　　依據William N. Dunn（2012）的觀點，將政策溝通的過程，改為知識溝通的過程。知識溝通過程，包含知識分析、資料發展、互動溝通及知識應用，如圖23-2所示。中間是圓形，表示科普人員在中間。四周的橢圓形有知識分析、資料發展、互動溝通、知識運用。四周的方形有科學知識、科學文件、科學報告、利害關係人。科學普及化溝通的過程是順時針走向，由橢圓形的行動產生方形的具體內容。科學普及化溝通的過程，一開始由「科學知識分析」進行，「科學知識分析」產生「科學知識」。為溝通科學知識，科普人員「發展」出各式「知識文件」──知識備忘錄、知識議題報告、執行摘要、附錄及新聞稿。接著，這些文件則成為會話、研討會、會議、簡報、聽證會及其他口頭報告等科學知識溝通的多元策略基

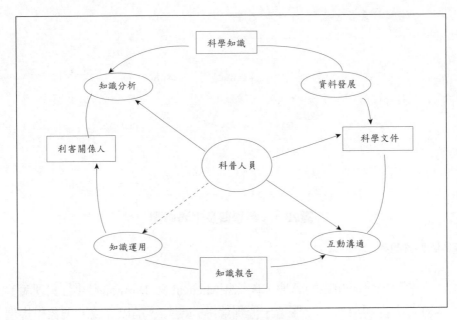

圖23-2　科學知識溝通過程

資料來源：修改自Dunn, 2012: 383.

礎。發展各種科學知識相關文件及進行口頭報告的目的，在於提高「知識運用」及決策過程各層次相關人士進行開放辯論的品質。

　　科學普及化溝通需要科學知識，以回答「什麼是（事實）」、「什麼是正確的（價值）」及「該做什麼（行動）」等問題。科學知識的疑問是一種尚未瞭解、認識以及應用的學理，等待獲得充分的解答。這種觀點，是來自於Dunn（2012: 67）的政策溝通觀點，應用於知識溝通過程。疑問的相關資訊對科學知識的溝通而言，是最重要的；而知識的瞭解，都要在未來才能實現。為了使一般民眾能夠瞭解科學的知識，科普人員必須要透過調查，獲得一般民眾科學知識的程度。科普人員必須要利用創意、洞見、「直覺」、「判斷」或「默會知識」（tacit knowledge）的能力；科學知識的行動是進行解答科學疑問。科學知識要有可行性、效益性、實用性，其中必須妥慎檢查科學問題建構的正確性與選用的工具；科學知識瞭

解的結果，促進科學知識的普及化。科學普及化的過程，其成果無法在行動前獲得完整陳述或瞭解；也不是所有可觀察成果都是行動方案所預期的，必須透過知識的鑑定，以獲得知識的結果；而科學知識普及化的績效是指某項科學知識成果實現知識目標的程度。現實中，科學疑問很少被「解答」；多半都是重解決、重建構、甚至有些根本「懸而未決」。然而要知道這些問題究竟是解決了、重新解決還是懸而未決，不只需要知識結果的資訊，還需要進一步釐清這些結果是否達成科學知識普及化的目標。

　　而科學知識普及化的溝通與行銷是一串連續的行動。依照Harmon的觀點（1981: 19），任何行動都是有「意向的」（intent）。由人們「面對面的境遇」（face to face encounter）中表現出來（Harmon, 1981: 4），這種表現是在社會的系絡中，主動地呈現出來（Harmon, 1981: 4）。用Harmon的術語是「自主－社會」（active-social）的性質（Harmon, 1981: 4），也就是任何溝通都是自主的，不是被動的；是社會的，不是孤獨個人的，具有人與人之間、人與社會之間的「互依性質」（mutuality）。溝通存在人的社會之中，不能夠單獨存在；溝通是存在人際之間，要由溝通當事人自己去解讀，別人如想要解讀，就必須站在溝通當事人的情境去解讀，也就是詮釋的。對於集體的溝通與行銷，必須要由整體內部的成員以批判論的觀點，開放地，自由地，毫無牽掛地，不受拘束地相互對話與討論。

二、科學知識的對話

　　而科學知識的作用是，讓科學家向其他同行宣告和游說他們的科研方法是有效的，以及觀察所得的成果或結論是準確的。大眾科學作品傾向於向科學界的外行人，或特定領域以外的科學家講解其所得資料和結論的意義，以及慶祝其成果。科學文獻的內容往往較為保守和具試驗性質，並強調其新的觀察成果與其他已有相關知識的一致性，較容易取得具相關資歷科學家的認可。相反地，科普作品常強調其獨特的或基本的內容，並有著科學文獻沒有的事實權威語調。比較原著科學報告、其衍生的科學新聞

以及其他科普作品，會發現越後者會有一定程度的與事實不符或過度簡化，即使是一些政治中立的科學議題亦會有類似情況（維基百科，科學普及）。孔恩（Thomas S. Kuhn）曾經描述科學為：特定科學社群的成員在某一時期中，所公認進一步研究的基礎（Kuhn, 1996）。為促進國家發展及提升國民知識水平與素質，科學普及化的推展勢在必行，而溝通、對話與說理則為推展科學普及化建立平台所需之活動。

對話在科學知識的普及化中扮演相當重要的角色。Sawyer與Guetzkow（1965: 477）甚至認為對話是整個科學知識的溝通、協調、談判之核心。在你來我往、唇槍舌劍的溝通中，以論證為刀刃，所說的話是否厲害，在於理強，而非聲音大、情緒重。當一方進行論證時，另一方可以提出反對的立論；亦即，彼此可以針對對方所做的提議予以駁斥，或針對對方的提議，在無法接受時，提出反提議，然後視對方的後續反應，決定是否同意、接受，或退讓。其整個過程的核心就在於論證（Keough, 1992）與提議（Tutzauer, 1992）。

然而，對話中常常只見到提議而未見論證。這種情況其實是論證早已隱含在提議之中了。這種有形無形、一來一往的對話過程，在科學普及化中扮演著重要的角色。簡言之，對話就是在口語之科學普及化過程中，科普人員為使得一般民眾瞭解科學知識，所做的論述。分析其內涵如下述：

（一）口語的

用嘴巴講，表現出來的是聲音；不是書面的、文章的。

（二）要有對話人

1. 對話至少要有兩個對話人，彼此相互對話，對話過程中亦得容許其他人加入對話。加入後，亦得容許對話人退出，只剩下兩人。對話至少要隨時維持兩人才能對話。

2. 對話人輪流講話。科普人員講話後，換一般民眾講話。占有講話的機會，稱「turn-taking」，如果始終都是一個人在講，另一個人在聽，沒有機會講話，便不稱為對話，該二人亦不稱「對話人」。

3. 有時間序列，對話有其順序。

（三）現場（即時）的

對話要當場把「理」講出來，此即為說理，藉以折服對方。既然是當場，就要有場地。

（四）講明白、說清楚

1. 科普人員要讓一般民眾瞭解科學，必須先維持「能夠進行對話」、如果對方不願意或沒有心情進行對話，則無法讓一般民眾瞭解科學。科普人員應立即主動停止對談，或從另外一個角度表達，讓對方能夠瞭解。

2. 一般民眾如果願意聽聽科普人員講解科學知識，如何維持一般民眾能夠繼續與科普人員進行對話，而不是「鴨子聽雷」呢？H. P. Grice 1967年在哈佛大學演講時曾提出以下對話之原則：

(1)「合作原則」，表示對話雙方要本著相互合作，談及相關話題，提供適當的資訊，否則對話勢必被迫中止。

(2)「品質原則」，自己認為錯的話不要說，自己沒有把握、沒有證據的話不要說。

(3)「量的原則」，只對談論的話題提供適量的資訊，不要提供過多的資訊。

(4)「相關的原則」，只對談論的話題提供相關的資訊，不要提不相關的資訊。

(5)「方式的原則」，語詞表達要儘量清晰、明確，避免含糊、模稜兩可，語句簡短、清楚，說話要有次序，不可語無倫次（Levinson, 1983: 100-102）。並且雙方面避免「說教」、「指導」的口吻，只是在做適當資訊的交換，講一段話後，有技巧地停下來，讓對方講話（turn-taking），如此對話才可以進行，而不是一面倒，只是單方面在講話。

3. 所有口語（verbal speaking）都是行動的（performative），都由「口語行為」（speech acts）所構成（Searle, 1969）。口語行為與身體行

為（physical acts）不同。口語行為，一經嘴巴意思表示，嘴巴所表示的「事」既已完成，無須另外以身體去完成。但身體行為如開門、關燈、跳遠、蓋房子……等都需有手、腳等動作才能完成。口語行為是有「用意的」（illocutionary），並且會產生「效應」（perlocutionary）。

（五）科學知識的對話，必須要有爭議的科學議題。一般民眾對於科普人員提出質疑，科普人員要很有耐心地講解爭議的科學議題。

三、科學知識的說理（論證）

建構科學知識的論證。科普人員要讓一般民眾真正瞭解科學知識，必須建構其說理、或論證（make arguments）。建構論證有布局、策略和技巧，並且要遵守論證規則。

科學普及化的溝通與對話，必須要獲得一般民眾的信服，也就是獲得他們內心裡真正的瞭解。因此，科學普及化的溝通與對話必須要有論證的支持。

（一）說理（論證）表達的類型

對於科學普及化的溝通與對話，科普人員一定要強而有力地告訴一般民眾：要溝通什麼？要對話什麼？說理（論證）表達的類型有四種：

1. 界定型表達 （definitive claim）

科普人員明確主張：是（is）什麼、不是（is not）什麼、由什麼構造（constituted by）而成、由什麼呈現（represented by）、類似於（similar to）什麼，以及不同於（different from）什麼（Dunn, 2012: 341），如表23-1。

2. 指示型表達（designative claim）

科普人員對於科學知識，指出其實際狀況：已成為（became）什麼、起源於 （originated）什麼、連結了（linked）什麼、引起了（caused）什麼、影響了（effected）什麼、結果（consequence）是什麼、預測

（prediction）等等（Dunn, 2012: 341）。指示型表達使人們相信：某些事物確實存在，或者，某些事物是一項或多項因素所導致的結果（如表23-1）。

　　指示型表達是來自於可觀察的知識現象的情形，可以透過人們的感覺器官感覺到實際的情形，及其發展的趨勢和結果。這些資料的類型是屬於描述的，大家可以有共同的認定（如表23-1）。

3. 評估型表達（evaluative claim）

　　科普人員對於某一科學知識，以價值的觀點，提出其主張：好的（good）、壞的（bad）、正確的（right）、錯誤的（wrong）、有益的（beneficial）、昂貴的（costly）、有效率的（efficient）、回應的（responsive）、公平的（equitable）、正義的（just）、公平的（fair）、安全的（secure）等等（Dunn, 2012: 341）（如表23-1）。

4. 倡導型表達（advocative claim）

　　科普人員對於未來科學發展要採取什麼行動或作為，提出主張：應該（should）做什麼、需要（need to）去做什麼、必須（must）去做什麼等等（Dunn, 2012: 341）（如表23-1）。

　　倡導型的表達來自於規範的要求，認為應該採取什麼行動才好，採取另外一種行動就不好；提倡要採取什麼樣的行動去解決所面對的問題。這一類型的資訊是處方的（prescriptive），就像醫生看病，對於病人提出處方，對症下藥，處理病人的病痛。處方的內涵包括規範與行動。也就是病人要聽醫生的指示（規範），依規定服藥（行動）。倡導型的表達也包含規範與行動。這個主張是好的（規範），大家應該遵照這個主張（規範），採取行動，必然能夠解決問題（如表23-1）。

表23-1　說理（論證）表達的類型

類型	內容	主要問題	資訊的類型	獲得途徑
界定型	斬釘截鐵，明確地提出說理（論證）表達。	問題的看法不明確。對於問題的爭議，加以明確地界定，掃除疑慮（澄清）。	明確的	自動明白宣示或被迫表白
指示型	對知識現象指出某些事實的存在、或發展的狀況與結果。	問題的狀況如何？該問題是否存在於現在與未來？（事實）。	敘述的	經驗的資料
評估型	對科學知識現象，提出具有價值觀點的評論。	對問題，各有不同的價值觀念？應該提出何種評估的看法（價值）。	價值的	價值的觀念
倡導型	對於科學未來發展，應如何行動或作為，提出說理（論證）表達。	對於問題，必須採取何種行動？（行動）。	處方的（prescriptive）	規範的要求

資料來源：參考張世賢，2012：49。

（二）說理（論證）模式

　　科普人員為了要說明清楚科學知識，溝通與對話必須要有針對性，針對一般民眾可接受的說理（論證）模式，進行論證資訊的提供。如果提供錯誤，溝通與對話必將失敗。這是說理（論證）的第一個關卡，科普人員所提供的論證模式符合民眾的需求才能夠過關，否則為失敗，不能過關。說理（論證）模式，依據Dunn（2012）一共有11種，如表23-2。

　　1. 權威模式，以權威為基礎，焦點在於行動者的成就、身分或所具有的地位（專家或圈內人），來立論其可以成立的程度。

　　2. 方法模式，以分析為基礎，其成立的程度以分析方法或一般法則

的效度（數學、經濟學、系統分析的普遍選取原則）。

　　3. 通則模式，以樣本為基礎，即統計模式，論證基礎在於樣本與母體。根據焦點在於由具代表性樣本，如何推論至未被觀察的廣大母體。

　　4. 類別模式，以成員地位為基礎，論證基礎在於成員地位。根據焦點具相同特質者被推論成相同群體。

　　5. 因果模式，以因果為基礎，即解釋模式，探討原因與其結果之間的關係。

　　6. 徵兆模式，以見微知著為基礎，論證基礎在於徵狀或某些指標。根據焦點在於事理或現象與事實狀況間的密切關聯性。

　　7. 直觀模式，以洞見為基礎，論證基礎在於洞見。根據焦點在於行動者內在心智狀態（如睿智、判斷以及默會知識）。

　　8. 動機模式，以動機為基礎，立論焦點在於政策利害關係人的意向、目標、價值或欲望。

　　9. 類比模式，以類比為基礎，立論焦點在於個案之間的相似性（類比性政策）。

　　10.類推模式，以類推為基礎，立論焦點在於兩個或兩個以上政策相互關係間的相似性（類推性政策）。

　　11.倫理模式，以倫理為基礎，立論焦點在於價值批判，政策的對錯、好壞及其產生的結果（道德法規，如平等）。

表23-2　說理（論證）模式

模式	基礎	立論重點
權威	權威	焦點在於行動者的成就、身分或所具有的地位（專家或圈內人）。
方法	分析	分析方法或一般法則的效度（數學、經濟學、系統分析的普遍選取原則）。
通則	樣本	即統計模式，論證基礎在於樣本與母體。根據焦點在於由具代表性樣本，如何推論至未被觀察的廣大母體。

表23-2　說理（論證）模式（續）

模式	基礎	立論重點
類別	成員地位	論證基礎在於成員地位。根據焦點具相同特質者被推論成相同群體。
因果	因果	即解釋模式，探討原因與其結果之間的關係。
徵兆	見微知著	論證基礎在於徵狀或某些指標。根據焦點在於事理或現象與事實狀況間的密切關聯性。
直觀	洞見	論證基礎在於洞見。根據焦點在於行動者內在心智狀態（如睿智、判斷以及默會知識）。
動機	動機	立論焦點在於政策利害關係人的意向、目標、價值或欲望。
類比	類比	立論焦點在於個案之間的相似性（類比性政策）。
類推	類推	立論焦點在於兩個或兩個以上政策相互關係間的相似性（類推性政策）。
倫理	倫理	立論焦點在於價值批判，政策的對錯、好壞及其產生的結果（道德法規，如平等）。

資料來源：Dunn, 2012: 344-345.

（三）說理（論證）結構

　　說理（論證）模式的提供縱使很正確，在說理（論證）的過程中，只是通過第一個關卡，第一個關卡通過之後，要通過第二個關卡。第二個關卡就是說理（論證）結構的嚴謹程度，能夠讓民眾心悅誠服地接受與支持。說理（論證）結構不嚴謹，民眾也不會接受與支持政策。

　　說理（論證）要有嚴謹的政策論證結構，Dunn（2012）認為：說理（論證）是進行科學普及化溝通與對話的主要工具，包含下列七項要素，如圖23-3。

1. 說理（論證）表達。
2. 科學相關資訊。
3. 立論理由。

4. 可信度。

5. 支持理由。

6. 反對理由。

7. 駁斥理由。

以上說理（論證）結構的七個要素組成圖23-3。左上角為說理（論證）表達。科學相關資訊提供說理（論證）所需的科學相關資訊（I），放在圖23-3的第二排最左邊，其右邊為立論的理由（W），其右邊為可信度（Q）。第三排最左邊為反對理由（O），反對政策相關的資訊（I）。第二排中間立論理由（W）的下面，即第三排的中間，為支持的理由（B），亦即支持的理由（B）支持立論的理由（W）。支持的理由（B）下面是反對理由（O）。反對理由（O）反對上面支持的理由（B），也反對立論的理由（W）。第二行第三排中間，即反對理由（O）的下面是駁斥理由（R），駁斥上面反對的理由（O）。圖23-3的第三排第三行的框框判定其上面的可信度（Q）是否成立。

要讓科普活動的類型與內容更趨貼近大眾生活，達致多元化的科普活動。若能有一互相觀摩、互相支援的合作模式，將溝通、對話與說理充分融入，對於推動全民科學知識普及，協助生活科學相關政策推動，當更能產生綜效。

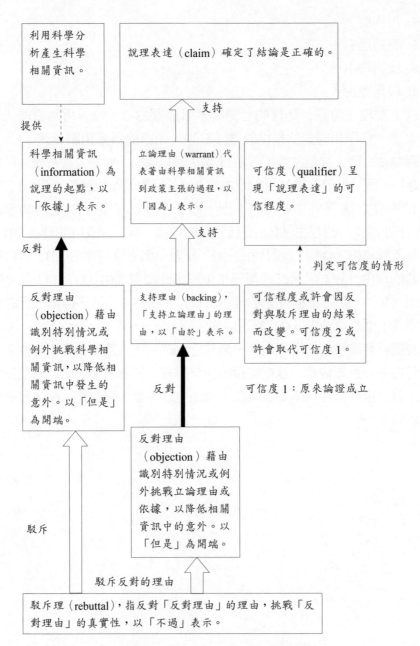

圖23-3 說理（論證）結構圖

資料來源：修改自Dunn, 2012: 340.

伍、結語

　　科學普及的實踐，必須要透過溝通、對話與說理。本章試圖以政策溝通與論證的觀點應用至科學普及的實踐上，以推動不同科學，跨領域議題的普遍參與，提高大眾科學素養。

　　科學普及化受到行政院以及教育部的重視。行政院及教育部已長時間呼籲自然科學應與人文社會結合，並提升學生科學人文並重的態度與素養，但仍缺乏具體有效的學習平台。教育部（2012）認為：此乃肇因於學界各學科原本固守學術範疇，缺乏互動，也缺少共同在社會實際問題上合作排難解惑的互動平台，遂不易創造合作的機會與範 （教育部，2012）。

　　而本章認為，可以利用政策的溝通、對話與說理，應用於科學普及化的溝通、對話與說理。其中的差異，只是將政策以科學普及化替代，應有其可行性與有效性。

　　雖然，科學普及化不是一件容易的事情。因為科學講求專業知識、艱深理論、嚴謹客觀正確；可是一般人有濃厚的情緒、感情、價值偏好，甚至意識形態作祟，不僅沒辦法接受科學知識，甚且故意扭曲、排除、拒絕科學知識。因此，科學普及化要有耐心、毅力，並透過溝通、對話與說理，才可以有效率地推動科學普及化。

　　以科學普及在溝通、對話上的實踐而言，若以美牛進口議題為例，美牛進口堪稱是政治、健康與經貿的複合議題，是國家整體利益的**政策**議題，不是單一的健康風險問題（黃文鴻，2012）。政府決策者一開始想從無礙健康的科學論述切入，但是科學的論述是否能夠受到一般民眾的瞭解與認識？非常困難，科學的溝通與對話，並不是那麼容易，民眾的認知還是留下很多問號。歷經數週的紛擾，主管機關才定調為「安全容許、牛豬分離、強制標示、排除內臟」四大原則，但已失去溝通的先機（黃文鴻，2012）。

　　而政府在四大原則定調下，卻仍然只在科學證據上打轉，未將科學的知識普及到一般民眾應有的認知，到底對健康風險管理與畜產養殖業

（牛雞豬）有何衝擊？科學論述要能夠受到民眾的瞭解，必須要與民眾所關心的問題相連結。第一個問題是可以不可以禁止美國牛肉進口？吳焜裕（2012）指出：我國為WTO會員國，必須遵守動植物衛生檢疫措施協定（Agreement on the Application of Sanitary and Phytosanitary Measures, SPS），故我國不可以隨意禁止貨品進口，也就是不可以隨意禁止美國牛肉進口。第二個問題是美國牛肉是否有問題，必須有科學證據，即指經過風險評估後，證明其對國人健康有害者，才能夠禁止美國牛肉進口。第三個問題是，若是禁止美國牛肉進口，美國可以到WTO提出仲裁，此時若沒有足夠的證據，我國就可能輸了仲裁（吳焜裕，2012）。

　　綜上所述，面對我國目前所面臨的種種情況，科學的普及應可藉由本章結合政策溝通、對話與說理，改善科學與一般民眾認知上的落差。

參考文獻

中文部分

吳焜裕，2012，〈公衛視野：瘦肉精風險〉，跨科際對話平台，http://shs.ntu.edu.tw/shs/?paged=23，檢索日期：2013年6月25日。

林崇熙，2012，〈跨不跨有關係：台灣高等教育必要的多重跨領域〉，跨科際對話平台，http://shs.ntu.edu.tw/shs/?p=11873，檢索日期：2013年6月25日。

張世賢，1994，〈公共政策研究的新挑戰：國際新政經秩序之觀點〉，《中國行政評論》，3（3）：1-36。

張世賢，2012，〈政策溝通與行銷〉，章光明（編），《警察政策與管理概論》，桃園：中央警察大學推廣教育訓練中心，頁21-56。

教育部，2012，〈科學人文跨科際人才培育——大學跨領域溝通能力養成」中程個案計畫〉，編號：101-1201-06-04-16。

黃文鴻，2012，〈公衛視野：瘦肉精風險〉，跨科際對話平台，http://shs.

ntu.edu.tw/shs/?paged=23，檢索日期：2013年6月25日。

葉闓，1996，《科學主義批判與技術社會批判》，台北：淑馨出版社。

蔡明燁，2012，〈英國大學的知識轉移與社會影響力〉，跨科際對話平
台，http://shs.ntu.edu.tw/shs/?category_name=%E8%94%A1%E6%98%8E
%E7%87%81，檢索日期：2013年6月25日。

維基百科，2013，〈科學普及〉，網站：http://zh.wikipedia.org/wiki，檢索
日期：2013 年4月14日。

英 文部分

Altman, J. A. and E. Petkus, Jr., 1994. "Toward a Stakeholder-based Policy
Process: An Application of the Social Marketing Perspective to Environment
Policy Development." *Policy Sciences.*, 27(1): 37-51.

Caldero, M. A. and J. P. Crank. 2011. *Police Ethics: the Corruption of Noble
Cause*. Boston: Elsevier.

Dunn, William, N. 2012. *Public Policy Analysis*. 5th Ed. Upper Saddle River,
NJ: Pearson.

Harmon, Micheal, M. 1981. *Action Theory for Public Administration*, New
York: Longman.

Keough, C. M., 1992. "Bargaining Arguments and Argumentative Bargainers."
in L. L. Putnam, and M. E. Roloff（eds）. *Communication and Negotiation*.
Newbury: Sage Publications.

Kuhn, Thomas. 1996. *The Structure of Scientific Revolutions*. 3rd ed. Chicago:
University of Chicago Press.

Levinson, Stephen, 1983. *Pragmatics*. Cambridge: Cambridge University Press.

Sawyer, J. and H. Guetzkow, 1965. "Bargaining and Negotiation in International
Relations." in H. C. Kelman (ed.) *International Behavior: A Social-
Psychological Analysis*. New York: Holt, Rinehart and Winston.

Searle, John R., 1969. *Speech Acts*. Cambridge: Cambridge University Press.

Snavely, K. 1991. "Marketing in the Government Sector: A Public Policy Model." *American Review of Public Administration*, 21(4): 311-326.

Tutzauer, Frank, 1992. "The Communication of Offers in Dynamic Bargining." in L. L. Putnam, and M. E. Roloff (eds). *Communication and Negotiation*. Newbury: Sage Publications: 67-82.

第五篇
結　論

本書結論，以政策論證的價值、政策論證的評估，做為總檢討政策論證的價值與評估。

第二十四章

政策論證的價值

　　政策論證必然涉及到價值問題，為什麼某個政策論證會被接受，而其他的不被接受，便涉及到所需要的價值問題。因此，對於價值進行有系統的、理性的、批判性的檢驗，是必要的（Dunn, 2012: 310-311）。本章探討政策論證的價值問題，分價值的意義與內涵、價值的溝通系絡與形式、價值的基礎與立場、倫理與後設倫理、倫理的類別，分析之。

壹、價值的意義與內涵

一、價值的意義

　　價值代表外在事務對人的一種特殊意義，但這種意義會隨著事物與人所處的情境而改變（毛治國，2003：47；沙信輝，2009：148-149）。例如，智慧型手機對會操作的人，便很有價值。但對於不會操作的人，便沒有價值。因此，前例的主體（人）、客體（智慧型手機）、情境（現代科技通訊需要）與評價過程（會使用與不會使用）即組成價值系統，如圖24-1所示。再經由價值系統的概念，即可得知價值的意義與內涵（毛治國，2003：48-49）：

　　（一）價值並非客體本身所固有，而是人主觀賦予而產生。

　　（二）價值根源於人的慾望與需求，因此凡是能夠滿足慾望與需求的事物，對人就有價值。

　　（三）價值感高低的認定取決於：

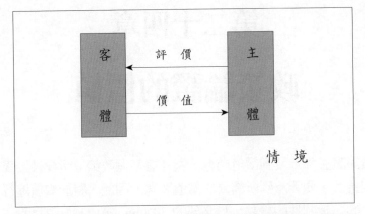

圖24-1 價值系統由主體、客體、情境與評價過程所構成

資料來源：毛治國，2003：48。

1. 主體的需求強度；
2. 客體屬性滿足主體需求的能力；
3. 特定的情境因素。

二、決斷論的價值觀與多元論的價值觀

1. 決斷論的價值觀

　　決斷論的價值觀是指堅持某種價值，成為一種信念，甚至意識型態，作為區辨決策好壞對錯的判準，就像在道德領域，區辨善與惡；在美學的領域，區分美與醜；在經濟的領域，區分獲利與賠本。所謂好壞對錯是決斷的，不容懷疑的，其標準必須要絕對的堅守。對於好的、對的，必須毫無條件的遵守；對於壞的、錯的，必須絕對的排斥。

　　例如：自己認為自己是漢，是對的，是好的，必須加以堅持。對方是賊，是錯誤的，是壞的。因此要堅持「漢賊不兩立」，對於賊，一定要完全剷除。另外的例子，有人認為白貓總是好的，黑貓總是邪惡的，只能選擇白貓，不能選擇黑貓，要摒棄黑貓。再例如，「本土是好的，外來是不好的，要排斥外來的」，「大是好的，小是不好的」，「寧為雞首，勿為

牛後」，絕不妥協。這種價值的選擇是非常武斷的，排外的，不理性的，自以為是的（沙信輝，2009：150）。

2. 多元論的價值觀

價值多元論者認為人類世界原本存在多元的價值、信仰與制度。這種多元性不但無法根絕，而且具有正面積極的意義（沙信輝，2009：150）。政策論證的提出者必須承認這種多元價值並存的現象，並且盡一切力量保存或增進之。至於多元價值所引起的衝突該如何選擇？即依照公共政策分析的觀點，隨著不同的環境、不同的目標、不同的資源情況做選擇。

例如對白貓與黑貓的選擇，主人如果認為白色比較純潔可愛，你也許會選擇「白顏色」的貓作為寵物。當將貓做為抓老鼠的工具時，你就要選擇「不管是白貓、黑貓，只要會抓老鼠的，就是好貓」。多元論的價值觀，可以依不同的情況（環境、目標、資源），改變你的選擇標準：衡平、公正、適當、充分、效率、效能……等等，以及這些標準不同的折衷及組合，相容並蓄。多元論的價值觀亦對不同價值觀的人，要求彼此相互尊重、容忍、和諧，經由妥協與談判獲得雙贏，而不是敵對、仇恨及相互排斥（沙信輝，2009：150）。

三、價值與其他名詞的區別

1. 價值對價格（Value versus price）

一位老阿嬤很珍藏她的手錶。這隻手錶很陳舊，仍然還可以用，也很準時，以現代的標準來看並不怎麼時髦。這隻手錶送到舊貨攤，價格（price）很低，甚至想要購買手錶的人，連看也不想看。可是，這隻手錶對老阿嬤來講非常有價值（value），甚至要以生命保護這隻手錶。因為這隻手錶是她與他的先生戀愛的時候，她的先生送給她的訂情物。她的先生已經過世了，她格外珍惜這隻舊錶。這個故事說明價值與價格的區別。Kaplan（1964：387-97）引用唯美主義詩人奧斯卡・王爾德（Oscar

Wilde）的趣談：「經濟學者是對所有物價都瞭若指掌，但對其價值卻一無所知的人。」（Dunn, 2012: 311；馬群傑譯，2011：354）。這樣的趣談更挖苦經濟學者只著重在價格，而不是在價值。

2. 價值對需求（Value versus needs）

價值與需求是不同的，到底因為有價值才引來需求（Dunn, 2012: 311）？還是先有需求，然後哄抬起價值（毛治國，2003：48-49）？有許多爭論。本文只在區別價值與需求是不同的，各自獨立的。有價值的事項是來自於當事人的價值觀念判斷；而需求是來自於當事人的慾望。有沒有價值，以及價值的差異，是比較的，並且是相對的，也是選擇的。例如孟子所說的：「生，亦我所欲也，義，亦我所欲也。二者不可得兼，舍生而取義者也。」《孟子·告子上》。生與義都是價值，當不能夠兼得的時候，只好比較，並選擇；而需求本身的內涵並沒有比較的觀點。

3. 價值對規範（Value versus norms）

價值（value）是可應用於許多或所有系絡中的成就標準，規範（norms）是可應用於特定系絡中的規則（Dunn, 2012: 312）。價值是一般性的；而規範是特定性的。價值是規範的根基（ground）。先有價值，然後產生規範。規範的根基是某項價值。

舉例說，價值依照Lasswell and Kaplan（1950）的分類有：權力（power）、尊敬（respect）、正直（retitude）、喜愛（affection）、福利（well-being）、財富（wealth）與啟蒙（enlightenment）等等。每種價值的追求與競爭要有其規範，規範的根基是來自於價值。例如追求權力的規範要公平競爭，要贏得尊敬，不可鬼鬼祟祟，見不得人；這些規範就是來自於正直與尊敬。

4. 賦予價值對評估（Valuation versus evaluation）

賦予價值（valuation），或簡稱為賦值，是從價值（value）來的，對某事項賦予其價值。而評估（evaluation）是評估其價值，是比較的過程。依照價值的標準，評估其好壞（Dunn, 2012: 312）。先有價值，然後訂定

價值的標準，再依照此標準，進行評估的過程，決定其優劣好壞。

　　舉例言，某事項為什麼有價值（value）？因為依據某價值，賦予其價值（valuation）。該事項的價值即在賦予其價值的過程中，受到肯定（justified）。舉房屋來說明，財富是一種價值（value），依據財富來肯定房屋具有價值。因為房屋具有財富的價值。財富是房屋是否具有價值的根基（ground）（Dunn, 2012: 312）。

　　然後再評估房屋的價值，是一種比較的過程，與當時的市價比較，是否買的太貴，或便宜，稱為評估（evaluation）。所以，賦予價值與評估是不同的。

5. 價值判斷對處理方式（Value judgments versus prescription）

　　價值判斷（value judgments），是指依據價值進行判斷，而處理方式（prescription）在醫學上稱為處方或藥方，是對他人所面對的實際問題（practical problems）提供充分的解決方案（sound solutions）（Dunn, 2012: 312）。

貳、價值的溝通系絡與形式

　　政策論證牽涉到價值前提的設定，是政策主張者價值觀的延伸與應用（毛治國，2003：52）。以價值批判（value-critical）的方式來處理政策論證時，倫理和道德具有其固定性，好就是好，壞就是壞，不是任意的心理偏好或情感表達。Dunn（2012: 311）對於價值的探討，從溝通的系絡（context）和形式（form），有嚴謹的論述。

　　Dunn（2012: 311）將溝通的系絡分成為三大類：第一類是個人的（personal）、第二類是標準的（standard）、第三類是理想的（ideal），分述如下：

　　1. 在個人的溝通系絡裡，個人對於價值的觀點，其形式，以個人的價值表達（value-expression）呈現個人偏好、需要、需求，與其他人無

關。例如：某甲主張：我偏好公立學校，不喜歡私立學校。就是個人的價值表達。

2. 在標準系絡裡，團體對於價值的觀點以「價值陳述」（value statements）呈現團體的意見。團體的意見可由團體的代表來陳述。Dunn（2012）採用標準（standard）一詞，是指某一團體的成員有共同的標準意識。標準系絡的「價值陳述」由團體代表，忠實反映出來。例如：美國中產階級喜歡黑白學童共同搭乘校車。這是某一特定團體（中產階級）的價值陳述。

3. 在理想系絡裡，所有公民對於價值的觀點以「價值判斷」（value judgments）呈現。Dunn（2012）採用理想（ideal）一詞，是指所有公民都追求此一理想。價值判斷並非根據個人系絡中的價值表達或是標準系絡中代表團體的價值陳述，而是以全部具可能之價值系絡中有關政策的「好與壞」作為依據，而且價值判斷也不需考慮任何人對於政策問題的支持或反對。例如，對於「所有人都有權利參與選擇，藉以選出他們所喜好的政策方案」進行論證，即是屬於價值判斷。在執行價值判斷需要找出充分的理由，藉以正當化（justify）為何某項偏好得以超越自己價值偏好甚至超越團體之價值陳述（Dunn, 2012: 311）。價值溝通的系絡與形式，如表24-1所示：

表24-1　價值的溝通系絡與形式

系絡	溝通形式	舉例
個人的	價值表達 （value expression）	我偏好公立學校，不喜歡私立學校。
標準的 （某團體共同的）	價值陳述 （value statement）	美國中產階級喜歡黑白學童共同搭乘校車。
理想的	價值判斷 （value judgment）	所有公民都擁有參與權，可以選出自己的方案。

資料來源：依據Dunn（2012: 311）製作。

參、價值基礎與根基的比較

　　對於政策論證，從價值的觀點而已，價值是多元的，可否容許公說公有理，婆說婆有理？如果是屬於個人的價值表達，與其他人無關，當然容許各有各的理，各有各的價值觀念。如果是屬於團體的價值陳述，該團體會有標準的價值陳述，在這個團體裡頭，就有他們自己的價值陳述，與其他外界人士無關，各團體有其各自的價值陳述，與其他的團體無關。但是當政策論證牽涉到不同的個人、或不同的團體，產生衝突時，應該以何者為標準？就必須加以嚴謹的探討。Dunn（1994: 128）提出價值的基礎（basis）與根基（ground）的區別。

　　政府決策者必須隨時隨地判斷公眾利益之所在，並用全國多數人的價值判斷來替代自己的價值表達、與團體的價值陳述。而不論價值溝通的系絡與形式為何，價值的基礎（basis of value）用以解釋價值個人與團體的欲望或偏好的結果；而價值的根基用以正當化所有公民所追求的價值（Dunn, 2012: 221），如表24-2。

表24-2　價值的基礎與根基比較表

	價值的基礎（basis of value）	價值的根基（ground of value）
在論證的地位	用於「支持理由」，以輔助（或補充）「立論理由」。	用於「支持理由」，以輔助（或補充）「立論理由」。
功能	解釋（或說明）。	辯護（或合理化、正當化）。
表達方式	表明「立論理由」的欲望、偏好、動機或直覺。	表明「立論理由」的假定（assumption）。
多元化情形	多元化，各有各的欲望、偏好、動機或直覺。	可以經批判，獲得唯一的「善」（公平、正義、公道、合理）。
處理	相互尊重、容忍。	可以經批判，探討「價值」的善惡、好壞。

資料來源：作者自製（Dunn, 2012: 221）。

　　政策論證對於任何正義的問題，都要講清楚說明白。其首要的工作就是要澄清其所牽涉到的政策目標，含有什麼樣的價值觀點。價值觀點的澄清，分成兩方面。分述如下：

　　一、是否屬於一般的政策論證理由。如果屬於一般政策論證理由，就要以「解釋」（explain）的方式，連接政策目標與為什麼要有這個目標的理由，見表24-2。例如，環境運動者追求保育能源，這個政策的目標與他們對於自然環境不可破壞，相聯結。政策論證的理由是：意圖、或動機，用以解釋政策目標的理由（Dunn, 2012: 221）。

　　二、是否屬於價值批判。如果是屬於價值批判，就要找出連接政策目標與如何「辯護」（justify）（或譯為正當化）政策目標的根基，見表24-3。例如，能源保育是適當的政策目標，因為自然和人類相同都是被賦予有自我保護的權益。自我保護的權益「辯護了」能源保育的合理性（Dunn, 2012: 221）。

表24-3　Rokeach目的價值與工具價值

目的價值	工具價值
舒服的生活 興奮的生活	雄心的 開朗的
成就感 安和世界	有能力的 祥和的
美的世界 平等	整潔的 勇氣的
家庭安全 自由	寬恕的 有助益的
幸福 內在和諧	誠實的 具有想像力的
成熟的愛 國家安全	可以自主的 有智力的
歡樂 拯救	符合邏輯 有愛心的

表24-3　Rokeach目的價值與工具價值（續）

目的價值	工具價值
自我尊重 社會認知	遵從的 有禮的
友誼 智慧	有情義的 自律的

資料來源：Dunn, 2012: 316；參考馬群傑譯，2011：359。

肆、倫理與後設倫理

　　政策論證在社會裡，要符合社會的道德觀點。道德觀點涉及到道德的選擇，這是倫理（ethics）所探討的範疇。而為什麼選擇這樣的倫理，作為政策論證的考量，這是「後設倫理」（meta-ethics）所探討的範疇。

　　倫理是表現於社會人情（ethos）或習俗規範（mores）的行為（Dunn, 2012: 313），也就是一般人所講的社會裡頭的「人情義理」。政策論證不能脫離社會的人情義理。對人情義理，李勝峯（2014）有較通俗的解說：

　　無論什麼時代，人世間總有一個存在於大多數人心中的道理；殿堂的說詞叫主流價值，民間的說法叫做人情義理。為人處事，不能偏離了人情義理。完全不在乎人情義理，做人叫無情；當官是酷吏。完全違背人情義理，法律上叫壞人，生活上叫小人。

　　依據Dunn（2012: 313-315）倫理有兩種不同卻又相關的意涵。一、描述性倫理（descriptive ethics），是指對約定俗成的道德描述。二、規範性倫理（normative ethics），提供解決特定實務問題的規範性陳述、評估與發展。

　　規範性倫理涉及公正、仁慈、公平等，公共行動的規範性陳述。相對地，後設倫理（meta-ethics）涉及規範性陳述，為什麼是這樣的本質與

意義。「後設」（meta）表示對於某事物「有關」（about）或「屬於」（of）的爭論。舉例來說，「後設政策」（meta-policy）是有關政策的政策制定（Dror, 1968），探討政策制定為什麼要這樣制定；而「後設評估」（meta-evaluation）是對於評估的評估。

伍、倫理的類別

　　政策論證在倫理的探討，會涉及到：(1)描述性倫理（descriptive ethics）；(2)規範性倫理（normative ethics）；(3)後設倫理（meta-ethics）之間，而有所差異（Dunn, 2012: 313-320）。

一、描述性倫理

　　Rokeach（1973: ix）認為價值是社會科學研究的核心概念，任何社會科學的研究都會涉及到價值問題。價值分為目的價值（terminal values）與工具價值（instrumental values）。目的價值具有個人性與社會性，也是有關生存渴望最終階段的信念。工具價值是有關於行為渴望模式的信念。表24-3將Rokeach所羅列的18項目的價值與工具價值加以呈現（Dunn, 2102: 316；馬群傑譯，2011：359）。

二、規範性倫理

　　價值的規範性倫理可分為三種類型：(1)義務論（deontological）的價值；(2)目的論（teleological）的價值與(3)實務論（practical）的價值。

　　(1)義務論主張：倫理是與生俱來的義務（希臘文deontos意指「義務」（obligatory））。

　　(2)目的論認為：倫理就是一切行為的目的，會導致最終美好的結果（希臘文的teleios意指「引領其至終點或目的地」（brought to its end or purpose）），因此這些特定行動是權利。

　　(3)實務論提出：倫理要經過實務而實現（希臘文的praktikos意指「經驗、商議與談判」（to experience, negotiate, or transact）），因此特定的行動即是權利（Dunn, 2012: 318；馬群傑譯，2011：361）。這三者的比較，如表24-4。

1. 從功能的作用來比較

　　義務論正當化（justify）當事人的行為，由於他依循（conform）倫理規則（如程序公平）的義務或天生固有的義務（如人人不可欺騙，應該說真話），表現出規範性的價值。目的論正當化（justify）當事人的行為，是基於結果（consequences）（如做善事、救濟窮人）來論斷行動。實務論是回應（reflect）利害關係人實際上，所認為的規範性價值（Dunn, 2012: 319）。

2. 從功能的條件來比較

　　義務論是基於「絕對的義務」（absolute obligations），如尊重別人是普遍的義務，不能受到貶損。目的論是基於「有條件的義務」（conditional obligation），如尊重別人可能妥協於國家安全的效益，而實務論是來自人們對於倫理對話的過程中而形成（Dunn, 2012: 319）。

3. 從功能的目的來比較

　　義務論是以本質達成其絕對的義務。目的論是其結果達成其目的。實務論是以論述達成其目的（Dunn, 2012: 319）。

4. 從判定的標準來比較

　　義務論的判定標準是既定的義務，如社會公平或行政中立。目的論的判斷標準是以能否具體達成其價值倫理為標準，例如：完成事情之後得到的滿足感、喜悅、高興。平常人們所說的為善最樂、助人為快樂之本。實務論基於實際的運作表現達成其義務或目的。從實務中檢證是否符合倫理價值，例如：不經一番寒徹骨，焉有梅花撲鼻香。疾風知勁草、板蕩識忠貞（Dunn, 2012: 319）。

5. 從判定標準的性質來比較

　　義務論的判定標準是屬於「分配的標準」（distributive criteria），分配要合理合情，有義務要符合分配的規範。例如：教育機會的均等而有義務教育；維持生活的工資而規定基本工資；作業人員不能夠曝露於有毒廢棄物與致癌物中而規定必須穿戴防護裝備（Dunn, 2012: 319）。

　　目的論的判定標準是屬於「總體的標準」（aggregate criteria），就個人來說，其所總總的作為，合起來以價值最大化為判準。對群體來說，要達到最大多數人的最大價值，著重在整體的價值（Dunn, 2012: 319）。

　　實務論的判定標準是屬於「合理的道德論述」（reasoned moral discourse），以符合公道。例如：多元成家的爭論，大家議論紛紛，最後提出合理的道德標準（Dunn, 2012: 319）。

表24-4　規範性價值類型的比較

規範性價值＼比較項	義務論	目的論	實務論
功能的作用	正當化（justify）	正當化（justify）	回應（reflect）
功能的條件	絕對性的義務	有條件的義務	對話互動形成
功能的目的	符合其義務	其結果達成目的	以論述呈現
判定的標準	既定的義務	目的價值	符合義務或目的
判定標準的性質	分配的標準	總體的標準	合理的道德論述

資料來源：Dunn, 2012: 319.

　　由於政策分析是一種應用的社會科學，它是藉多元的社會科學研究調查與論證方法來形成政策的相關資訊，並用來解決某種政治環境下的政策問題。因此，公共政策分析與傳統社會科學研究之間確實存在一定的區別，而也正因政策分析研究是從一個較為整合與宏觀的角度來解析政策問題，所以它將更能回應真實世界中的複雜性。譬如，核四廠興建與否真的只是單純的環境或能源問題嗎？若從政策分析角度出發，就絕對不會同意這樣的看法，因為核四除了是環境問題之外，更是經濟、政治與社會的問題。

陸、結語

政策論證（policy argument）是用以分析政策的一項工具。在多元、平等、開放的社會，對於政策的主張各有各的論證基礎（basis）與根基（ground），都具有價值的成分。事實與價值在社會科學裡無法決然劃分。要探討哪個事實，以及要報導哪個事實、都是屬於選擇的問題。一牽涉到選擇，就具有不同價值的觀念之選擇，因此都屬於價值，價值與事實不可區分。對於政策論證的探討，在多元、平等、開放的社會裡，以政策論述（policy discourse）的方式呈現。

政策論述中，必然要有政策論證以爭取對方的支持。對方所支持的基礎不同，因此要認識並瞭解對方所支持的基礎是什麼。如果對方支持的是：權威、樣本、成員地位、洞見、方法、原因、動機、個案類比、類推等，就要投其所好，以爭取對方的支持。如果對方立論的根基是倫理價值，就要探討是屬於哪一種倫理價值，是義務論的價值、還是目的論的價值、還是實務論的價值，弄清楚之後，投其所好，才能爭取對方的支持。要有共同的立論基礎或根基，才能夠比較誰立論的較有道理，才能夠被接受。

一般而言，對於權威、樣本、成員地位、洞見、方法、原因、動機、個案類比、類推等的立論基礎，優劣即判，很容易加以比較。至於倫理的價值批判就比較困難。Dunn（2012）對於價值批判，可以從三方面加以批判。第一方面是：是否屬於義務論的倫理價值。如果是屬於義務論的倫理價值，則屬於絕對的、既定的、不能夠妥協的、不受貶損的，具有最大的批判力。例如孟子舉起【義】的大纛，屬於所謂的浩然之氣，其他的論證隨之披靡。

第二方面是：是否屬於目的論的倫理價值。則計算目的的最大價值，以最大價值獲得政策論證的優勢。舉閔子騫的故事（史記・仲尼弟子列傳）：

損（即：子騫）母早喪，父續弦，生二子，衣以棉絮，而衣損以蘆花。父令損御，體寒失駕。父怒而鞭之，破其衣，而蘆花見，父乃察知其故，欲出後母，損止其父曰：「母在一子單，母去三子寒。」後母聞之，卒悔。孔子贊之曰：「孝哉閔子騫！人不間于其父母昆弟之言。」

閔子騫的政策論證即屬於目的論的倫理價值，對於他的父親、繼母、他本人、他的兩個弟弟，合起來，將繼母留住，獲得最大的價值。

第三方面是：是否屬於實務論的倫理價值，凡是對於價值觀點各有各的主張，經過合理的實務討論，最後得到大家都可以接受的倫理價值。例如：對於多元成家的爭論，經過充分的論辯，達成大家都可以接受的價值標準。

本章的貢獻在澄清了所有的政策論述都具有價值的成分。政策論證的價值觀點，分為價值的基礎與價值的根基。價值的基礎可以基於價值的基礎本身判定誰有理？誰沒有理？而價值的根基可以透過價值批判，批判其為義務價值、或目的價值、或實務價值，而決定誰有理？誰沒有理？

參考文獻

中文部分

毛治國，2003，《決策》，台北：天下。

李勝峯，2014，《道理：剖析2013 九月政爭理在何方》，台北：白象文化。

沙信輝，2009，〈政策論證的價值問題〉，載於張世賢（編），《公共政策分析》，第二版，台北：五南，頁148-156。

馬群傑譯，2011，《公共政策分析》，台北市：台灣培生教育出版社。譯自William N. Dunn. *Public Policy Analysis: An Introduction* 4th ed. Englewood Cliffs, NJ: Prentice Hall. 2008.

英文部分

Dror, Yehezkel. 1986. *Public Policymaking Reexamined.* New York: Elsevier.

Dunn, William, N. 1994. *Public Policy Analysis: An Introduction* 2nd ed. Englewood Cliffs, NJ: Prentice Hall.

Dunn, William, N. 2012. *Public Policy Analysis*, 5th ed., Upper Saddle River, NJ: Pearson.

Lasswell, Harold D. and Abraham Kaplan. 1950. *Power and Society.* New Haven, CT: Yale University Press.

Rokeach, Milton. 1973. *The Nature of Human Values.* New York: Free Press.

第二十五章

政策論證的評估

　　本書探討政策評估，在結論時必須對於政策論證加以評估。第一篇緒論探討政策論證者（政策企業家）與政策論證的重要性；第二篇政策論證的觀點，包括亞里斯多德、William Dunn、中國古代，以及對話式的論證觀點；第三篇政策論證的模式；第四篇實例分析；第五篇結論，包括政策論證的價值與評估。

　　對於政策論證的評估，狹隘的係指以言詞表達符合邏輯推理（logos）來探討（本書第二篇第四章William Dunn的觀點、第三篇政策論證模式、第四篇實例）；而廣義的政策論證的評估，除了狹隘的政策論證評估之外，還要對於論證當時的生態環境（ecos）是否適宜、與群眾感情社會情勢（pathos）是否配合、論證者本人（本書第一篇緒論第一章政策論證者：政策企業家）在群眾的心目中是否具有可信的德性（ethos）來配合，全部都要包括在內。以下分別就：生態環境的配合、群眾感情情勢的配合、言詞邏輯推理的配合，以及論證者德性的配合，評估之。

壹、生態環境的配合

　　政策評估第一要從政策論證當時的生態環境，也就是整體大環境的配合來評估，包括：1.歷史發展的趨勢；2.生態環境永續發展；3.既有的政策大方針。

一、歷史發展的趨勢

政策論證不可違反歷史發展的趨勢，決策者斷不可將目光而侷限於眼前的時空系絡，只求當下的福祉與安寧，繁榮與享樂，而扭曲了生存空間原有的樣態、斷送了資源永續利用的可能，因為，往後世代的子孫仍須在此一空間營生，也仍有享受一切資源的權利。

政策論證者是否具有歷史系絡的效能感（historically contextual sensibility），不僅要了知過去，更要前瞻未來，在歷史的脈流中感知這一代的使命，在系絡的特質裡尋求超越的可能性，在踏實與創新的平衡中，耕耘一段無愧於當代人民，無忝於後世子孫的光榮決策史（張欽凱，1997：158）。

二、生態環境永續發展

政策論證者是否具有生態環境永續發展的觀點？「雖有智慧，不如乘勢；雖有鎡基，不如待時」（孟子・公孫丑上），這句話表示政策論證要有生態環境的配合，就像要生產農作物，雖有良好的耕作的智慧與工具，如果沒有與氣候配合，在寒冷的冬天，也很難能夠生產農作物。生態環境（ecos）表現出作為經濟學（economics）與生態學（ecology）的字頭，因為，eco本意即家、莊園、農舍之意，同時也可擴及其他動物之居所之意。經濟學與生態學在教導人類認識其所居處之生態環境，並要求做個良善管理人，維護並充分利用生態環境資源（張欽凱，1997：158）。

政策論證必須與生態環境配合，並契合（coherence），以表現是與生態環境相契合的論證（coherent argument）（張欽凱，1997：158）。因此，評估政策論證必須探討與當時的生態環境是否配合。

三、既有的政策大方針

政策論證的生態環境，涵蓋範圍最小的環境是指：是否與既有的政策大方針配合，舉例說明如下：

　　蘇秦遊說秦惠王（326-311 B. C.）「連橫」的策略（戰國策・秦策一），長篇大論，試圖遊說秦惠王稱霸中原，但秦惠王並沒有接受。秦惠王說：

　　寡人聞之，毛羽不豐滿者不可以高飛，文章不成者不可以誅罰，道德不厚者不可以使民，政教不順者不可以煩大臣。今先生儼然不遠千里面庭教之，願以異日（《戰國策・秦策一》）。

　　從政策論證的評估觀點來分析，蘇秦的政策論證並未與當時秦國的大環境（政治生態環境）配合。當時的大環境是「誅商鞅，疾辯士」，所以其結果「故弗用之」（《史記・蘇秦列傳》）。

貳、群眾感情情勢的配合

　　政策論證評估，第二要從是否與群眾感情情勢相配合進行評估。論證者必須對於群眾的感情情勢有所瞭解，如果未事先瞭解，冒然提出政策論證，一定格格不入，不一定會被接受。最保險的方法，論證者應該事先去建構他與群眾之間的社會關係網絡，在此社會關係網絡的基礎上面，建構政策網絡（policy network）與政策社群（policy community）。如此，論證者才能夠與群眾合成一氣，具有亞里斯多德所提出的動之以情（pathos）。

　　如果評估的結果，知道未能事先建構好與群眾的社會網絡關係，則當面對不同的群眾感情情勢時，就要依聽眾的友善狀況，進行評估。其情況如下：

一、當面對友善的聽眾時

　　政策論證者面對友善的聽眾，是否有在增強其贊同的信念、強化其對

於方案支持的允諾。進行論證時，可明確、清晰、直接、開放地將立論主張及理由加以申明，使用各種論證型態，鞏固其政策主張、立論理由、支持理由；並強烈駁斥反對理由（張欽凱，1997：163）。

二、當面對溫和的支持或反對者時

政策論證者面對溫和的聽眾時，是否瞭解溫和的聽眾通常對議題本身並沒有強烈的偏好或傾向，且未抱持特定的理由來支持其政策主張，面對溫和聽眾，立論者在進行論證，是否著重在強調立論者與聽者間的交集，並透過要言不煩、運用論據與立論理由，建立聽者與立論主張的密切關聯（張欽凱，1997：163-164）。

三、當面對中立的聽者時

政策論證者面對中立的聽眾時，是否瞭解中立的聽眾之態度？中立的聽眾對於議題的政治效能感不高，而對議題並不關注。政策論證者面對中立的聽眾是否，在改變其冷漠的程度、鼓勵他們選取立場。立論時，是否極力引起他們的注意、喚醒其公民意識，突顯其需求，並強調方案在滿足其需求上的迫切性與關鍵性（張欽凱，1997：164）。

四、當面對敵對的觀眾時

政策論證者面對敵對的觀眾時，是否瞭解敵對的觀眾之態度？敵對的觀眾對於其政策主張不僅抱持反對的態度，甚至在觀念或行動上改變的可能性甚低。政策論證者在遇有政策爭議的情況下，是否有極力避免敵對僵局的加深、盡量積極傾聽對方的意見，同時也爭取讓對方傾聽政策論證者之論證內涵的機會，多方考量各種可能解決的方案及其見解（張欽凱，1997：164）。

參、言詞邏輯推理的配合

政策論證評估，第三要從言詞邏輯推理是否配合來評估，即從論證的議題是否被誤導、論證是否符合邏輯、以及論證的整體性評估之。在多元社會裡，論證者的論證議題列為最優先，也最重要。因為在多元社會裡，眾說紛紜，大眾對於同一件事件，會有不同的看法，因此必須要掌握主導權、話語權，議題不要被誤導，或被轉移。

一、論證的議題是否被誤導

論證議題，可能有各種不同的解讀，例如「九月政爭」，馬英九總統解讀為打擊司法關說、反對者解讀為司法違法監聽，莫衷一是。原本馬英九界定的議題是改革司法，杜絕司法關說。可是經過一段時間的演變，導向於司法違法監聽。對於不同的解讀，就是基於詮釋論的觀點來論斷的。因為同一事件可以有不同的詮釋，論證者必須要避免論證議題被誤導。

二、論證是否符合邏輯

政策論證要有論證的結構：1.政策主張；2.政策相關資訊；3.立論理由；4.支持理由；5.反對理由；6.駁斥理由；7.結論：可信度（Dunn, 2012: 338-380）。這7項要完備，並且立論理由、支持理由、反對理由、駁斥理由等等所持的理由要有其論證的模式（權威、方法、通則、分類、因果、徵兆、動機、直覺、類比、平行案例、倫理等），這些模式是否嚴謹。如果都符合，就是符合論證的邏輯（Dunn, 2012: 338-380）。

三、論證的整體性

論證的整體性的評估包括：完整性（completeness）、一致性（consonance）、緊密聯結性（cohesiveness）、功能的規律性（functional regularity），分述如下（Dunn, 2004: 423）：

1. 完整性

論證要完整，不可殘缺不全。尤其是在多元社會裡，如果沒有把話說清楚，講明白，很容易被誤解、曲解、扭曲、竄改等不符合原意（Dunn, 2004: 423）。

2. 一致性

論證必須要前後一貫，不能夠自相矛盾。政策論證結構裡，政策主張、政策相關資訊、立論理由、支持理由、以及駁斥反對理由的理由，都要一脈相承，不可偏頗（Dunn, 2004: 423）。

3. 緊密聯結性

論證結構裡的各要素，必須要緊密地相聯結。舉例來說，倫理論證的扎實性，必須分清楚對於價值的立論，到底是從義務論，或從目的論，或從實務論來探討（Dunn, 2012: 318），將有關的各要素緊密的聯結起來。政策論證不容許可以有「公說公有理，婆說婆有理」的情形。論證就必須要有好壞、真假、對錯。因此在立論的過程中，在多元社會裡必然涉及到價值的爭論。對於價值的爭論必須嚴格區分，價值的基礎（basis of value）與價值的根基（ground of value）（Dunn, 1994: 128）。嚴格區分了價值的基礎與價值的根基，才能明確的將相關的各要素緊密結合起來（Dunn, 2004: 423）。

價值的基礎在解釋政策主張的目的；價值的根基在正當化政策主張的目的（Dunn, 2012: 221），不可混淆在一起，決然劃分清楚，如此才能夠緊密聯結相關的立論要素，結構才會很嚴謹而有力（Dunn, 2004: 423）。

4. 功能的規律性

論證的每一項要素都要符合其應該表現的功能。舉例說明，權威式的論證模式，政策主張就必須要以權威作為基礎。政策論證的各個要素，包括政策相關資訊、立論理由、支持理由、反對理由、駁斥反對理由的理由，都要以權威作為論述的功能。不能夠偏離主體。其他的資訊也都在幫助作為權威論證功能的表現。也就是說論證結構的各要素都要中規中矩，

符合其規律（Dunn, 2004: 423）。

肆、論證者德性的配合

政策論證評估，第四從論證者本身的德性是否配合來評估。德性評估以亞里斯多德的觀點來分析，分別從：論證者本身的良好見識（good sense）、好的品德（good moral character）、以及善意志（good will）進行評估之。

1. 良好的見識

政策論證者是否給予觀眾良好的見識。良好的見識是指政策論證者能對於某事很懂，很瞭解，可以有正確的判斷，觀點良好、正確，可用於各方面，包括懂得人情世故以及事情的專業。

如果政策論證者對於所探討的政策主張很膚淺，聽觀眾一定會覺得這個人沒有良好的見識，不值得繼續聽下去。如果政策論證者對於所探討的問題很有深度的研究，聽觀眾一定覺得這個人很有見識。因此政策論證之良好的見識評估可以從他的論證中做出評估。

2. 好的品德

政策論證者是否有好的品德評估，評估政策論證者的政策主張，用詞遣字，慢慢覺得不只是有良好的見識，而且會覺得政策論證者有好的品德。內容中，充滿了愛心、誠懇、謙和、大公無私、奉獻等等，讓聽觀眾真正感受到演講者真的有好的品德，值得信任，不會偏頗（游梓翔，2000：470-471）。

好的品德的評估是對於政策論證者的聲語、身語，以及語言方面評估：1.聲語的評估：論證者是否說話誠懇，語調較低、不花言巧語，讓聽觀眾感覺可靠；2.身語方面的評估：論證者是否眼神端正、炯炯有光、姿態正直，讓人家感覺到是正直的人；3.語言方面的評估：論證者是否實話實說。不會只講好聽的話，而是講真話，不會虛偽說謊？是否開放心胸。

對於不同意見有包容度，也有興趣，不會拒絕或排斥？是否大公無私。以大眾利益為考量？是否始終如一。演講內容不會前後矛盾，一以貫之？

3. 善意志

　　善意志政策論證的評估，是對於論證者是否是「做好事的人」？是否所做的好事是重要、真誠、及時，並且是「為了大家而做的」（for our own sake）（Aristotle, 1946: 1381a）。

參考文獻

中 文部分

林水波，1994，〈核四：空間不足的結局〉，《國會雙周刊》，台北：立法院。

馬群傑譯，2011，《公共政策分析》，台北市：台灣培生教育出版社。譯自William N. Dunn. *Public Policy Analysis: An Introduction* 4th ed. Englewood Cliffs, NJ: Prentice Hall. 2008.

張欽凱，1997，《政策論證的程序規範與策略》，台北：國立台灣大學政治學研究所碩士論文。

游梓翔，2000，《演講學原理：公眾傳播的理論與實際》，台北：五南。

歐木勇，2006，《戰國策蘇秦政策論證之研究》，台北：國立台北大學公共行政暨政策學系碩士論文。

英 文部分

Aristotle, 1946, *Rhetorica*. Translated by W. Rhys Roberts. In *The Works of Aristotle*, Translated into English under the Editorship of W. D. Ross, volume XI. Oxford: The Clarendon Press.

Dunn, William, N. 1994. *Public Policy Analysis: An Introduction* 2nd ed. Englewood Cliffs, NJ: Prentice Hall.

Dunn, William, N. 2004. *Public Policy Analysis: An Introduction* 3rd ed. Pearson: Prentice Hall.

Dunn, William, N. 2012. *Public Policy Analysis*, 5th ed., Upper Saddle River, NJ: Pearson.

國家圖書館出版品預行編目資料

政策論證／張世賢編著. 一 初版. 一 臺北
市：五南，2015.06
　　　面；　公分.
ISBN 978-957-11-8126-4（平裝）

1.公共政策

572.9　　　　　　　　　104008872

1PTC

政策論證

編 著 者 — 張世賢（203.2）

發 行 人 — 楊榮川

總 編 輯 — 王翠華

主　　編 — 劉靜芬

責任編輯 — 張婉婷

封面設計 — P.Design視覺企劃

出 版 者 — 五南圖書出版股份有限公司

地　　址：106台北市大安區和平東路二段339號4樓

電　　話：(02)2705-5066　　傳　　真：(02)2706-6100

網　　址：http://www.wunan.com.tw

電子郵件：wunan@wunan.com.tw

劃撥帳號：01068953

戶　　名：五南圖書出版股份有限公司

台中市駐區辦公室/台中市中區中山路6號

電　　話：(04)2223-0891　　傳　　真：(04)2223-3549

高雄市駐區辦公室/高雄市新興區中山一路290號

電　　話：(07)2358-702　　傳　　真：(07)2350-236

法律顧問　林勝安律師事務所　林勝安律師

出版日期　2015年6月初版一刷

定　　價　新臺幣500元